BURKHARD BENECKEN

SCHREIEND UNGERECHT

BURKHARD BENECKEN

SCHREIEND UNGERECHT

Alltägliche Justizskandale in Deutschland – wie sich das System gegen Unschuldige und Opfer richtet

riva

Bibliografische Information der Deutschen Nationalbibliothek
Die Deutsche Nationalbibliothek verzeichnet diese Publikation in der Deutschen Nationalbibliografie. Detaillierte bibliografische Daten sind im Internet über http://dnb.d-nb.de abrufbar.

Die in diesem Buch geschilderten Fälle entsprechen den Tatsachen. Die Namen der genannten Personen wurden anonymisiert. Etwaige Übereinstimmungen oder Ähnlichkeiten wären rein zufällig.

Für Fragen und Anregungen
info@rivaverlag.de

Originalausgabe
1. Auflage 2019

Nymphenburger Straße 86
D-80636 München
Tel.: 089 651285-0
Fax: 089 652096

Redaktion: Sebastian Brück
Korrektorat: Sonja Rose
Autorenporträts: Roman Kaperski
Umschlaggestaltung und Layout: Maria Wittek
Satz: ZeroSoft, Timisoara
Druck: GGP Media GmbH, Pößneck
Printed in Germany

ISBN Print 978-3-7423-0986-0
ISBN E-Book (PDF) 978-3-7453-0623-1
ISBN E-Book (EPUB, Mobi) 978-3-7453-0592-0

Inhalt

Dieses Buch widme ich meinem Vater

Vorbemerkung

Krimis haben mich noch nie besonders interessiert, sind doch die erzählten Handlungen frei erfunden. Spannend finde ich die Welt des wahren Verbrechens. Wer wie ich als Strafverteidiger täglich in diese Welt schaut, weiß: Sie ist schockierend, abgrundtief böse und abartig. Und gerade deshalb faszinierend.

In der Anwaltskanzlei Benecken & Partner im Ruhrgebiet bearbeite ich gemeinsam mit 13 weiteren Anwälten jährlich rund 5000 neue Mandate, die meisten davon aus dem Bereich des Strafrechts. Elf meiner Fälle stelle ich in diesem Buch vor. Verändert wurden lediglich Namen, Orte sowie für das Kerngeschehen unwesentliche Details, soweit mir dies zum Schutz der Persönlichkeitsrechte einiger Akteure erforderlich schien. Alle Mandanten haben mich von der Verpflichtung zur anwaltlichen Verschwiegenheit entbunden. Mein Dank gilt Ananda, Monika, Ingrid, Yvonne, Janine, Karin, dem »Präsidenten« und Margret, die mich bei der Erstellung des Manuskripts tatkräftig unterstützt haben. Danken möchte ich zudem meinem Lehrmeister, einem begnadeten Strafverteidiger, und Katia.

Möge die Frauenwelt mit mir nicht zu hart ins Gericht gehen. Ich bekenne mich schuldig: Ich habe in diesem Buch nicht gegendert. Wenn ich beispielsweise nur von Strafverteidigern spreche, darf ich als Täter-Opfer-Ausgleich anbieten: Tatsächlich finde ich Frauen in vielen Bereichen des Strafrechts stärker als Männer. Wenn ein männlicher Verteidiger etwa in Sexualstrafverfahren leicht unter der Gürtellinie liegende Fragen an das mutmaßliche Opfer richten, werden wir oft regelrecht gesteinigt. »Der Anwalt muss ins Gefängnis, dieses gefühlskalte Schwein, dagegen ist der Mandant ja fast ein Unschuldslamm«, heißt es dann oft von der Zuschauerbank. Verteidigt den mutmaßlichen Serienvergewaltiger hingegen eine Frau, darf diese oft unter Applaus aller Zuhörenden im Saal das mutmaßliche Opfer im Zeugenstand regelrecht »hinrichten«. Und die Moral von der Geschicht: Irgendwo werden wir alle irgendwie irgendwann im Geschlechter-Battle mal obsiegen, mal verlieren. Was mich wiederum einen Bogen zum Titel dieses Buches schlagen lässt: Denn im Ergebnis ist der Verzicht aufs Gendern eines jedenfalls nicht: schreiend ungerecht.

Dieses Buch kann den Gang zum Anwalt und dessen umfassende Beratung im Einzelfall nicht ersetzen. Jeder Fall ist einzigartig, jede Begebenheit ist anders. Die in den Erläuterungen zu dem jeweiligen Kapitel gegebenen Anmerkungen stellen meine persönliche Einschätzung der Dinge dar. Sie erheben nicht den Anspruch der alleinigen Richtigkeit. Gerade im strafrechtlichen Bereich, in dem es oft um Existenzen, um »Alles oder Nichts« geht, gilt mehr noch als in allen anderen juristischen Disziplinen: Von jeder Wahrheit ist auch das Gegenteil wahr.

Weitere Informationen zu diesem Buchprojekt, zum Autor und den Hintergründen finden Sie auf der Webseite www.schreiendungerecht.de.

Vorwort

Bilder mit Buntstiften ausmalen – langweilig! Klötzchen aufeinanderstapeln – uninteressant! Fangen spielen – was für Mädchen! Kindergarten war für mich alles andere als aufregend. Deshalb freute ich mich jedes Mal aufs Neue, durch die Glastür hinauszurennen, um in den tannengrünen Kleinwagen zu steigen, an dessen Steuer Evelyn Z. saß. Evelyn, eine elegante, freundliche Gestalt mit schwarzem Haar, Bleistiftrock und Rollkragenpullover, war die Bürovorsteherin der Kanzlei Benecken & Partner, die mein Vater Siegmund 1975 gegründet hatte. Sie organisierte nicht nur die gesamte Kanzlei, sondern auch mich. Meine Eltern waren beide berufstätig, und so holte mich Evelyn mehrmals in der Woche vom Kindergarten ab und nahm mich mit ins Büro.

Ich freute mich immer, wenn ich in die Anwaltskanzlei kam. Als erstes rannte ich stets ins Zimmer meines Vaters, der an seinem Schreibtisch saß und hinter roten Aktenbergen fast verschwand. Meist schnappte ich mir zunächst das Diktiergerät und spielte daran herum. Mein Vater setzte dem stets schnell ein Ende, bevor ich wichtige Gesprächsnotizen löschen konnte. Dann setzte ich mich in den Supermarkteinkaufswagen, in dem normalerweise Akten aller Farben über die langen

Flure der Kanzlei geschoben wurden, und ließ mich von einer der Mitarbeiterinnen durchs Büro fahren. Besonders faszinierte mich die Frankiermaschine. Ich durfte Briefumschläge mit Kanzleilogo durchziehen, bewacht von geduldigen Sekretärinnen. Im Eingangsbereich warteten die Mandanten, eine im wahrsten Sinne des Wortes bunte Mischung an Charakteren. Multikulti, das war für mich immer schon Normalität. Die einen nannten meinen Vater »Big Babba«, die anderen bezeichneten ihn – in Anlehnung an den bekannten Münchner Strafverteidiger – als den »Bossi des Ruhrgebietes«. All dies fand ich weit spannender als den Besuch des Kindergartens.

So war es auch an diesem kalten Dezembertag des Jahres 1978. Draußen – vor dem Kindergarten stehend – hörte ich das laute Motorengeräusch und öffnete die Hintertür des tannengrünen Wagens, um mich auf die Rückbank zu setzen. An diesem Tag wirkte Evelyn jedoch nicht so fröhlich wie sonst. Sie ärgerte sich über etwas, und weil ich sie aufmerksam ansah, erzählte sie es mir: »Das Urteil im Fall Werner Weinhold. Sind zwei Menschenleben wirklich nur fünfeinhalb Jahre wert?« Ich verstand nicht. An der nächsten Ampel griff sie nach einem Magazin mit einem roten Rand, das auf dem Beifahrersitz lag: die neueste Ausgabe des SPIEGEL, die sie an einer bestimmten Stelle aufgeschlagen hatte. Laut las sie vor, was, wie ich später erfuhr, der legendäre Gerichtsreporter Gerhard Mauz geschrieben hatte: »Süßmilch und Benecken haben Weinhold hervorragend verteidigt.«

Süßmilch und Benecken haben Weinhold hervorragend verteidigt. Ich verstand nicht. Aber aus irgendeinem Grund prägte sich mir dieser Satz ein. Evelyn redete bereits weiter. »Mal ganz ehrlich«, sagte sie, »noch nicht mal sechs Jahre

Gefängnis für zwei Tote. Das ist doch ungerecht, auch wenn Werner Weinhold unser Mandant ist. Da haben Dein Vater und sein Anwaltskollege doch mal wieder ordentlich gezaubert.«

Ich verstand nicht, was sie meinte. Ich kannte die Worte »Mandant« und »ungerecht«, nicht aber deren Bedeutung. Der Name Werner Weinhold hörte sich märchenhaft an, sagte mir aber nichts. Kein Wunder: Ich war bei diesem Gespräch, das ich später mit Evelyn Z. rekonstruierte, keine vier Jahre alt.

Werner Weinhold ist ein ehemaliger NVA-Soldat, der 1975 bei seiner Flucht aus der DDR in die Bundesrepublik zwei ostdeutsche Grenzsoldaten erschoss. 1976 war er in einem ersten Prozess freigesprochen worden. Nachdem dieser Freispruch durch ein höheres Gericht jedoch wieder aufgehoben worden war, fällte 1978 ein anderes Gericht das endgültige Urteil: fünfeinhalb Jahre Haft für Weinhold*.

An diesem Dezembertag, an dem ich auf dem Weg vom Kindergarten zur Kanzlei in Evelyns grünem Wagen saß, war der Urteilsspruch erst einige Tage her. Der Fall wurde aufgebracht diskutiert, selbst die Mandanten, die im Wartezimmer der Kanzlei saßen, sprachen darüber. Man konnte die Diskutanten grob in zwei Lager teilen:

Die einen sagten, dass das Urteil viel zu milde sei. »Denke doch mal einer an die Angehörigen der beiden Opfer!«, war ein Satz, der besonders häufig fiel.

---

* Die Flucht Weinholds aus der DDR in den Westen, erstmals aus seiner heutigen Sicht geschildert, können Sie auf der Webseite www.schreiend-ungerecht.de nachlesen.

Die anderen fanden, man könne doch nicht automatisch von der Schuld Weinholds ausgehen. Er habe doch ausgesagt, die beiden Grenzsoldaten hätten zunächst auf ihn das Feuer eröffnet, bevor er zurückschoss. Wenn er damit recht hätte, dann wäre das ja Notwehr und Weinhold gar nicht zu bestrafen. So wirke das Urteil nun wie eine Art Kompromiss – nach dem Motto: Vielleicht sei ja was dran an der Notwehr, aber man müsse auch den Opferinteressen gerecht werden.

Fest steht jedenfalls: Mitte der 1970er herrschte kalter Krieg, der Fall Weinhold war ein hochpolitisches Verfahren, und das Gericht hatte es gewiss nicht leicht.

Ich bin praktisch in der Kanzlei meines Vaters aufgewachsen. Mit zunehmendem Alter verlor ich das Interesse für den Einkaufswagen und die Frankiermaschine. Noch vor meiner Einschulung wurde ich in den Dienst der Kanzlei gestellt. Mein Vater brachte wichtigen Mandanten Weihnachtsgeschenke nach Hause, um sich für die gute Zusammenarbeit am Jahresende zu bedanken. Eine Flasche Cognac hier, eine Schachtel Pralinen dort. Und ich musste ihn begleiten, um auftragsgemäß nach spätestens zehn Minuten mit dem vorgetäuschten Quengeln zu beginnen: »Papa, ich möchte nach Hause.« So lieferte ich ihm einen Grund, den Besuch zu beendigen. Einmal sagte er zu mir nach einem solchen perfekten Schauspiel: »Sohnemann, du wirst bestimmt mal ein richtig guter Strafverteidiger.«

Bereits im Grundschulalter begann ich mich für Strafverfahren zu interessieren, Diskussionen über Recht und Unrecht sog ich in mich auf wie andere Kinder Zeichentrickfilme.

Als Gymnasiast saß ich bei jeder sich bietenden Möglichkeit als Zuschauer im Gerichtssaal und verfolgte gespannt die

Zeugenbefragungen und die Schlussplädoyers. Ich erinnere mich zum Beispiel an eine Mandantin meines Vaters, von Beruf Krankenschwester, die schwerkranken Patienten aus Mitleid tödliche Injektionen verabreicht hatte und in den Medien »der Todesengel« genannt wurde.

Und als Rechtsextreme einen Brandanschlag auf ein von Türken bewohntes Haus in Solingen verübten, bei dem fünf Menschen zu Tode kamen, durfte ich für meinen Vater Teile der Akte in den Hochsicherheitstrakt des Düsseldorfer Gerichtsgebäudes tragen.

Einmal nahm er mich auch in die forensische Psychiatrie mit, wo ein psychisch kranker Mandant behandelt wurde. Er hatte seiner Nachbarin mit einem Messer den Kopf abgetrennt und versucht, diesen die Toilette hinunterzuspülen. Der Mann sah in ihr den Teufel.

Zu Studien- und Referendarzeiten durfte ich in der Kanzlei meines Vaters Verteidigungsstrategien mitentwickeln – und widmete mich dabei unter anderem Fragen wie der folgenden: In welches Licht rückt man vor Gericht ein Ehepaar, das als »Die Satanisten« bekannt ist? Der Hintergrund: Ehemann und Ehefrau hatten einen Bekannten mit 66 Messerstichen hingerichtet, um ihn Satan zu opfern. Als an einem der Hauptverhandlungstage mein Vater die beiden Sonnenbrillen für die Mandantschaft vergessen hatte, mussten meine kurz zuvor in einem Spanien-Urlaub erworbenen verspiegelten »Oakleys« aushelfen. Schließlich galt es, die beiden Angeklagten im Gerichtssaal vor irdischem Licht zu schützen.

Ständig wurde darüber diskutiert, ob das, was da in den Strafverfahren passierte, auch gerecht war. Was eigentlich allgemein unter »Gerechtigkeit« zu verstehen war – das fragte ich mich immer häufiger. Es schien mir, dass diese Frage nicht so einfach zu beantworten war. Der Fall Weinhold hatte mir früh gezeigt, dass die Gerechtigkeits-Definition durchaus eine Frage der persönlichen Einstellung ist. Gerechtigkeit exakt zu definieren, halte ich für unmöglich. Denkbar ist es als Minimalformel, Gerechtigkeit als Abwesenheit von schreiendem Unrecht zu bezeichnen.

Über wenige Dinge diskutiert man in Deutschland aufgebrachteterals über angeblich ungerechte Strafgerichtsurteile. Das Vertrauen in die Justiz bröckelt unter Schlagzeilen wie »Kinderschänder wieder frei – nur zwei Jahre auf Bewährung!« Aus der Ferne spielen viele Menschen gerne Richter und bewerten Ergebnisse von Strafverfahren, deren Details und Hintergründe sie meist nicht kennen. Trotzdem ist ihr Urteil schnell gefällt: Die Justiz habe versagt, sei zu täterfreundlich und lasse sich von Verbrechern auf der Nase herumtanzen.

Nehmen wir doch ein klassisches Stammtischthema: Ein »Kinderschänder« bekommt zwei Jahre mit Bewährung, ein Steuerhinterzieher drei Jahre Haft. Den Schwerverbrecher lässt man laufen, den kleineren Übeltäter »hängt« man. Das sei doch ungerecht, heißt es dann. Beim Bürger entsteht durch solche Urteile, die aus der Ferne nicht nachvollzogen werden können, so etwas wie Justizfrust. Bestärkt wird er von Teilen der Medien mit oberflächlichen Schlagzeilen. Die Folge: Der Glaube an und das Vertrauen in die deutsche Strafjustiz schwinden.

Doch in vielen Fällen sind solche Angriffe nicht gerechtfertigt. Bleiben wir beim Beispiel des erwähnten »Kinderschänders«. Dieser hat etwa ein Kind mit nacktem Oberkörper fotografiert. Oder ein anderes im Brustbereich berührt. Der Richter, dem klar ist, dass dieser Täter in Zukunft noch weiter gehen könnte, sagt nun zu ihm: »Für diese Tat stecke ich Sie ins Gefängnis – es sei denn, Sie legen ein Geständnis ab. Damit ersparen Sie erstens dem Kind die Aussage vor Gericht. Und zweitens umgehen Sie einen Aufenthalt hinter Gittern, bei dem Sie im Wesentlichen unbehandelt verwahrt würden. Lieber gebe ich Ihnen die Bewährungsauflage, sich drei Jahre lang in einer Psychiatrie therapieren zu lassen – in der Hoffnung, dass Sie danach eine solche Tat nicht mehr begehen.«

Ein solches, reiflich überlegtes Urteil erspart dem kindlichen Opfer das Martyrium einer Aussage im Gerichtssaal, und es schützt die Gesellschaft möglicherweise vor einer Wiederholungstat. Das macht weit mehr Sinn, als den Täter unter dem Gejohle des Publikums ins Gefängnis zu stecken, aus dem er später untherapiert entlassen wird. Bei der Bevölkerung kommt jedoch bloß an: »Der Perverse muss nicht mal einsitzen!« Und fertig ist die gewünschte Schlagzeile.

Diese Dynamik halte ich für problematisch – und für ungerecht. Für schreiend ungerecht sogar. Ich sehe mich oft in der Situation, die deutsche Strafjustiz gegen unzutreffende Angriffe verteidigen zu müssen. Aber gibt es denn auch berechtigte Vorwürfe gegen den Justizapparat? Ja, die gibt es. Und wie sogar. Es gibt regelrechte Justizskandale in diesem Land. Nicht nur hier und da, sondern alltäglich. Ungerechtigkeiten im System, die sich insbesondere gegen Unschuldige und Opfer richten. Die Folge sind traumatisierte Menschen, die vor den Trümmern ihrer Existenz stehen und den Glauben an die deutsche Justiz verloren haben. Die Hintergründe für diese Ungerechtigkeiten sind erstaunlicherweise kaum bekannt. Die wahren Skandale in deutschen Strafverfahren bekommen kaum Schlagzeilen, entsprechend selten kümmern sich Politiker darum.

Ich stelle anhand von elf Fällen in diesem Buch dar, auf welche Weise sich das System gegen Unschuldige und Opfer richtet. Beide – also der zu Unrecht Verdächtigte und der regelrecht abgespeiste Geschädigte – sind Justizopfer.

Diesen Justizopfern möchte dieses Buch endlich eine Stimme verleihen. Es möchte auf Probleme aufmerksam machen, die dem deutschen Strafverfahren standardmäßig Sand ins Getriebe streuen. Auch wenn wir Gerechtigkeit vielleicht nie ganz erreichen können, so sollten wir dennoch das System so verbessern, dass zumindest schreiendes Unrecht nicht mehr permanent vorkommt.

In diesem Buch stelle ich wahre Fälle solch schreiender Ungerechtigkeiten vor. Sie erfahren nicht nur, worin der jeweilige Justizskandal besteht, sondern auch, wie es ganz einfach gerechter zugehen könnte – und wie Sie sich selbst im Fall des Falles schützen und wehren können.

KAPITEL 1

Nachbarn sind Freiwild

Bis zu jenem Abend, an dem er glaubte, sterben zu müssen, dachte Holger P., 42 Jahre alt, geschieden, keine Kinder, sein Leben sei ganz okay. P. war von Beruf Handelsvertreter und für einen Pharmakonzern in ganz Deutschland unterwegs. Bis vor wenigen Jahren hatte er mit seiner Frau in einem Reihenhaus gelebt. Nach der unspektakulären Scheidung – sie hatte behauptet, er habe sie betrogen, er müde entgegnet, aber Frau, du weißt doch, dass ich sowas nicht mache, aber was soll's, wenn du gehen willst – war er in ein Mehrparteienhaus in einer niedersächsischen Kleinstadt gezogen. Es war ein roter Klinkerbau aus den Neunzigern, ein nettes, beinahe schickes Haus mit acht Parteien.

Holger P. wohnte in der zweiten von vier Etagen, und das erste Jahr verging wie fast alles in seinem Leben: gemütlich und ereignislos. Er mochte das so, erzählte P., als er in meiner Kanzlei saß; er war blass, dünn, abgekämpft, so ganz anders als der Holger P. von früher, der er mal gewesen sein musste.

Wenn alles hübsch ordentlich und ohne viel Aufregung ablief, so fühlte er sich am besten. Unter der Woche war er unterwegs, schlief in unpersönlichen Hotelzimmern und spulte seine Verkaufsgespräche ab. Am Wochenende ging er joggen, fuhr in die nächstgrößere Stadt ins Kino oder traf Bekannte auf ein Bier.

An einem kühlen, windigen Frühlingstag hielt ein Lieferwagen vor dem Haus, aus dem vier Personen kletterten – offensichtlich Vater, Mutter und zwei Söhne im Teenageralter, die als erstes ihre Handys zückten und – nach einer Ermahnung durch die Mutter – unter Murren begannen, Möbel und Hausrat auszuladen. Holger P. holte gerade seine Post aus dem Briefkasten und guckte mit mildem Interesse zu den Neuankömmlingen. Sie sahen ganz nett aus, der Vater kam auch gleich auf ihn zu.

»Hallo Nachbar, wir sind neu hier, ich bin der Walter, und du?«, sagte er.

Eigentlich mochte Holger P. es nicht, sofort geduzt zu werden. Aber der Mann wirkte so freundlich und überschwänglich, da wollte er nicht gleich beim ersten Kennenlernen auf Distanz gehen. »Holger«, stellte er sich vor und schüttelte dem anderen die Hand. »Freut mich sehr. Ich wohne in der zweiten Etage. Willkommen. Es ist ein wirklich schönes, ein friedliches und ruhiges Haus.«

»Ja, das ist auch mein Eindruck. Auf gute Nachbarschaft«, rief Walter und strahlte. Dann schob er einen Holzkeil unter die geöffnete Eingangstür, um ungestört sein Mobiliar ins Haus schaffen zu können.

Ein sympathischer Mann, dachte Holger P., und so organisiert, selbst an den Holzkeil hatte der neue Nachbar gedacht. Solche Dinge fielen dem Handelsvertreter auf, er schloss daraus auf das Wesen eines Menschen. War er selbst nicht auch so strukturiert? Dieser Walter schien in Ordnung. Feine neue Nachbarn, dachte Holger P., klemmte sich die Post unter den Arm und stieg in seine Wohnung hinauf.

Walter K. war 46 Jahre alt, von Beruf Maler und Lackierer, aber seit Jahren arbeitslos. Er habe ein Rückenleiden, erzählte er, als sie sich das nächste Mal unten im Hausflur begegneten und ins Gespräch kamen. Da sei das Schleppen der Farbeimer, das Auf und Nieder mit der Rolle nicht mehr möglich.

»Ach Gott, und dann noch der Umzug«, sagte Holger P. mitfühlend, »da hast du dich aber wohl zusammengerissen. Ich habe gar nicht bemerkt, dass du Schmerzen hast.«

»Ja«, sagte Walter K. mit angestrengtem Blick, »wenn's sein muss, dann muss es eben sein, nicht wahr?« Dann verabschiedete er sich und ging demonstrativ langsam zum Fahrstuhl.

Holger P. nahm wie immer die Treppe. Wegen der vielen Autofahrten, die er als Handelsvertreter zu absolvieren hatte, lebte er in ständiger Sorge, er könne sich ebenfalls ein Rückenleiden zuziehen. Deshalb achtete er auf seine Fitness, ging möglichst viel zu Fuß und überlegte seit geraumer Zeit, sich zum Kieser Training anzumelden. Ein älterer Kollege hatte ihm begeistert von dieser Muskelkräftigungsmethode berichtet. Nein, so wie sein neuer Nachbar wollte er nicht enden, in diesem Alter schon zur Untätigkeit verdammt.

Walters Ehefrau Petra war eine ruhige Person mit vorzeitig gealtertem Gesicht, die ständig putzte und den zwei Söhnen im Alter von 15 und 17 Jahren prophezeite, dass »auf diese Art wohl nie etwas aus euch wird«. Die Kids nahmen solche Kommentare stets achselzuckend hin, vertieften sich wieder in ihre Smartphones und machten ansonsten keinen Ärger.

Es war wirklich ein nettes Haus – bis die Sache mit dem Fenster im Flur passierte: Holger P. stellte dieses immer auf Kipp. Er war nicht nur Jogger, sondern auch Frischluftfanatiker, und im Hausflur stand die Luft öfter mal, oder es zogen Essensgerüche durch. Mit gekipptem Fenster kam es zu einem regelmäßigen Luftaustausch, und so ließ sich selbst der Geruch von Zwiebelgulasch, der aus der Parterrewohnung von Frau A. zu ihm in den zweiten Stock strömte, vertreiben.

Eines Samstags, Holger P. wollte noch seine Sporttasche aus dem Auto holen, bemerkte er, dass das Fenster geschlossen war. Nanu, dachte er, habe ich etwa vergessen, es zu öffnen? Er legte den Fenstergriff um, zog das Fenster in die übliche Kippstellung, holte die Tasche aus dem Wagen und ging wieder in seine Wohnung. Als er abends loszog, um einen Freund zu treffen, sah er automatisch zum Gangfenster – schon wieder zu! Jemand musste es geschlossen haben. Aber warum? Kopfschüttelnd kippte Holger P. das Fenster wieder und ging zu seinem Treffen.

So ging das ein paar Wochen: Holger P. öffnete das Fenster, der Unbekannte schloss es wieder. Ich müsste mal herausfinden, wer das ist, und mit demjenigen reden, dachte Holger P. Er sollte es bald erfahren, denn als er am nächsten Morgen routinemäßig das Gangfenster kippte, stand mit einem Mal Walter K. vor ihm, sein neuer Nachbar aus dem vierten Stock. Holger P. hatte ihn seit seinem Einzug nicht oft gesehen, und immer noch dessen freundlichen Tonfall im Ohr. Umso mehr wunderte er sich, als Walter K. ihn nun regelrecht anfuhr: »Muss denn das Fenster immer wieder aufgemacht werden?«

Holger P. drehte sich verblüfft um. »Wie bitte?«

Der Nachbar reagierte nicht auf die Frage, sondern fuhr in scharfem Ton fort: »Dann kannst Du ja auch demnächst meine Heizkosten übernehmen.«

»Was gehst Du mich jetzt hier so blöd an?«, entgegnete Holger P. und machte sich bereit, die Sache auszudiskutieren.

Doch Walter K. drehte sich einfach um und ging.

Von diesem Tag an sprachen die beiden Männer kein Wort mehr miteinander. Es wurde ein regelrechtes Spiel: Der eine machte das Fenster im Flur auf, der andere wieder zu. »Ein bisschen kindisch ist das schon«, überlegte Holger P. eines Tages, und ließ das Fenster fortan geschlossen. Er mochte keinen Unfrieden. Konfrontationen mied er generell, und außerdem: Der Klügere gibt nach, oder? Vielleicht war nun alles in Ordnung.

Doch eines Tages kam Post von der Hausverwaltung: Es gäbe Beschwerden über ihn von einem anderen Mieter, Walter K. Er, Holger P., würde nach dem Joggen seine Schuhe nicht ordentlich reinigen und Dreck in den Hausflur tragen. Außerdem habe Walter K. ihn dabei beobachtet, wie er Waschmittel und Weichspüler aus dem gemeinsamen Waschkeller entwendet habe. Holger P. fiel aus allen Wolken. Seit seinem Einzug zog er die Joggingschuhe noch vor dem Haus aus. Und Waschmittel zu entwenden, war ihm in seinem ganzen Leben noch nicht eingefallen, diesen Vorwurf hatte Walter K. frei erfunden. Die Hausverwaltung schenkte ihm jedoch offenbar Glauben, denn Holger P. wurde hiermit eine erste Abmahnung erteilt. Sollte er sich nicht bessern, hieß es, könnte die Kündigung seines Mietvertrags erfolgen.

Holger P. war schockiert. Er hatte doch in der Sache mit dem Flurfenster längst klein beigegeben. Sollte er bei der Hausverwaltung anrufen? Walter K. bei der Polizei wegen Rufschädigung anzeigen?

Ein paar Wochen später wurden alle vier Reifen des Autos von Holger P. durchstochen. Als er eines Abends in den Waschkeller ging, stellte er fest, dass es nach Farbe roch: Jemand hatte roten Lack durch das Waschpulver-Fach in seine Maschine laufen lassen. Kurz danach fiel ihm aus seinem Briefkasten eine tote Ratte entgegen. Ein Zettel lag im Fach, darauf stand: »Tote Ratte für tote Ratte!« Holger P. begann zu zittern, nicht nur vor Wut, sondern, weil ihm dieser Krieg psychisch zusetzte. Er war sicher, dass der aggressive Nachbar hinter all dem steckte. Was sollte Holger P. tun? Anzeige erstatten? Die Hausverwaltung verständigen? Er hatte keine Beweise.

Eines Tages läutete ein Herr an der Tür, schüttelte Holger P. teilnahmsvoll die Hand und fragte, wo denn der Tote läge, er sei vom Bestattungsunternehmen.

»Welcher Tote?«, fragte Holger P.

»Na, der Verstorbene, Herr ...« Der Mann studierte einen Zettel, »Herr Holger P., der wohnte doch hier?«

Holger P. fühlte sich hilflos. Es war wie damals bei seiner Scheidung: Er wusste, dass er sich eigentlich wehren musste, aber er war nicht in der Lage zu kämpfen. Er fühlte sich allein. Und machte das, was er immer tat: nichts. Er entsorgte die Waschmaschine, kaufte eine neue und spielte im Geiste die Szenarien durch, für die ihm im echten Leben die Kraft und das Wesen fehlten: Wie er heimlich eine Kamera installierte und Walter K. überführte. Wie er zur Hausverwaltung fuhr und dort schilderte, was sein Nachbar mit ihm trieb. Wie er Walter K. mit Beweisen für dessen Taten konfrontierte und zum Auszug aufforderte. Er steigerte sich in seine Fantasien regelrecht hinein, sodass er schließlich allein von der Vorstellung, wie er den nachbarlichen Feind zur Strecke bringen würde, erschöpft war.

Vielleicht sollte er einfach selbst ausziehen, dachte er am Ende mutlos. Lange würde er diese Situation nicht mehr aushalten. Holger P. kannte sich. Unfrieden schlug auf seine Gesundheit, und vielleicht sollte er sich einfach eine neue Wohnung suchen. Doch dann schob er den Gedanken wieder beiseite, denn seine nächste Geschäftsreise stand an: 1500 Kilometer quer durch Deutschland, von Niedersachsen über Nordrhein-Westfalen nach Bayern und Baden-Württemberg und wieder zurück. Es würde anstrengend werden, und dafür brauchte er seine ganze Kraft. Der Nachbar musste erst mal warten. Nach der Reise wollte er weitersehen.

Es war Frühsommer geworden und noch nicht stockdunkel, als Holger P. eines Abends gegen 22 Uhr wieder zu Hause ankam. Er parkte seinen Wagen vor dem Haus. Müde wuchtete er seinen Koffer mit Pharmaprodukten und einige Taschen aus dem Kofferraum – er schleppte alles nacheinander zur Haustür.

Er schloss auf, tastete innen nach dem Lichtschalter für den Hausflur – und zuckte zusammen: Vor ihm stand eine dunkle Gestalt mit einer Maske über dem Gesicht und einem länglichen Gegenstand in der Hand. »Was …«, begann Holger P., doch in der nächsten Sekunde holte die Gestalt weit aus, und Holger P. spürte einen heftigen Schlag gegen seinen Kopf. Er taumelte, stürzte etliche Stufen in Richtung Keller hinunter und schlug mit dem Gesicht auf dem Steinboden auf.

Er konnte sich nicht bewegen. Nicht schreien. Nicht einmal mehr atmen. Er spürte, wie weitere Schläge auf seinen Kopf niedergingen, fühlte, wie ihm das Blut aus der Nase schoss. Es ist aus, dachte er, als er da auf dem kalten Boden lag, er würde sterben. Eine große Traurigkeit umhüllte ihn: So ging es also zu Ende. Warum? Weil er den Mund nie aufgekriegt hatte. Er sah seine Exfrau vor sich, wie sie ihn geringschätzig anblickte. Und da, endlich, füllte sich seine Kehle mit Luft, und er schrie und schrie, wie er noch nie im Leben geschrien hatte. Der Maskierte ließ von ihm ab, Holger P. hörte eilige Schritte auf der Treppe, die nach oben führt.

Im vierten Stock wurde die Nachbarin von Walter K. durch die Schreie aufgeschreckt. Sie schaute erst durch den Türspion und sah, wie eine dunkle Gestalt mit einem länglichen Gegenstand in der Hand in der Wohnung von Walter K. verschwand. Die alte Dame hatte Angst, doch da unten war jemand in Not, und so nahm sie sich zusammen und stieg vorsichtig die Treppen hinunter. Unten im Kellergeschoss fand sie Holger P. in seinem Blut liegend und rief zitternd die Polizei.

Die Beamten trafen ein, forderten einen Rettungswagen an und fertigten eine Strafanzeige: Verdacht der gefährlichen Körperverletzung. Noch im Treppenhaus wurde die Nachbarin als Zeugin vernommen und schilderte, was sie durch den Türspion gesehen hatte. Die Polizisten klingelten bei Walter K., doch drinnen blieb es still. Die Sanitäter trafen ein, um Holger P. ins Krankenhaus zu bringen. Noch auf der Bahre unterzeichnete er stöhnend einen Strafantrag und äußerte eine Vermutung, wer ihm das alles angetan hatte: sein Nachbar, Walter K., mit dem er seit Monaten im Clinch liege.

Die erste Nacht verbrachte Holger P. auf der Intensivstation. Seine Kopfverletzungen mussten versorgt und beobachtet werden: Nasenbeinbruch. Jochbeinfraktur. Gehirnerschütterung. Anriss der Netzhaut. Bruch des linken Arms. Als er auf die Innere Abteilung verlegt wurde, kam ein Psychologe, denn Holger P. wirkte völlig gebrochen. Er war ein Wrack. Über drei Wochen blieb er im Krankenhaus. Ständig wurde ihm schwindlig. Sobald er die Augen schloss, sah er eine dunkle Gestalt, die den Arm hob, um auf ihn einzuschlagen.

Der Psychologe diagnostizierte bei Holger P. eine Posttraumatische Belastungsstörung. Die tote Ratte, der rote Lack in der Waschmaschine, der Bestatter, der blanke Hass, dem Holger P. seit Monaten ausgesetzt war, hatten ihren Tribut gefordert.

Als er aus dem Krankenhaus entlassen wurde und mit dem Taxi nach Hause kam, fand er in seinem Briefkasten zwischen allerlei Prospekten auch ein Schreiben der zuständigen Staatsanwaltschaft:

Betrifft: Strafanzeige wegen des Verdachts der gefährlichen Körperverletzung gegen Ihren Nachbarn Walter K.

Sehr geehrter Herr Holger P.,
das Strafverfahren gegen Ihren Nachbarn Walter K. wegen des Verdachts der gefährlichen Körperverletzung habe ich eingestellt.
Es herrscht seit geraumer Zeit zwischen Ihnen und Walter K. Nachbarschaftsstreit. Dies haben Sie selbst in Ihrer Strafanzeige angegeben. Bei einer solchen Sachlage besteht kein öffentliches Interesse an der Strafverfolgung.
Es bleibt Ihnen unbenommen, Ihre Ansprüche auf dem Privatklageweg zu verfolgen.

Holger P. ließ den Brief sinken. Das durfte doch nicht wahr sein. Da war er von seinem Nachbarn krankenhausreif geschlagen und fast umgebracht worden. Und was macht der Staatsanwalt mit dem mutmaßlichen Täter? Er lässt ihn laufen.

Der erste Rechtsanwalt, den Holger P. aufsuchte, stellte zunächst ein Gesuch, die Ermittlungen gegen Walter K. wieder aufzunehmen. Ein Attest über die schweren Verletzungen seines Mandanten legte er bei. Kurze Zeit später kam die Antwort der Staatsanwaltschaft: Man habe die Rechtslage erneut geprüft, es bleibe bei der Einstellung.

Eine Beschwerdemöglichkeit gegen diesen Einstellungsbescheid gebe es nicht, erklärte der Anwalt Holger P. Eine Privatklage, wie sie im Einstellungsbescheid erwähnt wurde, sei eine strafrechtliche Anklage, die nicht vom Staatsanwalt, sondern vom Geschädigten selbst bei Gericht eingereicht würde. Die Gerichte nähmen solche Klagen jedoch gar nicht ernst, zu Verurteilungen käme es praktisch nie.

Eine zivilrechtliche Schmerzensgeldklage wiederum werde Holger P. am Ende nicht froh machen, denn selbst, wenn er gewinnen würde, bekäme er ein Schmerzensgeld von vielleicht 3000 Euro zugesprochen. Da er aber keine Rechtsschutzversicherung habe, müsse er zunächst die Kosten für einen Prozess inklusive eines etwaigen Gutachters von 4000 bis 5000 Euro vorschießen. Das Ganze würde zum Verlustgeschäft. Zumal ein Urteil im Falle des Sieges vor Gericht nicht erfolgreich vollstreckt werden könne, denn Walter K. war arbeitslos. Und es würde noch schlimmer kommen, erklärte der Anwaltskollege: Selbst wenn Holger P. den Prozess gewinnen würde, könnte es ihm passieren, dass er trotzdem die Prozesskostenhilfe für Walter K. bezahlen müsse – für den Fall, dass der sich einen Anwalt nahm und eine solche Hilfe bewilligt bekäme. Das nennt man Sekundärhaftung, sagte der Anwalt.

Als Holger P. zu mir in die Kanzlei kam, war er mit den Nerven am Ende. Doch ich konnte ihm nur bestätigen, was mein Kollege gesagt hatte. »Danke für die ehrliche Auskunft.« Holger P. erhob sich müde. Ich begleitete ihn zur Tür. Auf der Schwelle drehte er sich noch einmal zu mir und sagte: »Habe ich das richtig verstanden? Da wird man fast zu Tode geprügelt und es interessiert keine Sau, nur weil es unter Nachbarn geschehen ist? Wie kann das sein?«

Ja, wie kann das denn sein?

SCHREIEND UNGERECHT

Keine Strafe, wenn es der Nachbar ist

So krass es sich anhört, aber der geschilderte Fall ist leider bei Weitem keine Ausnahme. Staatsanwälte mögen es mir verzeihen, aber nach vielen Jahren Anwaltstätigkeit habe ich den Eindruck gewonnen, dass das Wort Nachbarschaftsstreit bei Staatsanwaltschaften blitzartig für tränende Augen sorgt. Soll heißen: Dass sich dort inzwischen flächendeckend eine chronische »Nachbarschaftsstreit-Allergie« ausgebreitet hat. Eine Ermittlungsakte mit einem Disput unter Nachbarn ist gedanklich schon zugeklappt, bevor sie überhaupt gelesen wird.

Die Gründe dafür liegen auf der Hand: Es fehlt schlicht an Personal. Auf den Schreibtischen der Staatsanwaltschaften türmen sich regelrecht die Akten. Wenn dann zeitgleich auch noch die Zahl der Strafanzeigen weiter ansteigt, heißt es irgendwann: Rien ne va plus – nichts geht mehr. So viele Strafverfahren können gar nicht eingeleitet, wie Strafanträge gestellt werden. Der Justizapparat würde regelrecht explodieren, wenn alle angezeigten Fälle von Nachbarschaftsstreit auch zur Anklage gebracht würden. Schon aus dieser Art Not heraus, müssen also Abstriche gemacht werden.

In Fällen von verbalen Auseinandersetzungen unter Nachbarn ist dies auch aus meiner Sicht verständlich. Leider landen aber eben inzwischen auch vermehrt Verfahren, in denen es um massive körperliche Gewalt geht, im übertragenen Sinne im Einstellungs-Schredder. Es heißt dann kurzerhand: eingestellt. Kein öffentliches Interesse. Und zu ist die Akte. Für Schwerverletzte wie meinen Mandanten Holger P. ein unerträglicher Umstand. Und kaum etwas anderes als eine weitere Ohrfeige oder ein weiterer Schlag in die Magengrube.

Hinter der Anzeigenflut steckt meines Erachtens das, was Entertainer Stefan Raab treffend in seinem legendären Nachbarschafts-Song »Maschendrahtzaun« beschreibt: Viele Bürger gehen regelrecht im Krieg gegen ihren Nachbarn auf, verzetteln sich in Rachefeldzügen, bringen jedes »Du Arschloch«, jede »Planschkuh« und »Pass bloß auf, dass nicht bei Nacht und Nebel mal dein Gartenhaus in Flammen aufgeht« zur Strafanzeige. Andererseits liegt der Verdacht mehr als nahe, dass sich der eine oder andere Strafverfolger inzwischen von vornherein denkt: Na, schuld sind doch ohnehin meistens beide. Muss ich mir denn wirklich dafür noch mehr Zeit stehlen lassen?

Eine vorschnelle Verfahrenseinstellung durch Verneinen des öffentlichen Interesses, bedeutet für Betroffene aber nicht nur eine, sondern gleich zwei Ohrfeigen. Denn die Strafprozessordnung sieht für den Geschädigten keine Beschwerdemöglichkeit vor. Die Sache ist im Prinzip unangreifbar und wird von keiner höheren Stelle kontrolliert. Die einzige Möglichkeit, die man überhaupt noch juristisch hat, ist eine Art »Gnadengesuch«. Das heißt: Den zuständigen Staatsanwalt zu bitten, die Einstellung zu überdenken und die Ermittlungen doch noch einmal aufzunehmen. Solche Gesuche sind jedoch in der Regel erfolglos. Leidtragender ist der schwerverletzte Nachbar, der sich sozusagen als »Freiwild« abgestempelt fühlt.

Wie es gerechter wäre

Das Wichtigste zuerst: Der Justizapparat braucht einfach mehr Personal. Weit und breit höre ich Staatsanwälte, die über restlose Arbeitsüberlastung klagen. Nicht selten schwingt in Gesprächen mit Staatsanwälten eine überdimensionale Comic-Denkblase mit, in der geschrieben steht: »Ich würde ja gerne öfter anklagen, aber bei der dünnen Personaldecke schaffe ich es einfach nicht.«

Wenn die Politik es mit Aufklärung und Verfolgung von Straftaten ernst meint, müsste man hier zuerst ansetzen. Natürlich kostet das Geld. Aber Gerechtigkeit sowie das körperliche und seelische Heil seiner Bürger sollte das dem Staat wert sein.

Ein weiterer Haken an das Wort »Gerechtigkeit«, wäre eine bisher fehlende Möglichkeit der Beschwerde an eine höhere Stelle, wenn Ermittlungen mit dem Argument des angeblich fehlenden öffentlichen Interesses eingestellt werden. Denn ein zweiter Blick durch eine Kontrollinstanz auf eine Angelegenheit kann nur hilfreich sein. Wie heißt es so schön: Mit dem Zweiten sieht man einfach besser. Bislang kontrolliert der Staatsanwalt in diesen Fällen nur sich selbst. Und es ist menschlich, dass man ungern seine eigenen Entscheidungen revidiert. Ich bin überzeugt: Eine Beschwerde von Holger P. gegen die Einstellung an eine Kontrollinstanz hätte Erfolg gehabt und ihm wäre das Gefühl erspart geblieben, als beinahe halbtot Geprügelter im Regen stehen gelassen zu werden – nur weil der Peiniger ein Nachbar war.

Die Kleinkrieg-Mentalität in der Bevölkerung einzudämmen, wäre natürlich auch ein wichtiges Instrument für die Entlastung der Justiz und damit auch für mehr Gerechtigkeit: Die Staatsanwaltschaften hätten mehr Kapazitäten, die wirklich schweren Verfehlungen unter Nachbarn in Ruhe zu prüfen und anzuklagen. Jeder einzelne sollte sich überlegen, womit er die Justiz beschäftigt. Und ob es nicht eine andere Möglichkeit gibt, einen Zwist mit dem Nachbarn zu beenden, als diesen wegen einer angeblichen Straftat anzuzeigen.

Ist es wirklich nötig, jede Verfehlung eines auch noch so unbeliebten Nachbarn zur Anzeige zu bringen? Denn unter dem Strich steht doch die bittere Erkenntnis: Durch die deutsche Eigenart, wegen eines »Moschendroahtzauns« einen Nachbarschaftskrieg anzuzetteln, ist es bei der derzeitigen schmalen Personaldecke der Staatsanwaltschaft leider vorprogrammiert, dass schwer geschädigte Opfer wie Holger P. durch das Gerechtigkeits-Raster fallen können. Möchte man die Verfehlung des Nachbarn aber nicht tatenlos hinnehmen, besteht zudem die Möglichkeit, statt Strafanzeige zu erstatten, den »Schiedsmann« einzuschalten. In diesem Fall kann ein neutraler Dritter die Streithähne an einen Tisch bringen und versuchen, mit einem sachlichen Gespräch und einer gewissen Diplomatie den Streit außergerichtlich zu lösen.

Was, wenn ich betroffen bin?

Ich hoffe, Sie werden nie von Ihrem Nachbarn tätlich angegriffen – aber wenn es geschieht, sind mehrere Dinge wichtig. Ich rate dringend, sofort einen auf Strafrecht spezialisierten Anwalt aufzusuchen. Holen Sie so schnell wie möglich ärztliche Atteste ein, um die Staatsanwaltschaft auf die Schwere Ihrer Verletzungen frühzeitig hinweisen zu können. Machen Sie Aufnahmen – es genügt, mit dem Handy zu fotografieren – von den frischen Verletzungen: Auch Staatsanwälte sind nur Menschen, und solche Bilder wecken bei diesen ganz andere Emotionen, als wenn sie in einem Attest die trockene Diagnose »mehrfacher Trümmerbruch« lesen. So können Sie viel eher bei einem sonst so verächtlich beiseitegelegten Nachbarschaftsstreit eine Anklage und die Bestrafung des gewalttätigen Nachbarn erreichen.

Warum ein Anwalt? Meine Erfahrung zeigt, dass sich vieles ändert, wenn ein Rechtsbeistand auf der Seite des Geschädigten aktiv wird. Ob er sich sofort bei Polizei oder Staatsanwaltschaft als Ihr Anwalt meldet und darauf aufmerksam macht, welches massive Unrecht Ihnen angetan wurde, oder sofort Fotos von Ihren Verletzungen an die Staatsanwaltschaft schickt – ein Rechtsbeistand beschleunigt die Sache, und nicht nur das: Ein Advokat hat in den Augen der Ermittler eine höhere Autorität als ein aufgeregt stammelnder Geschädigter. Verfahren werden nicht so schnell eingestellt. Das mag ungerecht erscheinen, aber es ist meine Erfahrung.

Ein abschließender Ratschlag: Eine Rechtsschutzversicherung mit einem umfassenden Opferrechtsschutz gibt es für monatlich rund 20 Euro. Mit einer solchen Versicherung haben Sie als Opfer kein Kostenrisiko und müssen nicht aus finanziellen Gründen davon Abstand nehmen, einen brutalen Nachbarn juristisch zu verfolgen.

KAPITEL 2

Im Namen des Laien

Die Vorahnungen trafen ihn stets unvorbereitet – immer dann, wenn er sich besonders glücklich fühlte: Wie aus dem Nichts legte sich plötzlich ein dunkler Schatten über seine Seele, als hätte der Flügel eines lautlos vorbeifliegenden Riesenvogels das Licht verdeckt. Christoph N. erschrak, nahm sich vor, die böse Ahnung festzuhalten, sich Notizen zu machen: Zu welcher Gelegenheit trat dieses Gefühl auf, zu welcher Tageszeit? Doch das Aufschreiben vergaß er jedes Mal aufs Neue und lebte weiter sein perfektes Leben.

Christoph N. gehörte zu den Menschen, denen alles scheinbar mühelos gelang. Er schloss sein Medizinstudium erfolgreich ab, sammelte an einem Krankenhaus erste Berufserfahrungen, heiratete Judith, die begehrteste Frau seines Freundeskreises, bekam einen Sohn. Vom Flügelschlag, wie er seine bösen Vorahnungen nannte, blieb in seinem Alltag kaum etwas zurück. Seine Familie bedeutete ihm alles, und als in Judith der Traum reifte, aufs Land zu ziehen, da fand er, das sei eine gute Idee. Er begann herumzufragen, ob irgendwo eine Praxis zu übernehmen sei.

Dr. Hubert W. hatte über 40 Jahre eine Gemeinschaftspraxis in einem 8000-Seelen-Ort in Süddeutschland betrieben. Nun wollte er in den Ruhestand gehen, hatte seine Praxis inseriert und freute sich sehr über den netten Bewerber mit der freundlichen Frau und dem aufgeweckten Kind. Christoph N. legte 300.000 Euro auf den Tisch – er musste nur einen kleinen Kredit aufnehmen, den Rest übernahmen seine Eltern – und gab seiner Frau grünes Licht für die Haussuche.

Die Arztpraxis war die einzige im Ort und gut eingeführt. Obwohl die Älteren anfangs bedauerten, dass der alte Herr Doktor nicht mehr da war, überwog bald die Begeisterung über den neuen. Christoph N. war jung, gutaussehend und überdies ein ausgezeichneter Allgemeinmediziner, der sich Zeit für seine Patienten nahm. Bald kam es den Leuten vor, als sei er immer schon dagewesen. Er war jetzt der Arzt am Ort, eine geachtete Persönlichkeit und wurde wegen seiner Freundlichkeit schnell von allen gemocht. Einige Zeit nach der Ankunft saß die Familie zufrieden auf ihrer neuen Terrasse in der Abendsonne. Judith studierte Tapetenmuster, der kleine Sohn rannte krähend durch die Fontänen des Rasensprengers, und Christoph N. ließ zufrieden seinen Blick über die Hügel hinter dem Garten gleiten. Und da war er wieder – dieser Moment, in dem sich ein dunkler Schatten über alles zu legen schien. Der Flügelschlag des Riesenvogels. Selbst das goldene Abendlicht schien für einen Augenblick Grautöne anzunehmen. Beunruhigt sah Christoph N. zu seiner Frau hinüber, die jedoch weiter ihr Musterbuch betrachtete. Vielleicht bin ich einfach erschöpft, dachte er, wahrscheinlich ist das bloß ein Stresssymptom. Der Umzug, der Neubeginn auf dem Land, das waren Kraftakte, selbst wenn alles perfekt gelungen war.

Doch von da an schien es, als sei Christoph N.s Glückskonto im Dispo angekommen. Es begann damit, dass Judith immer gereizter wurde. Eines Sonntags beim Frühstück erklärte sie schließlich, das Landleben sei doch nichts für sie. Zu diesem Zeitpunkt lebten sie bereits ein Jahr im Ort. Judith beschwerte sich: Die Ruhe, die immer selben Menschen, die sie ständig aushorchen wollten – das sei ehrliches Interesse, entgegnete ihr Mann, nein, das sei unverschämte Neugier, sagte sie – und das Fehlen ihrer Freundinnen, die fast nie zu Besuch kamen, obwohl sie es doch versprochen hatten. Christoph und seine Ehefrau waren seit dem Studium zusammen, hatten immer in der Großstadt gewohnt. Für manche Menschen sei das Leben in der Provinz eben nichts, sagte sie. Wie sie sich das vorstelle, fragte Christoph, er habe die Praxis übernommen, die außerdem floriere, und im Gegensatz zu ihr gefalle ihm das Landleben, und ob sie mal an den gemeinsamen Sohn gedacht habe?

Aus der Diskussion wurde Streit. Aus dem Streit entstand ein Graben zwischen den beiden Eheleuten, der mit der Zeit immer breiter wurde. Judith war unglücklich, und Christoph war unglücklich, weil seine Frau unglücklich war. Ihr Kind spürte die Anspannung und wurde quengelig. Judith hielt noch ein weiteres Jahr durch. Dann zog sie aus.

Christoph war traurig. Er hatte seine Frau geliebt, doch die Art, in der sie sich immer weiter von ihm distanzierte, hatte seine Gefühle erkalten lassen: Vielleicht war die Trennung doch das Beste? Judith nahm den kleinen Sohn mit in die

Stadt, am Familiengericht wurden Besuchszeiten vereinbart. Alles lief freundschaftlich ab, und Christoph war froh darüber, dass es so glatt gegangen war.

Im Ort sprach sich schnell herum, dass der Herr Doktor wieder zu haben war. Christoph war jetzt 43 Jahre alt und eine begehrte Partie, nicht nur wegen seines Status. Darüber hinaus sah er blendend aus: fast 1,90 groß, mit Dreitagebart, nur leicht ergrauten Schläfen und einem mitreißenden Lächeln. Und er besaß gleich zwei Sportwagen – einen Oldtimer und einen neuen Maserati. Das alles ließ bei vielen Frauen das Herz höherschlagen, und nicht nur eine träumte davon, die neue »Frau Doktor« zu werden und im offenen Oldtimer über den Dorfplatz zu kurven.

Natürlich hatten auch die Mitarbeiterinnen in der Praxis die Neuigkeit mitbekommen. Fünf Arzthelferinnen waren bei Christoph N. angestellt, und unter den Jüngeren brach bald eine Art Wettstreit um die Aufmerksamkeit des Herrn Doktor aus. Das Problem dabei: Christoph N. sah zwar aus wie ein Herzensbrecher, aber er benahm sich nicht so. Die flatternden Wimpern der Damen ignorierte er, führte ruhig und bestimmt die Praxis weiter, ging mehrmals pro Woche joggen, besuchte seinen Sohn und genoss ansonsten die Ruhe im Haus. Er fühlte sich wohl in dem kleinen Ort und konnte sich vorstellen, hier alt zu werden.

Jeden Morgen kam Christoph N. pünktlich um acht Uhr in seine Arztpraxis, die in einem blendend weißen Bungalow untergebracht war. Die große Eingangstür aus Glas war seine Idee gewesen, als er die Praxis übernommen hatte. So kam viel Licht herein in den luftigen Eingangsbereich mit dem Mobiliar in hellen Minttönen, die noch seine Ex ausgesucht hatte.

Geschmack hatte sie ja, dachte Christoph N. dann, und in solchen Momenten fand er, dass es doch ganz schön wäre, wieder eine feste Partnerin zu haben.

Natürlich hatte er bemerkt, dass ihm die jungen Arzthelferinnen schöne Augen machten. Besonders Leonie, die Hübscheste von ihnen, legte sich ins Zeug: 23 Jahre alt, 1,70 groß, nur 50 Kilo schwer, mit einer blendenden Figur und eigentlich genau sein Typ. Doch eine Beziehung zu einer Mitarbeiterin kam für ihn nicht in Frage. Zu viel hatten ihm Kollegen schon von den Problemen erzählt, die dadurch entstehen konnten, und das wollte er sich von vornherein ersparen. Außerdem war ihm diese Leonie viel zu jung. Er wollte lieber eine Frau finden, die bereits mit beiden Beinen im Leben stand, am besten über 30, eine, mit der man auch reden konnte.

Und so reagierte er nicht auf die Flirtversuche seiner jungen Arzthelferin. Sie warf ihr Haar zurück, lehnte sich weit vor, wenn sie ihm etwas reichte, sodass er ihren Brustansatz in der weit aufgeknöpften Bluse sah. Christoph zollte ihr im Geiste Tribut für ihren Sportsgeist, aber er blieb standfest. Ein One-Night-Stand kam für ihn ebenfalls nicht in Frage, er war einfach nicht der Typ für solche Geschichten. Sie wisse schon nicht mehr, was sie anfangen solle, beschwerte sich Leonie bei den Kolleginnen, die das Schauspiel amüsiert beobachteten. Der Doktor sei eine harte Nuss, aber er sei doch so gutaussehend, seufzte sie, ein echter Traummann. Die anderen erinnerten Leonie dann daran, dass sie doch selbst verheiratet sei. Das stimmte auch, Leonie war eine viel zu frühe Ehe mit einem jüngeren, unerfahrenen Mann eingegangen und bereits gelangweilt. Schrecklich fad im Bett sei er, vertraute sie den Kolleginnen an, sie wolle endlich einmal etwas erleben, und der Herr Doktor sei genau der Richtige dafür. Das Kollegium stöhnte und gab auf.

Die Weihnachtsfeier der Praxis stand an. Zum ersten Mal würde Christoph N. als Single kommen. Seine Ex Judith hatte ihn die anderen beiden Male stets hingebracht und wieder abgeholt, damit er auch mit seinen Mitarbeiterinnen anstoßen konnte. Geblieben war Judith nie, obwohl er sie mehrmals gebeten hatte. Vielleicht hätte er das bereits als Zeichen nehmen müssen, überlegte er, als er sich für die diesjährige Feier ein Taxi bestellte.

Das Praxisteam hatte beschlossen, in einem Luxushotel im Nachbarort zu feiern. Im Restaurant war ein Tisch mitsamt Drei-Gänge-Menü bestellt. Anschließend wollte man zur Hotelbar weiterziehen. Neben Christoph N. und seinem Steuerberater nahmen noch die fünf Arzthelferinnen und der Apotheker um den runden, geschmackvoll dekorierten Tisch Platz. Alle hatten sich fein gemacht, besonders Leonie sah entzückend aus in einem betont schlichten Outfit aus kurzem Rock und enger weißer Bluse. Der Reiz ihres Looks lag in den Details: Der Rock hatte hinten einen Schlitz, sie balancierte auf schwindelerregend hohen Absätzen, die Bluse war aufgeknöpft, und wenn Christoph von der Seite hinein sah, konnte er den Ansatz eines Spitzen-BHs erhaschen. Er seufzte innerlich. Leonie sah schon sehr scharf aus, und sie hatte diesen durchdringenden Blick, mit dem sie ihn schon den ganzen Abend taxierte.

Es war eine lustige Runde. Lachend ließen sie das Jahr Revue passieren, tauschten Anekdoten aus, zwischendurch erhob sich der Apotheker und hielt eine Lobrede auf Christoph, unterbrochen von »Hört, hört!« – und »Bravo!«-Rufen. Die

Gäste an den Nebentischen schauten neugierig herüber. Da schien ja eine wichtige Persönlichkeit zu sitzen. Christoph N. war kein großspuriger Typ. Aber an diesem Abend erlaubte er sich, gelöst vom Alkohol und frei von den Anspannungen des vergangenen Jahres, die Aufmerksamkeit in vollen Zügen zu genießen.

Sie aßen. Sie tranken. Sie scherzten. Immer wieder fiel Christophs Blick auf Leonie, die ihn anstarrte, als wolle sie ihm eine telepathische Botschaft schicken. Und je mehr er trank, desto öfter wagte er, zurück zu starren.

Nach dem Essen wechselte die Gruppe zur Hotelbar, wo sie ausgesuchte französische Weißweine genoss. Dort gab es eine kleine Tanzfläche, und lachend begannen erst die Arzthelferinnen, dann die Herren mit den »rhythmischen Zuckungen«, wie der Apotheker es nannte. Bei ihm sah es tatsächlich so aus, aber es war Weihnachten, und alle hatten Spaß. Christoph tanzte reihum mit seinen Mitarbeiterinnen, erst mit der Ältesten, dann mit den anderen. Leonie hob er sich für den Schluss auf, und als sie sich gemeinsam über die Tanzfläche bewegten, spürte er ihre sanfte Hand auf seinem Hintern.

Die anderen Arzthelferinnen stießen einander mit vielsagenden Blicken an: Da hatte Leonie ja endlich mal gepunktet. Nach und nach zogen sie sich zurück, auch der Steuerberater entschuldigte sich, und schließlich saßen nur noch Christoph, Leonie und der Apotheker an der Bar. Es war fast drei Uhr morgens, als der Herr Apotheker sich endlich verabschiedete. Leonie sah nach einem weiteren Drink ihren Chef geradeaus an: »Könnten Sie mich mit dem Taxi nach Hause bringen?« Christoph nickte stumm. War das eine Aufforderung? Er wusste doch, dass Leonie verheiratet war. Leicht schwankend, seiner Mitarbeiterin galant den Arm bietend, führte er sie zur Rezeption, wo er um ein Taxi bat.

Sie waren gerade eingestiegen, und er hatte sich zu Leonie gedreht, um sie nach ihrer Adresse zu fragen, da war ihr Gesicht schon ganz nah an seinem, und sie flüsterte ihm ins Ohr: »Sollen wir nicht lieber zu dir fahren?« Christoph schluckte. Er musste sich jetzt entscheiden. Sie war seine Angestellte. Sie war verheiratet. Aber hatte sie nicht die Initiative ergriffen? Hatte sie ihn nicht gerade geduzt? Christoph war angetrunken, der letzte Rest seines Widerstands schmolz unter Leonies glühendem Blick und ihrer Hand auf seinem Oberschenkel. Er räusperte sich und nannte dem Taxifahrer seine Privatadresse.

Um 3.45 Uhr standen Leonie und ihr Chef im Wohnzimmer seiner Villa. Sie knöpfte ihre Bluse auf und ließ diese zu Boden fallen. Dann ging Leonie zur Stereoanlage, legte eine Kuschelrock-CD ein, von der Christoph gar nicht wusste, dass er sie besaß, und begann mit geschlossenen Augen zu tanzen. Dabei hakte die junge Arzthelferin ihren BH auf. Sie bewegte sich, nur mit Rock und High Heels bekleidet, auf ihn zu, schwang ihre Hüften, zog ihn zu seiner breiten Designercouch, und mit dem ersten Kuss fielen seine letzten innerlichen Schranken.

Leonie war eine fantastische Liebhaberin. Sie schien ebenso hungrig nach Sex wie er selbst. Später würde er sich erinnern, dass sie alles, einfach alles machten. Sie befriedigte ihn oral, setzte sich dann auf ihn, irgendwann reckte sie ihm auch noch auffordernd ihr süßes Hinterteil entgegen. Christoph wähnte sich im Paradies, es war die leidenschaftlichste Nacht seines Lebens. Ein paar Minuten nach 5 Uhr lag er auf der Couch, die schöne, die leidenschaftliche, die zärtliche Leonie im Arm.

Sie gestand ihm, dass sie in ihrer Ehe sehr unglücklich sei. Ihr Mann sei ein Jahr jünger als sie, ein eifersüchtiges Jüngelchen, ganz anders als er, Christoph. Sie habe in der Beziehung die Hosen an, sei aber gelangweilt von dieser viel zu früh geschlossenen Ehe. Ihr Mann sei eine Niete im Bett, sagte sie. Er lehnte Oralverkehr ab, Rollenspiele seien sowieso tabu, und mit so einem solle sie nun ihr Leben lang verheiratet bleiben? Christoph hörte zu, streichelte ihren schönen, schlanken Körper, und in diesem Moment konnte er sich nicht vorstellen, Leonie jemals wieder gehen zu lassen. Irgendwann schlief er ein, satt, zufrieden, glücklich.

Heftiges Klopfen an der Haustür drang in seine Träume, und als er endlich erwachte, hörte er auch die Rufe: »Polizei! Öffnen Sie, sonst brechen wir die Tür auf.« Christoph sah automatisch zur Uhr im Bücherregal. Es war 10.30 Uhr. Warum lag er auf der Couch? Und warum fühlte er sich, als hätte er Watte im Kopf? Ach ja, die Weihnachtsfeier. Und Leonie.

Leonie. Wo war sie? Er sah sich um, da lagen ihre halterlosen Strümpfe, es war also doch kein Traum gewesen. Das Klopfen und Rufen vor seinem Haus wurde immer lauter. »Polizei, Polizei! Aufmachen!« Christoph wickelte sich in eine Decke und schwankte zur Tür. Als acht Polizeibeamte ins Haus stürmten, glaubte er zunächst an einen Scherz. Doch als ihm einer der Beamten einen Zettel vors Gesicht hielt, auf dem das Wort »Durchsuchungsbeschluss« stand, war Christoph mit einem Schlag wach.

Der Polizist sagte: »Na, von Ihnen hätte ich sowas ja nie gedacht, Herr Doktor.«

»Was denn?«, fragte Christoph verdattert.

Der Polizist antwortete nicht, gesellte sich stattdessen zu seinen Kollegen, die begonnen hatten, das Haus auf den Kopf zu stellen.

Leonies halterlose Strümpfe wurden sichergestellt. Zwei Polizeibeamte trugen Kunststoffhandschuhe, hoben die Strümpfe hoch und ließen sie in große Klarsicht-Tüten gleiten. Rund um die Couch wurden Spuren sichergestellt. Ein Polizeibeamter machte Fotos. Es wirkte wie in einem Krimi, aber welches Verbrechen warf man ihm denn vor? Dass er mit seiner Mitarbeiterin geschlafen hatte? Mehrmals versuchte er, Fragen zu stellen. Die Polizisten wiesen ihn schließlich an, sich auf einen Küchenstuhl zu setzen und sich von dort nicht wegzubewegen.

Irgendwann kam eine Polizeibeamtin zu Christoph und erklärte, was eigentlich los war. »Sie sind Beschuldigter in einem Strafverfahren«, begann sie, »Ihnen wird vorgeworfen, in der letzten Nacht die Arzthelferin Leonie K., die bei Ihnen beschäftigt ist, in dieser Villa vergewaltigt zu haben.«

Christoph N. wurde übel. War das ein Albtraum? Ein übler Scherz seiner Mitarbeiterinnen? Er saß bewegungslos am Küchentisch und versuchte, einen klaren Gedanken zu fassen.

»Ein frühes Geständnis macht sich bei sowas immer gut«, sagte die Polizistin aufmunternd und sah ihn erwartungsvoll an.

»Was, ich …«, stammelte Christoph nur. Und dann: »Ich habe doch niemanden …« Danach wurde ihm der Ernst der Lage bewusst. Diese Polizisten glaubten, er sei ein Vergewaltiger, ein feiger Gewalttäter – er, der Arzt des Ortes!

»Das – das war nicht so«, sagte er lahm.

Die Polizistin machte Notizen, und Christoph N. erzählte, woran er sich erinnerte. Dass er auf der Weihnachtsfeier seiner Praxis gewesen sei. Dass Leonie ihn den ganzen Abend angestarrt habe. Dass sie ihn zuerst gebeten hatte, sie mit dem Taxi nach Hause zu bringen, dann aber vorgeschlagen hatte, zu ihm zu fahren. Dass sie noch im Wohnzimmer begonnen habe, sich auszuziehen, dass sie offenbar eine Kuschelrock-CD mitgebracht habe, dass sie ihn geküsst habe, und dann …

Und während er erzählte, stieg eine Frage in ihm auf: Warum behauptete Leonie, er habe sie vergewaltigt? Sie musste zur Polizei gegangen sein, aber warum denn? Diese Nacht war so leidenschaftlich gewesen, noch dazu auf ihre Initiative zustande gekommen.

Nur eines erzählte er der Polizeibeamtin nicht: Wie sich Leonie über ihren Ehemann ausgelassen hatte. Sei ein Gentleman, mahnte er sich selbst, vielleicht klärt sich das alles auf, verrate sie nicht. Gott sei Dank war sein Sohn gerade nicht zu Besuch, dachte er noch, nicht auszudenken, wenn er das Ganze miterleben müsste. Polizisten im Haus seines Vaters!

Mit der Durchsuchung begann ein Albtraum, der sich über Monate zog. Christoph N. wurde von seinem Freundeskreis geraten, sich einen Anwalt zu nehmen. Der ließ sich die Akten kommen und beriet Dr. Christoph N. dahingehend, zunächst keine weiteren Angaben zu machen. Wie betäubt ging er seiner Arbeit in der Praxis nach. Seine Mitarbeiterinnen warfen ihm sorgenvolle Blicke zu, die ganze Sache hatte sich bereits herumgesprochen, und keine konnte sich vorstellen, dass Christoph N. so etwas tun würde. Leonie K. hatte sich krankgemeldet und war nicht mehr zum Dienst erschienen.

Christophs Anwalt riet ihm eindringlich, sie nur ja nicht zu kontaktieren, es werde sich schon alles aufklären.

Zwei von Leonies Kolleginnen machten Aussagen bei der Polizei: dass Leonie schon seit Monaten in der Praxis davon gesprochen habe, wie »scharf« sie auf den Chef sei, und wie »heiß« er aussehe. Dass sie auf der Weihnachtsfeier mit ihm geflirtet habe. Dass niemand in der Praxis sich vorstellen könne, dass Christoph N. seiner Angestellten Gewalt antat, im Gegenteil, er sei doch ein besonders korrekter Mensch.

Auch Leonies beste Freundin Anna H. ging zur Polizei, um eine Aussage zu machen. Leonie habe ihr ein folgenreiches Geständnis gemacht: Nach der Nacht mit dem Arzt, auf dem Rückweg im Taxi, habe Leonie auf ihrem Handy etliche Nachrichten ihres eifersüchtigen Ehemannes vorgefunden. In Panik habe sie überlegt, was sie nun tun sollte. Da sei ihr eine Szene aus einem Film eingefallen, die Leonie nun in der Realität nachspielte: Sie schrieb ihrem Mann eine Nachricht, sie sei vergewaltigt worden und deshalb noch nicht zu Hause. Aus dieser Notlüge sei der ganze Schlamassel entstanden: Der Ehemann bestand nämlich darauf, sofort zur Polizei zu gehen. Leonie habe nicht gewusst, wie sie aus der Nummer rauskommen soll, habe mitgespielt – und, während ihr Mann besorgt ihre Hand hielt, Anzeige erstattet.

Einige Wochen später wurde tatsächlich Anklage zum Amtsgericht erhoben: Dr. Christoph N. sollte sich vor einem Schöffengericht wegen Vergewaltigung seiner Arzthelferin Leonie K. verantworten. Zwei Monate später setzte das Amtsgericht einen Hauptverhandlungstermin fest. Christoph N. sehnte den Tag herbei, an dem er sich vor Gericht endlich äußern durfte.

Doch dann geschah etwas, das ihn beinahe vollständig aus der Bahn warf: Die örtliche Zeitung berichtete über den Fall. Eine Pressesprecherin des Amtsgerichts hatte erklärt, dass es eine Anklage gegen einen Mediziner gebe. Der Vorwurf: Vergewaltigung der eigenen Arzthelferin, begangen nach einer Weihnachtsfeier.

Der Abend in dem Hotel war laut und vergnügt gewesen, viele Restaurantgäste hatten sich über die lustige Runde amüsiert, auch einige seiner Patienten waren darunter gewesen. Daran erinnerten die sich jetzt, und nur wenige Tage nach dem Zeitungsbericht wusste jeder im Ort: Der Angeklagte ist der Dorfarzt.

Die Leute begannen ihn auf der Straße zu meiden. Patienten verließen in Scharen seine Praxis. Es gab nur wenige, die zu ihm hielten, der Ort spaltete sich in zwei Lager, mit der friedlichen Stimmung war es vorbei. Plötzlich war er wieder der Fremde, der Zugereiste. Christoph N. schlief schlecht in diesen Wochen. Er setzte all seine Hoffnungen auf die Gerichtsverhandlung. Er würde Leonie sehen und endlich erfahren, was hier gespielt wurde. Sicher war sie ebenso unschuldig in der Sache wie er. Alles würde sich endlich aufklären.

Der Tag der Verhandlung war gekommen. Dr. Christoph N. kam sich in dem altehrwürdigen Gerichtssaal mit den holzvertäfelten Wänden plötzlich ganz klein vor. Sein Anwalt klopfte ihm beruhigend auf die Schulter. Als die drei Richter hereinkamen, erhoben sich alle. Bei einem Schöffengericht gibt es einen Berufs- und zwei Laienrichter, also Personen, die aus der Bevölkerung stammen und keine juristische Ausbildung genossen haben. Der Berufsrichter leitet die Verhandlung, aber jeder

der drei Richter hat eine eigene Stimme, mit der über Schuld und Strafhöhe entschieden wird.

Leonie war als Zeugin geladen. Als sie zur Belehrung in den Saal gerufen wurde, versuchte Christoph ihren Blick einzufangen. Doch sie schaute nur stur geradeaus. Irgendetwas stimmte da nicht. Bis zu diesem Augenblick hatte der Arzt gehofft, dass alles nur ein schreckliches Missverständnis sei und dass Leonie die Vorwürfe vor Gericht entkräften würde.

Zunächst durfte sich der Angeklagte zu den Vorwürfen äußern. Christoph hatte sich wieder gefangen und gab ruhig und bestimmt an, was er in dieser Nacht erlebt hatte. Er habe einvernehmlichen Geschlechtsverkehr mit Leonie K. gehabt. Sie habe die Initiative ergriffen und auch vorgeschlagen, dass sie mit dem Taxi zu ihm fuhren. Jetzt hatte er auch keine Hemmungen mehr, zu erzählen, was Leonie ihm gebeichtet hatte: dass sie in ihrer Ehe unglücklich sei und sich nach erfüllendem Sex gesehnt habe.

Er wirkte sicher und authentisch, und das war er auch. Der Berufsrichter hatte nur wenige Fragen, die der Arzt ruhig beantwortete. Dann begannen die beiden Schöffen, nachzuhaken.

»Wie lange hatten Sie vor dieser besagten Nacht schon keinen Sex mehr gehabt?«, fragte die Schöffin. »Sie sprachen eben davon, dass Sie keine Kuschelrock-CD zu Hause gehabt hätten«, sagte der Schöffe. »Wissen Sie denn so genau, welche CDs Sie in Ihrem sicherlich großen, teuren Musikschrank aufbewahren?«

Christoph N. starrte die Schöffen ratlos an. Was waren denn das für Fragen? Er antwortete nach bestem Wissen und Gewissen. Erhoffte, dass nun Leonie endlich alles aufklären würde.

Sie wurde auch tatsächlich danach in den Zeugenstand gerufen. Doch was sie sagte, ließ Christoph N. an seinem Verstand und der Welt zweifeln. Sie sei sehr betrunken gewesen, erzählte sie. Christoph N. hätte nach der Weihnachtsfeier eigenmächtig die Route des Taxis geändert und sie gegen ihren Willen mit in seine Villa genommen. Weil sie so viel Alkohol im Blut hatte, habe sie sich nicht mehr richtig wehren können. In seinem Wohnzimmer habe der Doktor dann versucht, sie zu küssen, und als sie diese Küsse nicht erwiderte, habe er sie – nicht allzu heftig, aber doch mit einiger Gewalt – auf die Couch gedrückt. Sie habe immer wieder »Nein! Hör auf!« gesagt. Er aber habe ihren Rock und die halterlosen Strümpfe heruntergerissen, sei ungeschützt erst vaginal, dann anal in sie eingedrungen. Irgendwann sei er fertig gewesen und eingeschlafen. Nun habe sie endlich aus der Villa fliehen können und ein Taxi gerufen. Darin sitzend habe sie ihrem Ehemann, der sich schon gewundert hatte, wo sie blieb, alles telefonisch berichtet. Ihr Mann habe sie gegen 6.30 Uhr zur Polizei begleitet, wo sie gegen ihren Chef Strafanzeige erstattet habe.

Nun ergriff Christophs Verteidiger das Wort. Er befragte Leonie K. Die erklärte, sie könne nur wenige Details aus der besagten Nacht schildern. Sie sei betrunken gewesen und erinnere sich nicht genau. Sie wisse aber eines, nämlich, dass sie immer wieder »Nein, hör auf!« gesagt hätte. Christoph N. habe aber nicht auf sie gehört und immer weitergemacht. Sie liebe ihren Mann und sei so froh, dass er hinter ihr stünde.

»Es gibt eine weitere Zeugin in der Akte«, setzte der Verteidiger neu an. »Ihr gegenüber sollen Sie gesagt haben, dass Sie das Ganze nur erfunden haben, als Ausrede vor Ihrem Mann für Ihr Fernbleiben in dieser Nacht.«

Leonie zuckte die Achseln. »Die ist eine Schlampe, eine Lügnerin«, sagte sie, »glauben Sie der kein Wort.«

Wie gelähmt saß Christoph N. auf seinem Stuhl. Er erkannte Leonie nicht wieder. Was redete diese Frau denn da? Für einen Moment fragte er sich, ob es denn gestimmt haben könnte – dass ihm seine Erinnerung einen Streich spielte und er doch der Vergewaltiger war, als den sie ihn da gerade hinstellte. Christoph N. zweifelte an seinem Verstand, er fühlte, wie ihn seine Nervenkraft verließ ... Doch bereits nach wenigen Augenblicken hatte er sich wieder gefangen. Nein, Leonie K. log. Aber er würde das nicht mit sich machen lassen.

Nun wurde Anna H., Leonies ehemals beste Freundin, als Zeugin aufgerufen. Sie wiederholte, was sie bereits in ihrer polizeilichen Vernehmung angegeben hatte. Dass Leonie ihr gegenüber zugegeben hatte, die Geschichte von der Vergewaltigung erfunden zu haben, um ihren eifersüchtigen Ehemann zu beruhigen. Als sie, Anna, gesagt hätte, Leonie könne doch nicht diesen Arzt zu Unrecht beschuldigen, sei es zum Bruch zwischen den Freundinnen gekommen.

Der vorsitzende Richter lauschte Anna H.s Ausführungen mit unbewegter Miene. Dann wandte er sich an die Staatsanwältin: »Müssen wir nach dieser überzeugenden Aussage wirklich noch weitermachen?«

»Aus meiner Sicht«, antwortete diese, »können wir die Verhandlung an diesem Punkt beenden.«

Christoph N. sah seinen Verteidiger an, der ihm aufmunternd zunickte. »Die Nummer ist durch«, sagte der Anwalt. Christoph N. atmete auf. Der Richter glaubte ihm. Die Staatsanwältin glaubte ihm. Der Albtraum schien vorbei.

Der Richter erklärte in Richtung des Angeklagten: »Also, ich muss das nur noch kurz mit den beiden Schöffen erörtern. Dauert nicht lange.«

Geschlagene 45 Minuten später kam der vorsitzende Richter mit hochrotem Kopf aus dem Beratungszimmer zurück in den Saal. Die beiden Schöffen trabten hinter ihm her und setzten sich mit strengen Mienen auf ihre Plätze.

»Wir müssen hier doch weitermachen«, sagte der Richter mit gepresster Stimme, »ich bin auch etwas erstaunt.«

Christophs Anwalt schnaubte laut durch die Nase. Die Staatsanwältin verdrehte die Augen. Christoph N. sah ratlos von einem zum anderen.

Nun wurden zwei weitere Arzthelferinnen vernommen. Sie erzählten von Leonies Annäherungsversuchen in der Praxis und auf der Weihnachtsfeier. Dann wurde Leonie K.s Arztbericht verlesen. Sie hatte sich am Morgen nach der besagten Nacht im Krankenhaus untersuchen lassen. Es seien eindeutige Spuren von Vaginal- und Analverkehr festgestellt worden, jedoch keinerlei Gewalteinwirkung.

Gegen Mittag wurde schließlich das Urteil verkündet: Der Angeklagte Dr. Christoph N. bekam wegen Vergewaltigung eine dreijährige Haftstrafe.

Alle im Saal schnappten nach Luft. Nur die beiden Schöffen nicht.

Der vorsitzende Richter stammelte die Urteilsbegründung regelrecht heraus. Er wirkte peinlich berührt, als sei das Urteil gegen seinen Willen gefallen. Und so war es wohl auch: Die beiden Schöffen, also die Laienrichter, mussten ihn überstimmt haben. Sie glaubten Leonie K., die zwischendurch ein bisschen geweint und die Richter aus großen, tränenverhangenen Augen angesehen hatte. Ein hinreißender Anblick.

Die Urteilsbegründung wirkte auf Christoph N. merkwürdig. Die Zeugin Anna H. sei unglaubwürdig, denn sie habe sich nicht frühzeitig, sondern erst nach einigen Wochen bei der Polizei gemeldet. Zudem sei unverständlich, dass Christoph N. nicht gleich bei seiner Vernehmung am Tatort angegeben habe, was Leonie K. in der Nacht über ihre Ehe erzählt habe. Das alles wirke im Nachhinein konstruiert und daher sei Dr. Christoph N. schuldig zu sprechen. Noch im Gerichtssaal erlitt Christoph N. einen Zusammenbruch. Am nächsten Tag stand alles in der Zeitung.

Der Arzt legte Berufung gegen das Urteil ein, und obwohl sein Anwalt nichts falsch gemacht hatte, suchte er einen neuen Verteidiger. Als er zu mir in die Kanzlei kam, wirkte er wie ein gebrochener Mann. Fast alle verbliebenen Patienten verließen seine Praxis, er musste zwei Arzthelferinnen kündigen. Jemand schmiss einen Stein durch die Fensterscheibe seiner Praxis. Auf der Straße sprach kaum jemand mehr mit ihm. Nur seine beiden verbliebenen Mitarbeiterinnen, der Apotheker und die letzte Handvoll Patienten hielten zu ihm.

Christoph N. gewöhnte sich in dieser Zeit an, in seinem Sportwagen ziellos durch die Gegend zu fahren. An einem grauen Tag hielt er an einer Schlucht und saß über eine Stunde regungslos hinterm Steuer. Er war ganz nahe herangefahren, über den Asphalt hinaus gerumpelt, die Scheinwerfer ragten bereits über die Felskante. Schließlich stieg er aus und sah in den Abgrund. Es wirkte gar nicht so hoch. Aber einen Sturz hinunter würde er nicht überleben, da war er sich sicher. Ob ihm das sein Sohn jemals verzeihen würde?

In diesem Augenblick stieß sich ein Greifvogel von der Felswand unter ihm ab und stieg direkt vor ihm auf. Ein Falke? Ein Bussard? Er konnte es nicht erkennen. Der Vogel schien in der Luft zu taumeln, und für einen Augenblick sah es so aus, als würde er abstürzen. Doch dann erhob er sich mit einigen wenigen, kräftigen Flügelschlägen in die Lüfte, ein heller Schrei, dann wurde er kleiner und kleiner, verschwand schließlich hinter den Bäumen auf der anderen Seite der Schlucht. Christoph N. starrte lange auf die Stelle, wo er den Vogel zuletzt gesehen hatte. Dann stieg er in seinen Wagen und fuhr nach Hause.

Die Berufungsverhandlung am Landgericht wurde sechs Monate später angesetzt – diesmal würde ich Christoph N. verteidigen. Zu Beginn erklärte der vorsitzende Richter, er fände das Urteil des Amtsgerichts »abenteuerlich«. Christoph N. und ich sahen uns an. Was erwartete uns? Erneut wurde Leonie K. befragt, wieder blieb sie bei ihrer Version der Geschichte. Danach wurde ihre ehemals beste Freundin angehört, die noch einmal erzählte, wie ihr Leonie gestanden hatte, alles nur erfunden zu haben. Auf die Aussage der anderen Arzthelferinnen verzichteten alle Verfahrensbeteiligten einverständlich.

Christoph N. wurde freigesprochen. »Dieses amtsgerichtliche Urteil ist nicht nur falsch, es ist total falsch«, sagte der Richter in seiner Urteilsbegründung. Zwei Laienrichter ohne jede Ahnung von juristischen Vorgängen hätten einem engagierten Mediziner beinahe die Existenz und Freiheit geraubt. Immerhin berichtete die örtliche Zeitung auch diesmal ausführlich über den erfolgten Freispruch und die offensichtlichen Zweifel an der Richtigkeit der Angaben von Leonie K.

Es war, als würde sich ein Nebel auflösen, der sich über den Ort gelegt hatte. Die Menschen läuteten an Christoph N.s Haustür, um sich bei ihm zu entschuldigen. Die Patienten kehrten reumütig zurück, der Doktor nahm sie großmütig wieder auf und machte niemandem einen Vorwurf. Er stellte die gekündigten Arzthelferinnen wieder ein. Eine Woche nach der Urteilsverkündung bat er seine Mitarbeiterinnen und den Apotheker nach Feierabend zu einem Glas Sekt und dankte ihnen in einer bewegenden Rede für ihre Treue. Es flossen viele Tränen, die den Horror der vergangenen Monate wegwuschen.

Ein paar Tage später erhielt Dr. Christoph N. einen anonymen Brief, der mit Buchstaben aus Zeitungsartikeln zusammengeklebt worden war. »Ich hatte mich in Dich verliebt«, stand da, »Du warst für mich ein richtiger Mann und den Sex in der Nacht mit Dir werde ich nie vergessen. Es tut mir leid, was ich Dir zugefügt habe.« Christoph N. nickte. Es war vorbei. Als ich ihn fragte, ob er Strafantrag gegen Leonie K. wegen falscher Verdächtigung stellen wollte, verzichtete er. Mein Mandant wollte endlich einen Schlussstrich ziehen.

Für dieses Buch traf ich den Arzt zu einem Gespräch in seiner Praxis wieder. Ich wollte noch einmal über seine damaligen Erlebnisse mit ihm sprechen und erfahren, wie er sich heute fühle: es gehe ihm wunderbar, seine Praxis floriere, er sei beliebter als je zuvor – und er habe wieder geheiratet. Christoph N. zeigte mir ein Bild seiner kleinen Tochter Isabel und erzählte, ihr großer Bruder sei ebenso vernarrt in die Kleine wie Christoph selbst.

»Und die Schatten?«, fragte ich. »Der Flügelschlag des Riesenvogels, von dem Sie erzählten? Ist er wiedergekommen?«

Christoph N. sah mich einen Augenblick nachdenklich an. »Nein«, sagte er dann. »Seit dem Freispruch nicht mehr.«

SCHREIEND UNGERECHT

Juristische Laien haben das Sagen

Stellen Sie sich vor, Sie liegen im Krankenhaus. Sie werden für eine Operation vorbereitet, auf Ihrem Bett liegend in den OP-Saal gerollt und von einer Person begrüßt, die verkündet: »Lieber Patient, ich habe weder Medizin studiert noch jemals einen Menschen behandelt. Ich bin reiner Laie, aber ich werde Sie heute operieren.«

Wie würden Sie reagieren? Schreiend aus dem Operationssaal flüchten? Meine Antwort wäre so klar wie Kloßbrühe: Nichts wie weg! Denn wer würde sein Leben schon einem Menschen anvertrauen, der nicht weiß, was er da tut? Doch im übertragenen Sinne verhält es sich bei erstinstanzlichen Strafverfahren, die an einem Amtsgericht vor einem Schöffengericht verhandelt werden, ganz genauso. Dort sitzen neben einem Berufs- auch zwei Laienrichter, die von juristischen Vorgängen in der Regel nicht die geringste Ahnung haben.

Diese Laien werden Schöffen genannt. Jeder Deutsche, der bei Amtsantritt zwischen 25 und 69 Jahren sowie ohne wesentliche Vorstrafen ist, kann dieses Amt ausüben. Sinn und Zweck ist einerseits die Stärkung von Vertrauen der Bürger in die Strafjustiz. Andererseits sollen Gerichtsverfahren durch die Bevölkerung kontrolliert und Urteile nicht hinter einem dunklen Vorhang gefällt werden. So gut diese Gedanken prinzipiell erscheinen, so unbegreiflich sind sie, wenn man ins Detail schaut. Denn es kann sein, dass zwei Laien einen Experten überstimmen – und das mit eklatanten Folgen wie im Fall Christoph N.

Unzählige Male habe ich schon erleben müssen, dass Schöffen sich tatsächlich wie Laien benehmen und durch unprofessionelles Verhalten dem gesamten Gericht einen peinlichen Anstrich geben. Nicht selten – und das ist noch ausgesprochen freundlich formuliert – kommen Schöffen zu den Hauptverhandlungen zu spät oder gar nicht und sorgen so für massive Verzögerungen.

Ich erinnere mich noch an den Fall, als eine vorsitzende Richterin nach fünfzehn Minuten Wartezeit den berufenen Schöffen, der nicht erschienen war, anrief. Er erklärte, die Ladung zur Hauptverhandlung nicht erhalten zu haben. Der Mann wohnte etwa fünfhundert Meter vom Gericht entfernt. Auf die Aufforderung der Richterin, sich sofort auf den Weg zu machen, sagte er, in zwei Stunden sei er da. »Warum brauchen Sie so lange?«, fragte die Richterin. »Ich muss mich erst rasieren«, erklärte der Mann allen Ernstes. Ich habe selten eine Richterin so wütend erlebt. Sie faltete den Schöffen am Telefon richtiggehend zusammen. Und tatsächlich saß er eine halbe Stunde später mit hochrotem Kopf – und rasiert – an seinem Platz.

Ein anderes Mal erlebte ich, dass eine Schöffin in Bremen den ganzen Betrieb aufhielt, weil sie um Punkt zwölf Uhr mittags zu essen wünschte. Sie konnte sich nicht noch eine halbe Stunde gedulden, in der eine Beratung des Gerichts hätte stattfinden sollen. Der Richter, die Staatsanwältin, die fünf Angeklagten, ihre Verteidiger und die anwesende Presse mussten sich gedulden. Das übermächtige Hungergefühl der Schöffin war ursächlich hierfür. Schöffen können den ganzen Betrieb tyrannisieren, wenn sie es wollen, und es gibt zu wenige Mittel, solche Auswüchse zu unterbinden.

Vor kurzem unterhielt ich mich mit einem Richter über das häufige Fehlen von Schöffen bei Gerichtsterminen. Er sagte trocken: »Das kommt nicht nur immer öfter vor, inzwischen ist es sogar die Regel.« Eine Staatsanwältin, die unsere Diskussion verfolgte, gestand mir später im Vertrauen: »Ich wünschte, dieses ganze vermaledeite Schöffenwesen würde abgeschafft.«

Wie es gerechter wäre

Das Schöffenamt abzuschaffen – so weit würde ich zwar nicht gehen. Auch wenn ich gestehe, dass mir schon das eine oder andere Mal bei einer ärgerlichen Verzögerung durch einen verspäteten oder ausgebliebenen Schöffen der Gedanke von einem »Schöffen-Dummy« aus Pappmaschee in den Sinn gekommen ist. Aber im Ernst: die Idee eines leibhaftigen »Standby-Schöffen«, der rein vorsorglich im Gericht anwesend ist, fände ich recht charmant. Also praktisch eine Art Reserve-Schöffe, der auf der Ersatzbank Platz nimmt und im Fall der Fälle einspringt.

Will man eine symbolhafte Kontrolle der Gerichtsbarkeit durchs Volk gegeben wissen, bestünde die Möglichkeit, das Zahlenverhältnis der Richter beim amtsgerichtlichen Schöffengericht umzukehren: zwei Berufs- und ein Laienrichter. Dann könnten Nichtjuristen die Profis nicht mehr überstimmen.

Doch die Gerichte sind jetzt schon unterbesetzt, wie also soll das rein personell möglich sein? Diese Frage begegnet uns bei unserem Streifzug durch die schreienden Ungerechtigkeiten der deutschen Strafjustiz immer wieder. Auch hier halte ich fest: Eine Aufstockung des Personals – in diesem Fall der Richter – ist unabdingbar. Die deutsche Gerichtsbarkeit weiterhin auf Sparflamme laufen zu lassen, ist in meinen Augen untragbar. Hier ist die Politik gefragt, die nötigen Mittel bereitzustellen.

Peinliche und ärgerliche Verfehlungen, insbesondere Verspätungen von Schöffen, könnten beispielsweise durch »professionellere« Ladungen abgemildert werden. Denn oftmals greift die Justiz inzwischen auf kostengünstige Briefzustellungs-Dienstleister zurück, deren Zusteller nicht selten Post gar nicht, unzureichend oder massiv verspätet einwerfen. Hinzu kommt, dass Schöffen häufig per einfachem Brief, nicht aber mit Postzustellungsurkunde geladen werden. Dies ist Sparen am falschen Ende.

Auch in puncto Schöffenvorbereitung fehlt es meines Erachtens an Professionalität. Eine umfangreiche Einführung in das strafrechtliche System – und zwar durch Volljuristen – wäre das Mindeste. Auch eine Art Abschlussprüfung, bei der die Kandidaten ihre Eignung zum Laienrichter unter Beweis stellen müssen, würde die Qualität sicher steigern. Wer diese Prüfung nicht besteht, der soll das verantwortungsvolle Schöffenamt nicht ausüben dürfen. Denn eines muss ja wohl klar sein: Schöffe zu sein, ist kein Hobby.

Was, wenn ich betroffen bin?

Wenn Sie sich als Angeklagter vor einem Schöffengericht wiederfinden, sollten Sie nicht in Panik verfallen. Sie sind nicht alleine. Beim Schöffengericht besteht in der Regel Anwaltszwang. Das heißt: Sie haben in jedem Fall einen (Pflicht-)Verteidiger an ihrer Seite.

Auch bei der aktuellen »Ein-Experte-Zwei-Laien-Besetzung« eines Schöffengerichts ist es überwiegend unwahrscheinlich, dass gleich zwei »faule Äpfel« auf einmal dabei sind. Im Idealfall sitzen dort nämlich zwei Laienrichter, die ihre Rolle ernst nehmen und um ein gerechtes Urteil bemüht sind.

Doch es kann geschehen, dass Sie einen dieser beiden Schöffen kennen. Es ist vielleicht Ihr Nachbar. Oder die Lehrerin Ihres Sohnes. Unter Umständen der verhasste ehemalige Kollege aus dem Fußballverein. Werden solche Schöffen objektiv über Ihren Fall urteilen? Oder werden sie Ihnen jetzt heimzahlen wollen, was irgendwann mal zwischen Ihnen schieflief?

Wägen Sie genau ab, ob es einen ernsthaften Grund gibt, dass der Schöffe gegen Sie voreingenommen sein könnte. Es besteht die Möglichkeit, einen Schöffen wegen Besorgnis der Befangenheit abzulehnen. Stellen Sie einen Befangenheitsantrag, wird im Einzelfall überprüft, ob ein triftiger Grund gegen die Neutralität des Schöffen spricht. Sich zu kennen, reicht hierfür noch nicht aus. Auch nicht, dass die Schöffin Ihren Sohn mal in Mathematik unterrichtete und er bei ihr stets schlechte Noten bekam.

Es muss die ernsthafte Befürchtung bestehen, dass dieser Schöffe über Sie nicht objektiv urteilt. Wenn Sie etwa vortragen, dass Sie den Schöffen aus einer Kneipe kennen, Sie sich mit ihm schon öfter verbal gefetzt hätten und er Ihnen eines Abends gedroht habe, es Ihnen heimzuzahlen, dann besteht tatsächlich die Besorgnis, er könne befangen sein. Dann haben Sie auch ernsthafte Chancen, mit einem entsprechenden Befangenheitsantrag den Schöffen aus dem Verfahren entfernen zu lassen.

Aber Vorsicht: Sobald man als Angeklagter einen derartigen Antrag stellt, ist die Atmosphäre mitunter vergiftet, was sich auch zu Ihrem Nachteil auswirken kann. Deshalb sollten Sie zuerst immer mit Ihrem Anwalt besprechen, ob ein solches Vorgehen wirklich Sinn macht. Der Verteidiger kennt womöglich den betreffenden Richter und kann dessen Reaktion abschätzen. Mitunter ist es ratsamer, im Einzelfall unangenehme Umstände hinzunehmen, als Unruhe in der Verhandlung zu stiften – und die Richter gegen sich aufzubringen.

KAPITEL 3

Verstummte Zeugen

Es gibt schöne Flecken im Ruhrgebiet, besonders in den älteren Städten, in denen früher neben dem Bergbau auch die Textilindustrie blühte und breite Straßen und schöne alte Häuser zurückließ. Hier prägte lange der familiär geführte Einzelhandel das Straßenbild. In einer dieser Städte führte Hildegard S. gemeinsam mit ihrem Mann über 40 Jahre lang einen Feinkostladen in der Kaiserallee. Sie verkauften erlesene französische Käsespezialitäten, feinste Gewürze und exquisite Weine. Sobald die Ladentür aufging, strömte der Duft von Pfeffer, Beaufort-Käse und Parmaschinken heraus.

Die Kunden kamen von weit her, um sich beraten zu lassen und sich für ihre Abendgesellschaften einzudecken. In ihrem Kostüm und mit der grauen Hochsteckfrisur wirkte Hildegard S. selbst wie eine freundliche Gastgeberin. Mit großem Fachwissen beriet sie ihre Kunden, empfahl kleine Pastetchen als Horsd'œuvres, und besonders treue Kunden ließ sie lieber fünf Camembert-Sorten kosten, bevor sie ihnen eine mitgab, die nicht perfekt passte. Als Herr S. starb, war die Trauer bei der Kundschaft groß – und ebenso die Angst, dass der Laden nun schließen würde.

Zur Freude der zahlreichen Stammkunden führte die Witwe das Geschäft jedoch weiter. Im Herbst ihres Lebens erfuhr Hildegard S. noch einmal einen Aufschwung. Das Lob der Kunden, die netten Gespräche, die entspannte Atmosphäre in ihrem Laden erfüllten sie mit Glück und ließen sie die Trauer um ihren Mann etwas leichter ertragen. Er war in Gedanken stets dabei, wenn sie sich bemühte, die Wünsche ihrer Kunden zu erfüllen. Als die ersten nach »Antipasti misti« fragten, erkannte sie den Trend und bot gefüllte Oliven, traubengroße Kapern und gehobelten Parmesan an. Ihre Quiches waren der Renner bei allen, die Gäste erwarteten und keine Zeit zum Kochen hatten. Als erste in der Stadt hatte sie deutschen Gin im Programm. Nein, einen Laden wie diesen gab es im Umkreis von vielen Kilometern kein zweites Mal. Wenn Hildegard S. von diesen Tagen berichtet, tritt für einen kurzen Moment ein sanfter Glanz in ihre Augen, die sonst an ein erloschenes Kaminfeuer erinnern.

Die Veränderungen begannen schleichend. Es war fünf Jahre her, dass ein ausländischer Geschäftsmann – es hieß, er sei Kurde aus der Türkei – in der Kaiserallee ein Mehrparteienhaus kaufte. Hildegard S. hörte die Neuigkeit nur am Rande. Sie war gerade damit beschäftigt, eine Bestellung bei einer kleinen, feinen Bierbrauerei aufzugeben. Craft Beer war groß im Kommen, und sie wollte ihre Kunden von Anfang an entsprechend versorgen. Nach dem Mehrfamilienhaus kaufte der kurdische Geschäftsmann ein Ladengeschäft. Und dann noch eines. Wie in einem riesigen Monopoly-Spiel eroberte der Unbekannte nach und nach die halbe Straße. Der Buchladen und das Kindermodengeschäft verschwanden, in den Lokalen eröffnete eine Teestube und ein Spiel-Casino. Doch erst, als der alteingesessene Bäcker nebenan aufgab und in den Räumlichkeiten eine Shisha-Bar eingerichtet wurde, fiel Hildegard S. die Veränderung in ihrer Straße deutlich auf. Es gab nun auch zwei orientalische Restaurants, einen Juwelier, eine Geldwechselstube, eine Sportsbar. Einige der Läden, darunter die Shisha-Bar, betrieb der Sohn des unbekannten Geschäftsmannes, so hieß es. Wenn Hildegard S. sich nach Geschäftsschluss noch etwas Brie und Landbrot mitnahm, ihren Laden zuschloss und nach Hause fuhr, bemerkte sie, dass in der Straße nun abends weit mehr los war als tagsüber.

Der alten Dame machten diese Veränderungen nicht viel aus. Sie mochte Menschen. Die vornehmlich jungen Leute, die in der Shisha-Bar ein- und ausgingen, zeigten sich ihr gegenüber ausgesprochen höflich, ihre Kunden kamen weiterhin in den Laden, und bis zum 14.Mai 2018 blieb für Hildegard S. alles beim Alten.

Es war an einem Montag. Hildegard S. freute sich auf die kommende Woche, als sie sah, wer gerade hereingekommen war: Ali M., der Betreiber der Shisha-Bar von nebenan. Er war eher klein und hatte einen stämmigen Körperbau. Er war jemand, der gerne Gewichte stemmt. Er trug einen dichten Bart, der ihn wohl älter aussehen lassen sollte. Hinter ihm bauten sich wie Leibwächter drei ebenso junge Männer auf. Da stand er, die Hände im Rücken verschränkt, und musterte abfällig das Weinregal.

»Hallo Frau S.«, sagte er dann, »ich bin Ali M., Ihr Nachbar.«

Hildegard S. lächelte höflich. »Ich weiß, ich habe Sie ein paar Mal im Vorbeigehen gesehen, wie schön, dass Sie mich einmal besuchen …«

Doch Ali M. redete bereits weiter. »Ich betreibe in dieser Straße noch zwei Restaurants und eine Teestube«, sagte er und lächelte dünn. »Und ich habe großes Interesse an Ihrem Ladenlokal.«

Hildegard S. war überrascht. Der junge Mann hatte Interesse an ihrem Geschäft?

»Meine Anwälte haben ermittelt, dass Sie Eigentümerin der Immobilie sind«, fuhr Ali M. fort. »Wir würden diese gerne von Ihnen kaufen. Natürlich gegen einen fairen Preis.«

»Auf gar keinen Fall«, entgegnete Hildegard S. spontan. Etwas höflicher ergänzte sie: »Ich habe gar kein Interesse daran zu verkaufen. Aber ich schätze Ihre direkte Art.«

Ali M. lächelte wieder, aber es war kein freundliches Lächeln.

Was dachte sich denn der junge Mann?, fragte sich Hildegard S. Sie liebte ihre Arbeit, fühlte sich fit und hatte vor, den Laden zu führen, »bis ich in die Kiste steige«, wie sie ihren Kunden gerne lachend versicherte. Diese Einstellung verursachte bei ihnen regelmäßig Schmunzeln. Die alte Dame war wirklich noch sehr rüstig, dazu tatkräftig und entschlossen.

Hildegard S. setzte an, die Herren freundlich zur Tür zu begleiten, da sagte Ali M. noch etwas. »Wir bieten Ihnen fünfhunderttausend Euro. Allerdings müssen Sie bis zum 31. Mai hier ausgezogen sein.«

Die alte Dame blieb wie angewurzelt stehen. Was erlaubte sich dieser Bursche? Zugegeben, er hatte gut recherchiert: Erst vor kurzem hatte ein Wertgutachten ergeben, dass ihr Geschäftslokal 450.000 Euro wert war. Das Angebot lag also ein gutes Stück darüber. Allerdings gefiel ihr der Ton des jungen Mannes nicht. Auch nicht die Selbstverständlichkeit, mit der er die Bedingungen für einen Kauf nannte, den sie gerade höflich abgelehnt hatte.

»Vielen Dank«, sagte Hildegard S., »aber sparen Sie sich Ihre Mühe. Ich bleibe hier bis zu meinem letzten Tag, dieser Laden ist mein Lebensinhalt.«

Ali M. nickte und wandte sich mit seinen drei Begleitern zum Gehen. Doch dann drehte er sich noch einmal halb um und sagte über die Schulter: »Vielleicht haben Sie mich nicht richtig verstanden. Wir bieten Ihnen jetzt einen fairen Preis. Aber wir verhandeln nicht. Wir kaufen Ihre Immobilie, so wie wir alle Immobilien hier gekauft haben.« Wieder verzog er den Mund zu diesem dünnen, unangenehmen Lächeln. »In unserer Heimat gibt es einen Spruch: Jeder Hund kann an seinem Platz laut bellen. Und das hier ist mein Platz. Überlegen Sie also gut, wie Sie bis zum 31. Mai hier ausgezogen sind.« Er holte eine Visitenkarte aus der Innentasche seines Sakkos, die er einfach auf einen Laib Parmesankäse in der Auslage legte. »Sollen wir einen Termin bei unserem Hausnotar vereinbaren?« Ali M. wartete jedoch die Antwort nicht ab, sondern ging, seine drei Begleiter wie mit einem unsichtbaren Schleppnetz hinter sich herziehend.

Hildegard S. stand einige Minuten still da. Das war gerade sehr deutlich gewesen: Dieser Ali M. wollte ihren Laden. Seine Familie breitete sich aus, das erkannte sie jetzt, und sie, die Alteingesessene, war im Weg. Noch am selben Tag begann sie sich zu erkundigen: Wer waren diese Leute? Wessen Geschäftslokale hatten sie bereits gekauft? Wie waren sie dabei vorgegangen? Hildegard S. führte ein paar Telefonate mit anderen Ladenbesitzern. Fast alle hatten bereits verkauft. Und alle berichteten von ähnlichen Gesprächen. Na, mit mir nicht, dachte die rüstige Dame. Sie war eine resolute Frau, die sich nicht so leicht ins Bockshorn jagen ließ. Dieser Ali M. hatte doch bereits so viele Lokale, da konnte er locker auf ihres verzichten, überlegte sie, und das würde sie ihm auch sagen.

Drei Tage später: Hildegard S. hatte die Sache mit Ali M. schon fast verdrängt, als er am 17. Mai plötzlich in ihrem Laden stand. Wieder kam er nicht allein. Diesmal hatte er nicht drei, sondern ein gutes Dutzend Männer dabei: jüngere, ältere, finster oder gleichgültig dreinschauend, manche in Jeans und Lederjacke, andere in dunklen Anzügen. So ein Aufgebot für eine alte Frau?, dachte Hildegard S., doch weiter kam sie nicht mit ihren Überlegungen, denn Ali M. trat nach vorne. »Hallo Frau S.«, begann er, »wann treffen wir uns denn nun bei unserem Notar?«

Nun reichte es der alten Dame. »Schluss mit diesem Theater«, sagte sie entschlossen. »Raus hier, alle, oder ich rufe die Polizei.«

Doch dieser Satz verursachte nur allgemeine Heiterkeit. »Die Polizei?«, fragte Ali M. breit lächelnd. »Frau S., das ist unsere Straße. Hier haben wir das Sagen.« Dann wurde er ernst. »Sie werden an uns verkaufen, ansonsten tut es mir leid für Sie. Und für Ihre zwei Enkel, wunderschöne Kinder, finde ich …« Ali M. hatte zwei Fotos aus der Jackentasche gezogen, die er nun hochhielt. Das Erste, was Hildegard S. erkannte, war die Schultasche ihrer achtjährigen Enkelin Carla. Die alte Dame hatte diese Carla selbst gekauft und zur Einschulung geschenkt. Jemand musste das Kind auf dem Schulhof fotografiert haben. Das zweite Bild zeigte ihren fünfjährigen Enkel Jan beim Spielen im Garten seiner Kita. Hildegard S. wurde schwindlig, sie stützte sich an einem Regal ab. Einer der Begleiter des »Geschäftsherrn« sprang hinzu und stützte sie.

Ali M. sagte scheinbar mitfühlend: »Jammerschade, wenn so jungen Menschen etwas zustößt. Was, wenn sie plötzlich einen Unfall haben?« Er nickte den anderen Männern zu, und in einer schweigenden Prozession verließ die Gruppe den Laden.

Hildegard S. schaffte es gerade noch, das »Geschlossen«-Schild an die Innentür zu hängen und abzuschließen, bevor sie im Hinterzimmer schwer auf einen Stuhl niedersank. Sie hörte nichts mehr, spürte ihre Beine nicht, fühlte sich wie in Watte gepackt. Wie lange sie so dasaß, weiß sie heute nicht mehr. Nur, dass irgendwann ein Geräusch zu ihr durchdrang: ein resolutes Klopfen an der Ladentür. Sie sind zurückgekommen, schoss es ihr durch den Kopf. Wie ein Roboter erhob sie sich und schaute zum Eingang. Doch es war nur ihre Tochter Elsa, die Mutter von Carla und Jan, die besorgt durch die Glastür ins Innere des Ladens spähte. Mein Kind darf nichts erfahren, dachte Hildegard S., während sie zur Tür ging. Elsa soll sich nicht unnötig ängstigen. Hildegard S. beschloss, sich zu erkundigen, was das alles sollte, und dann würde sie diesem Spuk ein Ende machen.

Die Geschäftsfrau hatte ein neues Schild von innen an die Ladentür gehängt: »Betriebsferien. Vorübergehend geschlossen.« Sie brauchte Zeit, um nachzudenken und Informationen zu sammeln. Sie war ein sehr strukturierter Mensch. Erst einmal alle Optionen durchgehen, dachte sie. Polizei? Aber was sollte sie denen sagen? Dass ein Kurde ihr einen fairen Preis für ihren Laden geboten hatte? War es strafbar, anderer Leute Enkel zu fotografieren? Wer würde bestätigen, dass unterschwellige Drohungen ausgestoßen worden waren? Am Ende zeigte Ali M. sie gar wegen übler Nachrede an? Nein, lieber wollte sie zuerst einmal herausfinden, mit wem sie es überhaupt zu tun hatte.

Arme Hildegard S.! In den Nachrichten hatte sie immer wieder von kriminellen Einwandererclans gehört – Albaner, Tschetschenen, Libanesen, Kurden … Aber in ihrer Vorstellung handelten solche Banden mit Heroin und zogen schießend durch heruntergekommene Hinterhöfe. Sie besaßen keine Immobilien, führten keine Shisha-Bars, und überhaupt: Solche Clans gab es vielleicht in Berlin, aber doch nicht hier. Oder irrte sie sich? Die alte Dame begann sich zu erkundigen. Sie suchte Medienberichte heraus, rief noch einmal frühere Geschäftsbesitzer aus der Kaiserallee an. Und erkannte, wie naiv sie gewesen war. Nicht nur, dass es solche Clans in immer mehr deutschen Städten gab – diese traten auch ganz anders auf, als sie gedacht hatte. Die Mitglieder führten Läden und Restaurants, breiteten ihren Einflussbereich Haus um Haus, Straße um Straße aus. So stand es jedenfalls in den Zeitungsberichten. Ihr Feinkostladen, den sie schon so lange führte, ihr kleines Juwel im Herzen der Stadt, lag nun mitten im Viertel eines solchen Clans. Die Kaiserallee war ein kleines Königreich für sich, und Ali M. der Kronprinz.

Hildegard S. wusste nun, wie ernst die Lage war. Aufgeben wollte sie jedoch nicht. Dann würde sie eben doch die Polizei zu Hilfe holen müssen, wenn dieser Ali M. noch einmal auftauchte. Sie lebte ja schließlich in einem Rechtsstaat und nicht im Wilden Westen. Bestärkt und guten Mutes fuhr Hildegard S. am Montag, den 21. Mai, zu ihrem Laden, um wieder aufzumachen. Das erste, was sie bemerkte, war die eingeschlagene Scheibe der Auslage. Böses ahnend schloss sie auf und ging hinein. Ein unerträglicher Geruch schlug ihr entgegen. Hildegard S. flüchtete hinaus, noch auf dem Gehsteig rief sie die Polizei. Zwei Beamte erschienen und erklärten, dieser Geruch stamme von einer Substanz, die Buttersäure genannt wurde und gern als Stinkbombe eingesetzt wird. Sie nahmen eine Anzeige gegen Unbekannt wegen Sachbeschädigung auf.

»Wie geht es jetzt weiter?«, fragte Hildegard S. mit zitternder Stimme.

Einer der Polizeibeamten musterte sie freundlich, aber bedauernd. »Für die Versicherung ist diese Anzeige bestimmt sinnvoll«, sagte er, »aber polizeiliche Ermittlungen in solchen Fällen führen meist zu keinem Ergebnis.«

Hildegard S. überlegte, ob sie ihren Verdacht laut aussprechen sollte. Sie war überzeugt, dass Ali M. und seine Kumpanen dahintersteckten. Aber konnte sie das so einfach behaupten? Ihre Eltern hatten sie noch unter dem Eindruck des Dritten Reiches erzogen. Man dürfe niemanden denunzieren, hatte ihre Mutter, eine überzeugte Hitler-Gegnerin, immer gesagt – und schon gar nicht Leute, die ohnehin in der Minderheit seien. Laut auszusprechen, dass sie einen Verdacht hege, ausgerechnet gegen den kurdischen Betreiber des Lokals nebenan? Wie würde das wirken? Hildegard S. brachte die Anschuldigung nicht über ihre Lippen. Sie konnte es einfach nicht.

Am Abend des 24. Mai saß Hildegard S. zu Hause vor den Nachrichten, als sie durch ein lautes Geräusch hochschreckte. Dreimal knallte es draußen vor ihrem Wohnhaus. Waren das etwa Schüsse? Hildegard S. hatte als Kind schon einmal erlebt, dass jemand eine Waffe zog und abdrückte. Genauso hatte das damals geklungen. Ohne nachzudenken zog sie ihren Mantel an und eilte zur Haustür. Dort kam ihr schon ihr Nachbar Peter W. entgegengelaufen, fuchtelte mit den Armen und rief: »Ihr Auto! Ihr Auto! Jemand hat auf Ihr Auto geschossen!« Gemeinsam eilten sie zum Wagen. In der Windschutzscheibe: drei Einschusslöcher. Hinter dem Scheibenwischer: ein Zettel. Wie in Trance zog Hildegard S. das Papier heraus. Darauf stand in Druckbuchstaben: »Stichtag 31. Mai!«

Die beiden sahen sich an. »Ali M.«, sagte Hildegard S.

»Was?«, fragte der Nachbar verständnislos.

»Ali M., der Mann, der meinen Laden kaufen will. Das war er.«

Der Nachbar nickte. »Ah, der junge Lokalbesitzer. Ja, den habe ich eben noch hier gesehen. Dem gehört doch die Shisha-Bar neben Ihrem Laden? Und er hat noch ein paar andere Lokale.« Hildegard S. nickte grimmig. Jetzt hatte sie den Schurken. Der Nachbar war der Zeuge, den sie dringend brauchte, um endlich gegen diese Machenschaften vorgehen zu können.

Peter W. war schockiert, als sie ihm von den Drohungen des jungen Mannes berichtete. Und der Nachbar war Feuer und Flamme, den Verdächtigen anzuzeigen. »Das müssen Sie sofort der Polizei mitteilen, Frau S.!«, rief er. »Solche Typen gehören eingesperrt. Ich stehe voll hinter Ihnen, verlassen Sie sich auf mich.«

Dann schilderte er, was er gesehen hatte: Ali M., wie er auf den Wagen zuging. Wie er etwas in der Hand hielt, das wie eine Waffe aussah. Wie gleich darauf die drei Schüsse fielen und Glas zu Bruch ging. Das alles würde Peter W. der Polizei sagen, jawohl. Dankbar drückte Hildegard S. die Hand des älteren Herrn. Vielleicht war dieser Albtraum ja bald vorbei.

Wieder kamen zwei Polizeibeamte. Sie machten Aufnahmen von der zerschossenen Windschutzscheibe, stellten den Zettel sicher und leiteten ein Strafverfahren gegen Ali M. ein. Verdacht der Sachbeschädigung. Als Zeuge wurde der Nachbar aufgeführt, Peter W., der alles gesehen hatte. Mit seiner Aussage würde man Ali M. als Täter überführen können.

Am Dienstag, den 29. Mai, betrat Peter W. erhobenen Hauptes das Polizeipräsidium, um seine Aussage als Zeuge zu machen. Er wusste, dass er eine wichtige Person in dieser Sache war und genoss die Aufmerksamkeit. Ein Beamter führte ihn in einen Raum, legte ihm eine Mappe vor und sagte: »Das ist eine Wahllichtbildvorlage. Sie sehen jetzt gleich Fotos von mehreren Männern. Sie sagen, Sie hätten den Täter bei der Tatausführung beobachtet und würden ihn wiedererkennen. Von Ihnen wird nun erwartet, dass Sie aus den Bildern hier dasjenige auswählen, das Ihrer Meinung nach den Täter zeigt.« Peter W. nickte aufmerksam und wartete darauf, dass der Mann die Mappe aufschlug. Doch der Polizeibeamte lehnte sich vor. Sein Tonfall wurde leise und eindringlich.

»Ich sage Ihnen das jetzt vorab und außerhalb des Protokolls«, begann er. »Sie wissen, dass es sich bei dem Tatverdächtigen um Ali M. handelt. Der gehört zu den berüchtigten M.s, einem kurdisch-türkischen Familienclan. Dieser Großfamilie schreiben wir zahlreiche schwere Straftaten zu. Geldwäsche. Drogenhandel. Schutzgelderpressung. Mit diesen Leuten ist nicht zu spaßen.«

Peter W. sah den Polizeibeamten verwirrt an. Worauf wollte der Mann hinaus?

»Bei diesem Fall«, fuhr der Ermittler fort, »geht es bloß um Sachbeschädigung, also um ein Delikt der untersten Kriminalität. Und jetzt frage ich Sie: Wollen Sie diesen Mann wirklich wiedererkennen?« Er sah Peter W. prüfend an. »Wollen Sie sich den Unmut dieses Clans wegen einer solchen Lappalie zuziehen? Ich glaube, Sie wissen nicht, wozu die fähig sind. Es wäre für Sie und Ihre Gesundheit besser, wenn Sie den Täter nicht wiedererkennen.«

Peter W. saß ganz still auf seinem Stuhl. Hatte dieser Beamte das gerade wirklich gesagt? Verstört betrachtete er die Fotos von Männergesichtern, die ihm der andere nun vorlegte. Auf Bild Nummer fünf erkannte er sofort Ali M. Das war eindeutig der Mann, den er mit der Waffe in der Hand am Auto seiner Nachbarin gesehen hatte. Was sollte er nun tun? Wie hatte der Polizeibeamte es ausgedrückt? »Für Sie und Ihre Gesundheit besser ...« Peter W. stotterte: »Ich – ich weiß nicht. Ich bin mir nicht sicher ...«

»Natürlich«, sagte der Polizeibeamte, »lassen Sie sich Zeit.«

Vor Peter W.s Augen verschwammen die Fotos. Er dachte an seine Frau, seine alte Mutter, die bei ihnen lebte. Er dachte an den Urlaub in Portugal, den sie gebucht hatten und an die Angst in den Augen von Hildegard S. Wollte er in diese Sache wirklich hineingezogen werden? Was ging ihn das alles eigentlich an? Wenn ihn schon der Polizeibeamte warnte, gab es wohl Grund zur Sorge. Verzeihen Sie mir, Frau S., dachte Peter W. noch im Stillen, dann schluckte er und sah dem Kriminalbeamten gerade in die Augen. »Ich erkenne den Täter nicht wieder.«

Donnerstag, der 7. Juni 2018. Hildegard S. holte einen Brief der Staatsanwaltschaft aus ihrem Briefkasten, öffnete das Kuvert noch im Gehen und musste sich schon wieder am Türrahmen abstützen. Das Strafverfahren gegen Ali M. wegen des Verdachts der Sachbeschädigung war eingestellt worden, stand da. Sinngemäß ging es weiter:

> *Es wurde die Vermutung geäußert, dass Ali M. auf Ihr Auto geschossen hat, weil er Sie unter Druck setzen will, um Ihr Ladenlokal zu übernehmen. Sie hatten Ihren Nachbarn Peter W. als Zeugen angegeben. Herr W. hat bei der Wahllichtbildvorlage Ali M. nicht als Täter wiedererkannt. Der Beschuldigte selbst hat sich zu den Vorwürfen nicht geäußert. Weitere Beweismittel, die eine bedenkenlose Überführung ermöglichen, sind nicht ersichtlich. Hinreichender Tatverdacht für eine durch Ali M. begangene Sachbeschädigung besteht daher nicht.*

Fassungslos ließ Hildegard S. den Brief sinken. Dann stand sie auf, ging hinüber zum Nachbarhaus und läutete bei Peter W. Niemand öffnete. Die alte Dame wartete einige Minuten, dann wandte sie sich zum Gehen. Aus den Augenwinkeln bemerkte sie eine Bewegung hinter der Wohnzimmergardine, doch sie wandte sich nicht mehr um. Ihr Stolz verbat es ihr.

Dies war der Moment, in dem Hildegard S. ihren Traum aufgab, gemeinsam mit ihrem Laden alt zu werden. Am gleichen Abend ging sie in die Shisha-Bar in der Kaiserallee, wo Ali M. mit einem anderen Mann an einem Tisch saß und ihr entspannt entgegenblickte.

»Ich verkaufe Ihnen den Laden«, sagte sie.

Ali M. lächelte breit. »Gute Entscheidung.« Dann stand er auf, nickte dem anderen zu, der wortlos verschwand, und wandte sich noch einmal an Hildegard S.: »Da Sie allerdings die Frist bis zum 31. Mai nicht eingehalten haben, zahlen wir Ihnen jetzt nur noch 400.000 Euro. Wir wussten ja, dass Sie früher oder später die richtige Entscheidung treffen würden. Deshalb hat unser Notar schon alles vorbereitet. Der Termin ist morgen um elf Uhr vormittags. Seien Sie pünktlich.« Er legte die Visitenkarte einer Notariatskanzlei auf den Tisch und ging.

Hildegard S. war am nächsten Tag um 10.58 Uhr beim Notar. Sie wirkte zehn Jahre älter als am Tag davor. Wie in Trance unterschrieb sie den notariellen Vertrag, mit dem sie das Eigentum an ihrer Immobilie für 400.000 Euro an Ali M. übertrug. Dann fuhr sie nach Hause, setzte sich an den Esszimmertisch und starrte auf die gerahmten Fotos auf der Anrichte: Hildegard S. und ihr Mann vor ihrem Laden, in den Siebzigern war das, wie stolz sahen sie da aus, wie jung! Ihre Tochter Elsa als Kind, wie sie beim Einräumen von Flaschen hilft. Hildegard S. selbst mit einer weißen Schürze, auf einen riesigen Laib Parmesan zeigend, lachend, glücklich …

Seit dem Verkauf ihres Geschäfts befindet sich die ehemalige Ladeninhaberin in psychotherapeutischer Behandlung.

»Angststörung«, lautete die Diagnose. Eines Abends, die Ereignisse um ihren Laden lagen einige Monate zurück, sah sie im Fernsehen eine Reportage über Familienclans. Der Reporter sprach von »rechtsfreien Räumen«, die es in Deutschland gäbe. Hildegard S. schaltete den Fernseher aus. Ihre Therapeutin hatte gesagt, sie solle Dinge vermeiden, die sie aufregen. Kurz darauf läutete es an der Tür. Es war ihr Nachbar Peter W. Er setzte zweimal an zu sprechen, brachte jedoch kein Wort heraus. Schließlich krächzte er: »Gerade im Fernsehen ... die Reportage ...« Er brach wieder ab. Eine Weile standen die beiden alten Menschen einander wortlos gegenüber. Hildegard S. sah im Blick des anderen, was er sagen wollte. Und bat ihn schließlich zu sich herein ...

SCHREIEND UNGERECHT

Eingeschüchterte Zeugen, geplatzte Ermittlungen

Wenn die Wahrheit Zeugen plötzlich den Angstschweiß auf die Stirn treibt, können ganze Strafverfahren platzen. Die Verfolgung von mutmaßlichen Straftätern wird im Justizalltag oft deshalb gelähmt, weil wichtige Zeugen »umkippen« und am Ende doch lieber keine belastende Aussage machen, obwohl sie es könnten. Dass sie sich damit im Grunde selbst strafbar machen, ist den Zeugen deshalb völlig egal, weil sie oft Angst um ihr eigenes Leben oder das naher Angehöriger haben. Die Angst beherrscht dann oft alles. Dass, wie in diesem Kapitel, ein Kriminalbeamter empfiehlt, sich »lieber nicht zu erinnern«, ist sicherlich der Ausnahmefall. Ich kann ihnen aber versichern: Auch das gibt es immer wieder.

In den meisten Fällen stammt die Einschüchterung aber aus dem Kreis der Beschuldigten, die entweder selbst oder durch beauftragte Strohmänner Zeugen bedrohen. Um Zeugen mundtot zu machen, gibt es verschiedene Mittel. Psychischer Druck ist besonders wirkungsvoll und beliebt, Gewalt ist eher die Ausnahme. In meiner jahrelangen Anwaltstätigkeit habe ich festgestellt, dass gerade Vertreter des organisierten Verbrechens gerne mit den Muskeln spielen, sie Machtspiele und -demonstrationen regelrecht lieben. Auch, weil sie dadurch ihr romantisches Selbstbild bedienen.

Eine Einschüchterungsmethode ist, zu mehreren vor dem Wohnhaus des Zeugen aufzumarschieren und demonstrativ und für alle sichtbar Fotos vom Gebäude zu schießen. Fühlt sich der Zeuge bedroht und ruft die Polizei, kann diese wenig ausrichten. Das Fotografieren selbst ist straflos. Mitunter werden auch Kinder, Enkel oder Haustiere abgelichtet. Die deutliche Botschaft: »Wir kennen deine Kinder. Wir wissen, wer deine Enkel sind. Und wie sehr du deinen Hund liebst. Pass also nicht nur auf dich auf, sondern auch auf deine Lieben. Wir wissen, wo wir euch finden.«

Die Zeugen geraten dadurch in ein echtes Dilemma: Wenn sie wahrheitsgemäß aussagen, was das Gesetz von ihnen verlangt, droht ihnen unter Umständen Schlimmes. Schutz durch die Polizei gibt es praktisch keinen: Aufwendige Zeugenschutzprogramme werden nur im absoluten Ausnahmefall bewilligt. In der Regel heißt es seitens der Ermittler an verängstigte Zeugen: »Wird schon gut gehen, wir können Sie leider nicht Tag und Nacht bewachen.«

Das Ergebnis sind oft panikartige Zustände bei Betroffenen, die zu der Überlegung führen, als Zeuge für das Strafverfahren nicht mehr zur Verfügung stehen zu wollen: Manche können sich plötzlich nicht mehr erinnern oder jemanden erkennen. Andere schicken der Justiz ständig neue ärztliche Atteste über angebliche Krankheiten, die sie leider, leider, daran hindern, zur Vernehmung bei der Polizei, der Staatsanwaltschaft oder bei Gericht zu erscheinen. Die fehlende Aussagebereitschaft von Zeugen bewirkt, dass viele Strafverfahren im Sande verlaufen.

Wie es gerechter wäre

Die wirksame Bekämpfung dieses Problems ist eine Hürde, für die ich keine Patentlösung kenne. Es gibt die angesprochenen Zeugenschutzprogramme. Hierunter versteht man, dass der Staat Belastungszeugen zur Seite steht, vom Polizeischutz bis hin zur Schaffung einer neuen Identität. Aber ein solch aufwändiges Programm kann nicht Standard sein, dazu ist Zeugenbedrohung ein viel zu häufig vorkommendes Phänomen.

Die Polizei tritt oft mit sogenannten Gefährderansprachen an Beschuldigte heran, wenn der Verdacht besteht, dass sie Zeugen bedrohen. Hierunter versteht man die deutliche Ansage: »Wir haben dich auf der Agenda. Tu dem Zeugen nichts, ansonsten ziehen wir dich aus dem Verkehr – Stichwort ›Fliesentherapie‹«. Viel mehr ist allerdings mit der derzeitigen dünnen Personaldecke der Polizei kaum zu leisten. Deshalb wäre der Ansatz überlegenswert, persönliche Daten von Zeugen im begründeten Einzelfall gar nicht mehr in amtliche Ermittlungsakten aufzunehmen.

Bisher wird in der Akte alles Wesentliche notiert, vom Namen eines Zeugen über seine Anschrift bis hin zum Geburtsdatum. Selbst die Telefonnummer ist häufig hinterlegt. Beschuldigte, die über ihre Verteidiger Akteneinsicht erhalten, bekommen auf diese Weise alle Informationen über einen »lästigen« Zeugen praktisch auf dem Silbertablett serviert. Dabei muss und darf das eigentlich nicht sein. Stichwort: Datenschutz.

Es gibt keinen sinnvollen Grund, warum in der auch für Beschuldigte einsehbaren Version einer Akte so viele schützenswerte Daten eines Zeugen auftauchen. Einige Polizeibeamte, die das Problem erkannt haben, weisen die Zeugen vor der Vernehmung darauf hin und nehmen beispielsweise nur noch den Namen in die Akte auf. Als ladungsfähige Anschrift des Zeugen wird das Polizeipräsidium genannt, und nicht mehr die Wohnanschrift. Ladungen können dem Zeugen unproblematisch über die Polizeibehörde zugestellt werden. So wissen Beschuldigte nicht mehr automatisch, wo sie den Zeugen finden und einschüchtern können. Das halte ich zumindest für einen sinnvollen Ansatz, denn natürlich muss ein Beschuldigter schon wissen, aus wessen Mund die Belastungen herrühren, also wie der Zeuge heißt, dessen Wohnort und Telefonnummer gehen ihn aber nichts an.

Daher mein Vorschlag: In allen Strafverfahren sollte es Standard werden, dass Zeugen vor ihrer ersten Befragung durch die Vernehmungsbeamten die Möglichkeit erhalten, bestimmte Informationen aus der Akte herauszuhalten.

Was, wenn ich betroffen bin?

Was Sie tun können, wenn Sie Opfer oder unbeteiligter Zeuge einer Straftat werden und Angst vor Bedrohung haben? Ich will ganz ehrlich zu Ihnen sein. Man muss mitunter tatsächlich abwägen, ob man einen Täter anzeigt. Ich habe Mandanten erlebt, die nach anwaltlicher Beratung davon Abstand nahmen. Angesichts der drohenden Strafe für den Täter – vielfach Geld- oder Bewährungsstrafen – stimmt die Relation zwischen möglicher Bedrohung und im Strafverfahren zu erreichender Genugtuung einfach nicht. Finanziell ist bei vielen Tätern ohnehin nichts zu holen, im Zweifel werden sie und ihre Bande oftmals noch wütender auf den Zeugen. So nüchtern es klingt: Ich kann eine solche Sichtweise durchaus nachvollziehen, auch wenn sie mit unserem Gerechtigkeitsgefühl nicht in Einklang zu bringen ist.

Wenn sie als Geschädigter einer Straftat oder zufälliger Beobachter eines strafbaren Geschehens unsicher sind, wer für sie im ersten Moment der richtige Ratgeber ist, empfehle ich ihnen die Alphabet-Regel: A wie Anwalt – vor P wie Polizei.

Warum? Ein Erstgespräch mit einem im Strafrecht versierten Rechtsanwalt kann sie vor den irreparablen Nachwehen des sogenannten Legalitätsprinzips bewahren. Dies bedeutet: Polizei und Staatsanwaltschaft müssen zwingend ein Strafverfahren einleiten, sobald sie vom Verdacht einer Straftat dienstlich erfahren. Das wiederum heißt: Wenn Sie dort einmal als Zeuge ausgesagt und ausgepackt haben, können Sie nicht mehr zurückrudern. Sie müssen weiter aussagen, auch wenn Sie noch so massiv bedroht werden sollten. Ein Erstgespräch bei einem Advokaten ist dagegen unverbindlich und es besteht die anwaltliche Verschwiegenheitsverpflichtung. Die Kosten für eine solche Erstberatung bewegen sich bei maximal 190 Euro.

Bei dieser anwaltlichen Beratung sollten Sie als Mandant eine ehrliche Innenschau zulassen: Trauen Sie sich zu, ein solches Strafverfahren mit allen möglichen Hürden durchzustehen? Besprechen Sie mit Ihrem Partner, Ihrem besten Freund, Ihrer Familie, ob Sie das schaffen und seien Sie ehrlich zu sich selbst.

Welcher Typ Mensch sind Sie? Wenn Sie eher ängstlich sind, leicht Albträume bekommen und daher nachts nicht schlafen können, dann sollten Sie sich sehr gut überlegen, ob Sie etwa einen Rocker anzeigen wollen, weil er Sie beleidigt oder geohrfeigt hat. Lohnt sich das Ganze? Es fällt mir als Anwalt schwer, Opfern einer Straftat von einer Anzeige abzuraten. Mein gesamtes Rechtsempfinden und mein trotz aller Mängel unerschütterlicher Glaube an unser Rechtssystem sträuben sich dagegen. Dennoch: Manchmal ist dies der beste Rat, den ich einem Geschädigten geben kann.

KAPITEL 4

Wenn Anwälte Mandanten verkaufen

25 Jahre lang war der Dorfkrug Simone R.s Heimat gewesen. Sie musste nur die Augen schließen, schon sah sie alles deutlich vor sich: die Fachwerkfassade des Altbaus, an der eine Bierreklame hing. Den gekachelten Flachbau mit der Kegelbahn, der seitlich an das alte Haus geklebt worden war. Eine typische Bausünde der Siebziger Jahre, über die sie gerne lachten. Aber die Kegelbahn brachte viel ein, und so blieb der Anbau stehen.

Der Dorfkrug war die beste Kneipe in der kleinen Stadt und immer gut besucht. Die Tische und Sitzbänke aus Eichenholz, der Tresen mit den acht Barhockern, ebenfalls aus Eiche, schufen eine gemütliche Atmosphäre. Die bräunlich-gelben Ornamentglasscheiben an den Fenstern filterten das hereinströmende Licht, sodass es auch tagsüber dämmrig war. Hier trafen sich Kegelvereine, Stammtischrunden und Hobbyfußballer nach dem Training. Man trank Bier und einen »Klaren«, und dann noch ein Bier und noch einen »Klaren«. Der Wirt setzte sich dazu. Man unterhielt sich über das Wetter, wer mit wem und was die da in Berlin schon wieder angestellt hatten in der Regierung. Die Frau des Wirts bereitete in der Küche kleine Speisen zu: Schmalzbrot, Rinderkraftbrühe, Schnitzel. Dazu gab es hausgemachten Gurkensalat, den besten der Stadt.

Simone R. war die Kellnerin im Dorfkrug. Seit ihrem 17. Lebensjahr arbeitete sie schon dort, anfangs nur nebenbei, später hauptberuflich. Jeder kannte ihre Geschichte – wie sie mit ihrer Familie aus dem Osten hergezogen war, wie sie ihre Friseurlehre zwar abgeschlossen, dann aber entschieden hatte, nur noch zu kellnern und hier sofort einen festen Arbeitsvertrag bekommen hatte. Simone R. war beliebt bei den Gästen: immer freundlich, tüchtig und eine Augenweide mit ihrem blonden, langen Haar, der schlanken Figur und einer großen Oberweite, die Männerblicke magisch anzog. Manchmal gab ihr der Wirt einen Klaps auf den Po oder machte eine anzügliche Bemerkung. Er wurde aber nie besonders zudringlich, und so nahm Simone R. die Tätscheleien hin.

Jetzt, mit 42 Jahren, war sie immer noch sehr attraktiv. Manche Gäste kamen nur, um sie zu sehen. Sie war ja wieder frei, hatte sich nach fast 20 Jahren Ehe von ihrem Mann Michael R. scheiden lassen. Der war fremdgegangen, der Trottel, stellten die Stammgäste einhellig fest, wer betrügt denn so ’ne Frau? Mancher Mann malte sich aus, wie er Simone R. behandeln würde, wenn sie nur ihm gehörte. Ach, so eine hübsche Frau!

Simone R. fühlte sich wohl im Dorfkrug. Sie war gerne Kellnerin, und sie verdiente gut. Ihr Gehalt betrug monatlich 1400 Euro netto, dazu kamen etwa 500 Euro Trinkgeld. Davon konnte sie mit ihrer Tochter Larissa ganz gut leben, selbst jetzt, nach der Scheidung. Aber hier einen Mann finden? Die Gäste waren meist schon älter, nicht wenige trugen einen Bierbauch vor sich her, besonders wohlhabend war keiner von ihnen – nein, für Simone R. war da nichts dabei. Sie war sportlich, machte mit ihrer Tochter Radausflüge und ging zum Inlineskating. Die Gäste im Dorfkrug konnten da nicht mithalten.

Simone hatte auch ganz andere Probleme: Die neue Wohnung, in die sie mit Larissa nach der Trennung von ihrem Mann gezogen war, brauchte eine Einrichtung. Und hatten sie beide im Leben nicht schon genug mitgemacht? Jetzt wollte sie sich und ihrer Großen etwas gönnen. Larissa war 17, blond und hübsch wie ihre Mutter, und sogar noch etwas größer. Wenn sie gemeinsam loszogen, wurden sie immer wieder gefragt, ob sie Schwestern seien, das gefiel Simone. Ihre Tochter sollte gute Chancen im Leben haben, und in Simone R.s Welt bedeutete dies, dass Larissa noch hübscher aussehen musste, damit sie eine gute Partie machte. Bereitwillig zahlte die Kellnerin ihrer Tochter ein Taschengeld von 300 Euro im Monat, damit sich Larissa schicke Klamotten kaufen konnte, borgte ihr Make-up und Cremes. Simone R. achtete natürlich auch auf sich und kaufte ausschließlich Markenkosmetik.

Wovon sollte sie die Wohnungseinrichtung bezahlen? Plunder kam nicht infrage, ihre Tochter brauchte ein angemessenes Umfeld. Simone beschloss, einen Kredit aufzunehmen, um davon die neuen Möbel zu bezahlen. Von der Bank bekam sie 20.000 Euro, die sie in monatlichen Raten von 250 Euro zurückzahlen sollte. Bei ihrem Einkommen kein Problem. Ihre Tochter bekam ein nagelneues Jugendzimmer in lackweiß, dazu eine rote Couch. Und weil sie in Spendierlaune war, kaufte Simone R. auch noch ein Paar rote Schuhe dazu. Larissa fiel ihr um den Hals, nannte sie ihre Traum-Mama, und Simone war glücklich. Der Kredit machte ihr keine Sorgen. Schließlich würde sie ja noch zusätzlich etwas Unterhalt von ihrem Ex Michael bekommen.

Was ihr weit mehr zusetzte, war das Alleinesein. Selbst die hübsche Wohnung mit der modernen Einbauküche machte sie nicht glücklich. Ihr fehlte ein Partner, und wenn sie den im Dorfkrug nicht fand, überlegte Simone, dann vielleicht mit Hilfe einer Partnerbörse. Sie trug sich in mehreren Online-Datingportalen ein und traf sich auch mit einigen Kandidaten. Ein Mann für eine Nacht war stets schnell gefunden. Etwas Dauerhaftes, so stellte Simone nach einigen Wochen fest, würde sich auf diese Art jedoch nicht ergeben.

Sie begann sich zurückzuziehen, erledigte ihre Arbeit im Dorfkrug nur noch automatisch, verfiel in richtiggehende Depressionen. Simone R. war ein einfacher Mensch mit einfachen Bedürfnissen. Sie fand sich selbst ganz hübsch, und ihre Gäste bestätigten ihr das auch jeden Tag. Warum bloß fand sie keinen Mann? Sie studierte die Horoskope in der Zeitung, kaufte sogar ein Buch über die richtige Partnersuche mittels Energiewellen. Sie verstand nicht alles, aber nach der Lektüre war sie überzeugt: Ihr Traummann war irgendwo da draußen, sie musste nur die Zeichen richtig deuten, um ihn auch zu treffen.

Wieder einmal saß sie traurig zu Hause, blätterte in einer Esoterik-Zeitschrift, die jemand im Dorfkrug liegen gelassen hatte, und grübelte über ihre Einsamkeit nach. Da fiel ihr eine Anzeige ins Auge: Eine TV-Wahrsagerin bot ihre Dienste an. Per Telefon! Man musste nur eine Nummer wählen, schon hatte man die Dame selbst am Apparat. Zitternd vor Aufregung rief Simone R. an. »Dieser Dienst kostet drei Euro pro Minute«, hörte sie, aber das nahm sie kaum wahr. Die Wahrsagerin selbst war auch bald am Apparat, stellte viele Fragen: Wovon Simone R. träume, was sie von einem Partner erwarte, ob sie auch wirklich an die Macht der Gedanken glaube? Es war bereits eine Viertelstunde vergangen, und immer noch hatte Simone R. nicht erfahren, wo sie ihren zukünftigen Partner treffen würde.

Die Wahrsagerin erklärte, sie lege nun die Tarotkarten, um zu erfahren, wann und wo Simone R. ihrem Traummann begegnen könne. Sie solle nun in sich gehen, damit die Dame in Ruhe die Karten legen konnte. Weitere fünfzehn Minuten vergingen in Stille. Simone feilte sich nebenbei die Nägel, die sie anschließend vor Aufregung anknabberte und wieder feilen musste. Schließlich teilte die Dame mit, Simone R. würde in Kürze ihren Schicksalsgefährten finden. Heute könne man jedoch noch nicht sagen, wo genau das passieren werde. Simone R. möge in ein paar Tagen noch einmal anrufen, die Wahrsagerin wolle inzwischen die Frage ans Universum schicken und auf Antwort warten.

Aufgeregt meldete sich Simone R. wenige Tage später wieder. Abermals dauerte es über eine Stunde, bis sie die ersehnte Antwort erhielt: »Sie werden Ihren Partner finden«, jubelte die Wahrsagerin. »Binnen der nächsten sechs Wochen.«

»Aber wo?«, hauchte Simone R. ins Telefon. »Er wird Ihnen einfach so über den Weg laufen«, sagte die Frau in der Leitung. »Eventuell an der Tankstelle, oder in der Buchhandlung. Sie werden sehen, er wird vor Ihnen stehen, und Sie werden wissen: Das ist er.«

Doch statt des Traumpartners trafen Rechnungen ein. Für die Hotline, die Simone R. angerufen hatte, waren einmal 205, einmal 245 Euro fällig. Zahlbar innerhalb von 14 Tagen. Simone R. starrte auf die Zahlen. Sie hatte bereits die Kreditrate zu berappen, woher sollte sie 450 Euro nehmen? Deprimiert stopfte sie die Rechnungen in eine Lade und goss sich ein Glas Weißwein ein. Sie musste nachdenken. Ihre Tochter Larissa kam herein, gab ihr einen flüchtigen Kuss auf die Wange und verschwand wieder. Sie sah sehr sexy aus in ihren Overknee-Stiefeln.

»Sind die neu?«, fragte Simone R. noch müde und wies mit dem Kinn auf die Stiefel.

»Ja ja, du, ich muss los«, rief Larissa und zog ab.

Ihre Tochter war der Star ihrer Schule und genoss die Aufmerksamkeit. Sie schminkte sich die Lippen knallrot, trug Hotpants, aber Simone R. bemerkte dies nur am Rande. Ein weiterer Schlag hatte sie unvorbereitet getroffen: Der Dorfkrug meldete Insolvenz an. Da könne man nichts machen, erklärte der Wirt, die Kneipe sei kein Geschäft mehr, er müsse ihr leider kündigen und schließen.

Nun saß Simone R. zu Hause und versank immer mehr in einer Depression. Sie trank bereits am Nachmittag Weißwein, und nur, als Larissa ihr eines Tages erklärte, sie wolle sich die Brüste machen lassen, begehrte sie auf. »Red keinen Unsinn, du siehst super aus mit deinem B-Körbchen«, schnauzte sie ihre Tochter an. »Außerdem«, setzte sie fort, »können wir uns sowas nicht leisten.«

Der Gang zum Jobcenter war für Simone R. eine Tortur. Arbeitslos zu sein, empfand sie als Demütigung. Grübelnd saß sie tagelang zu Hause, jede Rechnung, die sie erhielt, machte sie nur noch unglücklicher, sodass sie schließlich ihre Post gar nicht mehr öffnete. Die Umschläge, auf denen »Versandhaus«, später »Inkassobüro« und schließlich »Anwaltskanzlei« stand, landeten ungeöffnet in einer Lade ihres schönen, neuen Wohnzimmerschranks. Simone R. hielt sich an ihrer Weißweinflasche fest und beobachtete durch halbgeschlossene Lider ihre Tochter, die unbekümmert in immer neuen Outfits loszog, um die Welt zu erobern.

Erst der gelbe Brief mit dem Absender »Amtsgericht« riss Simone aus ihrem Dämmerzustand. Was wollte die Justiz von ihr? Mit zitternden Fingern öffnete sie den Umschlag: »Anklageschrift« stand da. Simone R. trank fast eine ganze Flasche Wein, bevor sie es wagte, weiterzulesen. Die Buchstaben tanzten vor ihren Augen. Sie war angeklagt, las sie, und müsse sich vor einem Schöffengericht verantworten – wegen des Verdachts des gewerbsmäßigen Betruges in drei Fällen.

Simone R. blinzelte. Durch den Alkoholnebel versuchte sie zu begreifen. Da stand etwas von einem Bankkredit, den sie womöglich erschwindelt habe. Dann etwas von Bestellungen bei Versandhäusern, insgesamt Waren im Wert von 3800 Euro, deren Bezahlung noch ausständig sei. Und schließlich irgendetwas mit Tarotkarten und einem Fernsehsender, bei dem sie angerufen, die Beratung aber nicht bezahlt habe.

Simone R. begriff kaum etwas von dem, was sie da las. Den Kredit, den hatte sie doch sieben Monate lang ordentlich zurückbezahlt, nur jetzt ging es nicht mehr, aber das hatte sie der Bank mitgeteilt und um Zahlungsaufschub gebeten. Bei Versandhäusern hatte sie doch gar nichts bestellt. Ja, sie hatte sich die Tarotkarten legen lassen, aber das konnte doch niemals 1800 Euro wert gewesen sein, wie da behauptet wurde. Schwankend stand sie auf, torkelte zur Lade ihres Wohnzimmerschranks und holte die achtlos hineingestopften Briefumschläge heraus. Es waren mehrere Dutzend. Irgendwo war noch die erste, aufgerissene Sendung von diesem Fernsehsender. Da – 450 Euro machte die Rechnung für beide Telefonate aus. Wie waren daraus innerhalb von wenigen Monaten fast 2000 geworden?

Simone R. nahm noch einmal den gelben Brief zur Hand. Da stand in verschwurbeltem Juristendeutsch etwas davon, dass sie Anspruch auf einen Pflichtverteidiger habe und binnen einer Woche einen solchen benennen könne. Morgen, dachte sie, morgen denke ich darüber nach. Jetzt brauche ich erst mal noch eine Flasche Wein. Als sie Tage später einen weiteren gelben Brief bekam, fiel ihr die Sache wieder ein. Diesmal wurde ihr mitgeteilt, dass ihr als Pflichtverteidiger der ortsansässige Rechtsanwalt Rolf W. beigeordnet worden sei. Bei dem Begriff klingelte etwas. Hatte nicht ein Stammgast im Dorfkrug sich einmal über Pflichtverteidiger ausgelassen? Die steckten mit den Richtern unter einer Decke, hatte der Mann spätabends gezetert, offenbar hatte er gerade selbst unliebsame Bekanntschaft mit einem Anwalt dieser Sorte gemacht.

Kurz nach der Ladung zur Hauptverhandlung zum Amtsgericht erhielt sie auch einen Brief von Rolf W. Gerne könne man sich zehn Minuten vor der Verhandlung in der Kantine des Gerichtes treffen und etwaige Fragen besprechen, schrieb der Pflichtverteidiger. Simone R. wurde nervös. Was für eine Schande – sie vor Gericht! Zur Hauptverhandlung erschien sie in einem unauffälligen Kostüm und hoffte, dass nur ja niemand erkannte, wie sie das Gerichtsgebäude betrat. Wie in Trance überreichte sie ihre Tasche und ihre Jacke dem Justizwachtmeister am Eingang. Dann ging sie durch einen Bodyscanner. Anschließend nahm sie Tasche und Jacke wieder in Empfang und setzte sich in die Kantine. Noch eine halbe Stunde bis zur Hauptverhandlung.

Sie wartete bereits geschlagene 25 Minuten, als endlich ein korpulenter Mann mit Glatze und Schnauzer herbeieilte. Er hielt drei rote Akten unterm Arm, seine schwarze Robe flatterte hinter ihm her.

»Sind Sie Simone R.?«, keuchte Rolf W.

»Ja«, entgegnete sie, »in fünf Minuten geht es schon los, wo waren Sie denn?«

»Ach, hier gibt es doch nichts zu besprechen«, sagte der Rechtsanwalt und machte eine wegwerfende Handbewegung. »Sie sind in drei Fällen des gewerbsmäßigen Betruges angeklagt. Und obwohl Sie bisher keine Vorstrafen haben, geht es hier nur um die Frage, ob Sie hinter Gitter wandern oder nicht.«

Simone R. starrte ihn fassungslos an. »Schauen Sie mal, der Schaden«, fuhr Ralf W. ungerührt fort. »Allein beim Kredit fast zwanzigtausend Euro.«

»Aber ich …« begann Simone R., doch der Mann schnitt ihr das Wort ab.

»Dann dieser Esoteriksender: fast zweitausend.«

»Aber dazu habe ich eine wichtige Frage«, sagte sie, »Ist es denn rechtens, dass die Rechnungen für die Telefonate so hoch geworden sind? Das Meiste sind ja die Inkassokosten.«

Der Anwalt schüttelte unwillig den Kopf. »Was glauben Sie denn, dass Inkassobüros für lau arbeiten? Weiter: Dann haben sie noch fünfzehn Artikel bei Versandhäusern bestellt, nochmal fast viertausend Euro.«

»Dazu wollte ich etwas sagen«, begann Simone R., »Ich habe nämlich gar nichts bestellt ...«

Rolf W. hörte gar nicht zu. »Wenn wir hier in Bayern wären oder einen härteren Richter erwischt hätten, würden Sie abwandern, und zwar für mindestens zweieinhalb Jahre, das sage ich Ihnen«, polterte er. Dann schaute er seine Mandantin zum ersten Mal direkt an.

»Aber ich bin in dem Punkt unschuldig«, sagte Simone R. schwach.

Der Anwalt schnaubte nur verächtlich. »Wenn Sie jetzt hier auf unschuldig machen, wandern Sie gleich hinter Gitter.« Er funkelte sie böse an und stand auf. »Hier möchte jeder unschuldig sein, so etwas höre ich ständig. Ich kann das nicht mehr ertragen.« Er winkte ihr, ihm zu folgen. »Sie geben das jetzt sofort zu. Ich werde eine Erklärung für Sie abgeben, dass alle Tatvorwürfe stimmen. Und Sie? Nicken das einfach nur ab, wenn der Richter fragt, ob das so richtig ist.« Er blickte auf die Uhr. »Showtime. Wir gehen jetzt hinein. Vertrauen Sie mir, ich habe die Sache im Griff.«

Ratlos folgte Simone R. der wehenden Robe, fand sich in einem Gerichtssaal wieder, ihr gegenüber saß eine Staatsanwältin und blätterte geschäftig in einem Ordner. Vorne, auf der erhöhten Richterbank, saß Frank B., 62 Jahre alt und seit 30 Jahren

Vorsitzender des örtlichen Schöffengerichts. Ihm zur Seite die beiden Schöffen – einen erkannte Simone R. sofort wieder. Er war Stammgast im Dorfkrug gewesen. Der zweite Laienrichter war ein ehemaliger Lehrer ihrer Tochter Larissa. Simone R. wollte im Erdboden versinken. Die beiden Schöffen blickten sie mehr neugierig als strafend an, aber Simone verging beinahe vor Scham, sah in die andere Richtung – und erstarrte: Auf den Zuschauerbänken saß eine ganze Schulklasse samt Lehrer, offenbar auf Exkursion. Simone R. begann zu weinen. Ihr Anwalt reichte ihr ein Papiertaschentuch und tätschelte ihren Arm.

Die Staatsanwältin verlas die Anklageschrift. Danach ergriff der vorsitzende Richter Frank B. das Wort: »Sie haben gerade die gegen Sie erhobenen Vorwürfe gehört, Frau R. Ihr erfahrener Verteidiger hat Sie sicher umfassend beraten.« Rolf W. nickte bekräftigend.

»Ich sage Ihnen von Gerichtsseite jetzt nur eines«, fuhr der Richter fort. »Nutzen Sie die Chance eines frühen und umfassenden Geständnisses, wenn an den Vorwürfen etwas dran ist.«

Simone R. öffnete den Mund, um etwas zu sagen, doch Rolf W. legte ihr die Hand auf den Arm und kam ihr zuvor: »Meine Mandantin wird hier vollumfänglich geständig sein.«

Der Richter nickte zufrieden. »Damit sind Sie sehr gut beraten.«

Weitere Fragen zu den angeblichen Betrugstaten gab es nicht. Simone R. musste nur noch Angaben zu ihrer Person machen und ihre Lebensumstände schildern; Wo sie aufgewachsen war, wann ihre Ehe geschieden wurde, seit wann sie Arbeitslosengeld bezog. Das Gericht zog sich zu einer zehnminütigen Beratungspause zurück, dann folgte das Urteil: eine Freiheitsstrafe von einem Jahr und sechs Monaten, ausgesetzt zur Bewährung. Bewährungszeit: drei Jahre, Bewährungsauflage: Schadenswiedergutmachung nach besten Kräften.

Es folgte eine Belehrung, von der die haltlos weinende Simone R. fast nichts verstand, und schließlich fragte der Richter in den Saal: »Sollen Erklärungen abgegeben werden?«

Rolf W. beugte sich zu seiner Mandantin und flüsterte: »Selbstverständlich nehmen wir das Urteil an und erklären jetzt Rechtsmittelverzicht.« Ohne auf ihre Reaktion zu warten, verkündete er beinahe euphorisch: »Meine Mandantin ist mit dem Urteil einverstanden und erklärt hiermit selbstverständlich Rechtsmittelverzicht.«

»Ich nehme das Urteil ebenso an«, sagte die Staatsanwältin. Der Richter lobte Simone R.: Sie habe das ganz richtig gemacht, und nun solle sie die Chance nutzen, nicht ins Gefängnis zu müssen.

Am Abend saß Simone R. in ihrer Wohnung, schenkte sich das vierte Glas Weißwein ein und versuchte, zu begreifen. Irgendetwas war da schiefgelaufen, davon war sie überzeugt. Ihre Tochter Larissa setzte sich zu ihr. »Mama, ich muss dir etwas gestehen«, sagte sie. »Die Bestellungen bei den Versandhäusern, das war ich.« Kleinlaut erzählte die modewusste junge Dame, wie sie auf den Namen ihrer Mutter Klamotten und Schuhe bestellt und den Paketboten stets rechtzeitig abgefangen hatte. Simone R. schloss die Augen. So war das also gewesen. Aber konnte sie denn zur Verantwortung gezogen werden für etwas, das ihre minderjährige Tochter getan hatte?

Simone R. beschloss, Rolf W. am folgenden Tag in seiner Kanzlei aufzusuchen. Jetzt musste er ihr zuhören. Doch das Zusammentreffen verlief ganz anders als erwartet. »Was wollen Sie denn noch hier?«, begrüßte der Rechtsanwalt sie ungehalten. »Die Pflichtverteidigung ist beendet.«

Simone R. stotterte herum. »Ich will doch nur verstehen«, sagte sie dann. »Ich habe doch sieben Monate lang die Kreditraten bezahlt. Als ich das Darlehen aufnahm, hatte ich ja noch ein festes Einkommen. Dann nicht mehr. Warum wirft man mir Betrug vor?«

Rolf W. sah sie abfällig an. »Was? Welche Raten wollen Sie denn gezahlt haben?«, entgegnete er.

Und da begriff Simone R.: Der Rechtsanwalt wusste gar nichts über ihren Fall. Er hatte offensichtlich nicht einmal die Akte gelesen. Denn in der Strafanzeige hatte die Bank darauf hingewiesen, dass die ersten Raten bedient worden seien.

»Und die Bestellungen im Internet habe ich auch nicht getätigt. Ich habe damit nichts zu tun«, sagte Simone R.

»Jetzt werden Sie mal nicht unverschämt«, schnauzte sie Rolf W. an. »Jetzt biegen Sie mit diesen Dingen um die Ecke? Sie sollten froh sein, nicht hinter schwedischen Gardinen zu sitzen. Sie haben doch die Worte des Richters gehört.«

»Sie haben mich doch im Gericht gar nicht zu Wort kommen lassen!«, rief Simone R. entrüstet. »Die Bestellungen hat meine Tochter … hören Sie mir überhaupt zu?«

Der Anwalt saß hinter seinem Schreibtisch auf einem lederbezogenen Chefstuhl mit Armlehnen und sah an ihr vorbei aus dem Fenster. »Kennen Sie den Unterschied zwischen einem Mercedes und einem Volkswagen?«, fragte er nach einigen Sekunden Pause.

Simone R. starrte ihn an. »Wie bitte?«

»Stellen Sie sich vor, Sie gehen zu einem Anwalt und bezahlen ihn gut. Dann bekommen Sie einen Mercedes, einen Wahlverteidiger. Ich bin aber ein vom Gericht bestellter Pflichtverteidiger, das ist allenfalls ein Volkswagen. Alles klar?«

In diesem Moment spürte Simone R. etwas, das sie aus ihrer Passivität riss. Etwas, das sie sich lebendig fühlen ließ und ihr Kraft gab: Wut. So konnte dieser Mann nicht mit ihr umgehen. »Hören Sie zu«, sagte sie mit zitternder Stimme, »ich suche mir jetzt einen neuen Anwalt. Und dann lasse ich das Urteil überprüfen.« Sie wandte sich zum Gehen.

»Viel Spaß dabei«, rief ihr Rolf W. hinterher und schnitt sich eine Zigarre an. »Vergessen Sie nicht: Das Urteil ist bereits rechtskräftig.«

Acht Wochen später lag eine Rechnung der Staatskasse in ihrem Briefkasten. 720 Euro Pflichtverteidigergebühren seien für Rolf W. zu bezahlen. Als Simone den Anwalt das nächste Mal sah, brauste er gerade mit einem neuen Sportwagen am geschlossenen Dorfkrug vorbei.

Pflichtverteidiger, die dem Richter zuarbeiten

Als Simone R. in meiner Kanzlei saß und weinend erzählte, was ihr passiert war, teilte ich ihr meinen Eindruck offen mit: »Ihr Anwalt wollte dem Richter gefällig sein und hat Sie nicht verteidigt, sondern verkauft.« Eine traurige Masche, die Folge des Umstandes ist, dass der erkennende Richter den Pflichtverteidiger in bestimmten Fällen selbst aussucht.

Dann erklärte ich: Grundsätzlich kann sich jeder Beschuldigte in einem Strafverfahren seinen Verteidiger selbst aussuchen. Viele Betroffene scheuen allerdings den Gang zum Anwalt – sei es aus Kostengründen, sei es, dass sie sich um ihr eigenes Strafverfahren recht wenig kümmern. Unter anderem in den Fällen, in denen die Staatsanwaltschaft Anklage zum Schöffengericht erhebt, muss der Beschuldigte grundsätzlich vor Gericht einen Rechtsanwalt an seiner Seite haben. Man nennt das »notwendige Verteidigung«. Hat der Betroffene gegenüber der Staatsanwaltschaft im Ermittlungsverfahren noch keinen Wahlverteidiger benannt, schickt das Gericht die Anklageschrift mit dem Hinweis, dass der Beschuldigte einen Anwalt aussuchen kann, der ihm als Pflichtverteidiger beigeordnet wird. Reagiert der Beschuldigte nicht oder nicht rechtzeitig, passiert das, was nicht sein darf: Der erkennende Richter bestimmt nach Gutdünken einen Anwalt seiner Wahl, der dann als Pflichtverteidiger bestellt wird.

Warum das problematisch sein kann? Pflichtverteidigungen beim Amtsgericht mit einem Hauptverhandlungstag lassen die Kasse eines Anwalts in der Regel mit sechs- bis achthundert Euro klingeln. Der Arbeitsaufwand dagegen ist nicht selten überschaubar und liegt in vielen Fällen bei maximal einer Stunde.

In Teilen der Anwaltschaft sind Pflichtverteidigungs-Mandate extrem begehrt. Einige Rechtsanwälte sind darauf angewiesen, solche Pflichtverteidigungen zu ergattern. Sie wissen: Kaum etwas gefällt einem Richter besser, als Entlastung durch ein schnell erledigtes Verfahren mit einem Geständnis. Und wenn ein Angeklagter dann auch noch in Übereinstimmung mit der Staatsanwaltschaft Rechtsmittelverzicht erklärt, muss ein Richter sich nicht mal mehr Mühe beim Schreiben des Urteils geben. Es reicht eine abgekürzte Schmalspur-Version.

Manche Anwälte sind bereit, für ein weiteres Pflichtverteidigungs-Mandat sprichwörtlich »über Leichen zu gehen«. Soll heißen: Sie wollen es mit aller Macht dem Gericht recht machen, um ein nächstes Pflicht-Mandat nicht zu gefährden. Ihr eigener Mandant bedeutet ihnen in diesem Fall »Nullkommanichts«. Unter Umständen entsteht so sogar eine wirtschaftliche Abhängigkeit des Verteidigers vom Richter – ein unerträglicher Zustand.

Bei der Erinnerung an die Frage eines Pflichtverteidigers am Richterpult, die ich einmal hinten im Zuschauerbereich eines Amtsgerichts nach einem vorherigen Prozess mitbekommen habe, läuft es mir noch heute eiskalt den Rücken herunter: »War es recht so, Herr Vorsitzender?«

Immer wieder stelle ich fest, dass bei manchen Richtern stets die gleichen Anwälte als Pflichtverteidiger beigeordnet werden. Diese Anwälte werden in Strafverteidigerkreisen »Kellner-Anwälte« genannt: Sie servieren dem Richter das Geständnis des mitunter unschuldigen Angeklagten auf dem Silbertablett. Nehmen wir den Fall Simone R., für jeden Strafverteidiger ein regelrechter Totalschaden. Strafrechtlich wäre ihr bei professioneller Verteidigung so gut wie überhaupt nichts passiert:

Statt einer Bewährungsstrafe wäre bei ordentlicher Verteidigung eine Verfahrenseinstellung, allenfalls jedoch eine kleine Geldstrafe herausgekommen. Und das auch nur wegen der unbezahlten Wahrsager-Telefonate. Hinsichtlich des Kredits und der Versandhausbestellungen hätte es zwingend Freisprüche geben müssen. Zum einen hatte Simone R. ja die ersten Raten alle bezahlt, war also anfangs komplett zahlungswillig, zum anderen stammten die

Versandhausbestellungen ja in Wirklichkeit von ihrer Tochter. Allein, dass auf Simones Namen Waren bestellt wurden, hätte für eine Verurteilung nicht ausgereicht. Dank der miserablen Pflichtverteidigung hat Simone R. nun einen Eintrag im Führungszeugnis stehen, der in den kommenden Jahren jeden potenziellen Arbeitgeber bei einem Vorstellungsgespräch »begeistern« wird.

Wie es gerechter wäre

Gerechtigkeit fängt bei der Vergabe von Pflichtverteidigungen mit Transparenz an. Für Gutdünken und Klüngel zwischen Richter und Verteidiger darf es keinen Millimeter Raum geben. Bei der bisherigen Handhabung der Vergabe von Pflichtverteidigungen könnte man denken, dass Richter eine Art indirekte Rechtsbeugung betreiben und Anwälte Verrat am Mandanten üben.

Mein Vorschlag: An jedem Gericht sollte eine Liste mit allen örtlich ansässigen Verteidigern existieren, die bereit sind, Pflichtverteidigungen zu übernehmen. Auch diese Liste müssten einem Beschuldigten mit der Anklageschrift zugesendet werden. Mit einer leicht verständlichen Anleitung nach dem Motto: Es reicht ein Kreuz beim Pflichtverteidiger ihrer Wahl.

Sollte ein Beschuldigter die Liste nicht zurückschicken, greift mein Plan B. Dann kommt die Liste intern bei Gericht zum Einsatz. Allerdings ist sie verpflichtend chronologisch von A bis Z abzuarbeiten und dann wieder von vorne. Es wäre so einfach. Und insbesondere auch ein Schutz zugunsten aller Richter, die keinen »Klüngel« bei der Vergabe von Pflichtverteidigungen betreiben. Denn jeder Richter kann aufgrund des aufgezeigten Verhaltens einiger »schwarzer Schafe« in der Richterschaft unter einen Generalverdacht geraten.

Was, wenn ich betroffen bin?

Sollte jemals eine Anklageschrift mit dem Zusatz ins Haus flattern, dass Ihnen ein Pflichtverteidiger zu bestellen ist, sollten Sie bei der Suche nach dem für Sie richtigen Anwalt auf einige Dinge achten.

Erstens möchte ich mit einem weit verbreiteten Irrglauben aufräumen: Viele Beschuldigte entscheiden sich gegen einen aus ihrer Sicht fähigen Anwalt als Pflichtverteidiger, weil sie glauben, ein renommierter Anwalt würde keine Pflichtverteidigung annehmen. Sie halten Pflichtverteidiger für Anwälte zweiter Klasse. Dies ist in dieser Form falsch, weil ein Anwalt in der einen Sache als Wahlanwalt, in der nächsten als Pflichtverteidiger agieren kann. Pflichtverteidigung bedeutet im Wesentlichen, dass der Staat die Kosten an den Anwalt vorschießt, um sie im Fall Ihrer Verurteilung von Ihnen zurückzuverlangen. Daher: Trauen Sie sich, den Anwalt Ihres Vertrauens zu fragen, ob er bereit ist, die Pflichtverteidigung zu übernehmen. Zulässig sind übrigens auch Obolus-Zahlungen in bestimmtem Umfang an den Anwalt, der damit mehr erhält, als die bloßen Pflichtverteidigergebühren. So können Sie mitunter auch gut gebuchte Anwälte motivieren, ihr Pflichtverteidiger zu werden.

Welchem Anwalt können Sie vertrauen? Nehmen Sie unbedingt einen auf Strafrecht spezialisierten Anwalt, keinen »Wald- und Wiesenjuristen«, der sich montags um Arbeitsrecht, dienstags um Verkehrsrecht und mittwochs um Erbrecht kümmert. Die Chemie zwischen Ihnen und Ihrem Verteidiger sollte stimmen. Kommt bei Ihnen ein ungutes Bauchgefühl auf, rate ich dringend ihre Anwaltswahl zu überdenken. Damit meine ich nicht, dass Sie sich anfreunden, sondern dass Sie ihm blind vertrauen können sollten. Sie müssen das Gefühl haben, ihm alles erzählen zu können. Und Sie müssen Ihrem Verteidiger folgen können. Wenn Sie als Mandant nämlich nur »Bahnhof« verstehen, dann liegt das nicht an Ihrer Unzulänglichkeit, sondern daran, dass der Anwalt ihre Sprache scheinbar nicht spricht. Einige Kollegen ergötzen sich regelrecht am »verbalen juristischen Hochreck«.

Zudem ist im Strafrecht eine gewisse »diplomatische Bissigkeit« wichtig. Zu Recht heißt es, ein Strafverteidiger müsse in bestimmten Situationen auch ein »dreckiger Hund« sein können. Er muss etwa den Zeugen auch unangenehmen Fragen stellen, sie im Gerichtssaal regelrecht »durch den Mixer jagen«. Dabei sollte der Verteidiger aber auch das richtige Gespür dafür haben, wie weit er gehen kann – und wann Schluss ist. Wenn ein Anwalt dieses Spiel zwischen Diplomatie und Angriffskrieg beherrscht, dürfen Sie einen guten Ausgang des Strafverfahrens erwarten.

Wie Sie diesen Anwalt finden? Ich rate dringend davon ab, im Internet zu recherchieren und jemanden auszusuchen, der große Werbeanzeigen schaltet oder sich selbst als bester Anwalt der Region feiert. Solche Vorgehensweisen deuten eher darauf hin, dass dieser Anwalt nicht genug zu tun und es deshalb nötig hat, die Werbetrommel zu rühren.

Haben Sie in Ihrem Bekanntenkreis jemanden, der schon gute Erfahrungen mit einem Strafverteidiger gemacht hat, ist dies oft die bessere Empfehlung. Sie können auch bei der Rechtsanwaltskammer anfragen, dort wird eine Liste mit Anwälten in Ihrer Region geführt, die auf Strafrecht spezialisiert sind. Scheuen Sie sich nicht, bei der örtlichen Zeitung anzurufen, den Gerichtsreporter zu verlangen und ihn zu fragen, ob er Ihnen nicht einen Verteidiger empfehlen könnte. Viele Reporter haben einen präzisen Blick und geben sicher gerne einen guten Rat. So ersparen Sie sich einen »Kellner-Anwalt« wie Rolf W.

KAPITEL 5

Gutachter im Tiefschlaf

Transkript eines Notrufes, eingegangen am 20. Januar 2018 um 14.44 Uhr in der Notrufzentrale einer westfälischen Kleinstadt:

»Hier ist der Notruf der Feuerwehr.«
»Ich brauche dringend einen Krankenwagen.«
»Was ist passiert?«
»Hier liegt ein Mann, der ist schwer verletzt. Ich bin gerade nach Hause gekommen, und es ist alles voller Blut!«
»Welche Anschrift?«
»Forstweg 70.«
»Und Ihr Name?«
»Mein Name ist Günter O.«
»Sie müssen deutlicher sprechen, wie ist Ihr Name?«
»Günter. Günter O.«
»Okay, Herr O. Was ist bei Ihnen passiert?«

»Keine Ahnung. Ich weiß es nicht.«
»Hören Sie mir jetzt gut zu. Wie alt ist der Patient ungefähr?«
(Antwort unverständlich)
»Wie alt ist der Patient denn?«
»Über 70.«
»Ist er ansprechbar?«
»Überhaupt nicht mehr.«
»Atmet er noch?«
»Ja, aber er blutet so stark am Kopf.«
»Blutet es noch oder ist die Wunde schon eher geschlossen?«
»Es blutet noch, es blutet noch. Könnt ihr nicht schnell kommen?«
»Ja, natürlich. Haben Sie ihn mal gerüttelt?«
»Ja, er ist da, er ist am Leben.«
»Ja, sprechen Sie ihn doch mal laut an, schauen Sie, ob er wach wird, ob er die Augen öffnet.«
»Heinzi, Heinzi, um Himmels Willen, schicken Sie sofort einen Wagen runter.«
»Der Rettungsdienst ist bereits zu Ihnen unterwegs. Legen Sie den Patienten bitte in die stabile Seitenlage.«
»Ja, mache ich.«

* * *

Die Adresse Forstweg 70 gehört zu einer Unterkunft für Wohnungslose am Rande der Stadt. Zehn Minuten, nachdem Günter O. den Notruf gewählt hatte, trifft ein Rettungswagen ein, aus dem ein Notarzt und zwei Sanitäter steigen und in das

Gebäude eilen. Als sie das Zimmer erreichen, in dem der Verletzte liegen soll, bemerken sie zuerst die mit Blut bespritzten Wände. Auch der Boden ist blutverschmiert. In der Mitte des Raumes liegt ein älterer Mann, unbeholfen auf die Seite gedreht. Das Gesicht des Mannes ist stark angeschwollen, bläuliche Hämatome haben sich gebildet. Überall ist Blut.

Der Notarzt misst die Körpertemperatur. »Vierunddreißig, acht«, sagt er zu den Assistenten, »der liegt hier schon länger.« Er ruft einen Rettungshubschrauber, der um 15.31 Uhr landet. Der Schwerverletzte wird in ein Krankenhaus geflogen, wo er, angehängt an Schläuche und Maschinen, noch 18 Tage um sein Leben kämpft. Am 7. Februar 2018 gibt Heinz T. auf, ohne das Bewusstsein wiedererlangt zu haben.

* * *

»Wie ist er umgekommen?«, ist die erste Frage, die Frank R. stellt, als er am 7. Februar 2018 den Anruf erhält, in dem ihm ein Mitarbeiter des Kirchenkreises mitteilt, dass sein Onkel Heinz T. tot ist.

»Ich muss Ihnen leider mitteilen«, sagt der Anrufer langsam, »dass Ihr Onkel durch Gewalteinwirkung verstorben ist. Die Ermittlungen der Polizei laufen noch.« Gewalteinwirkung? Frank R. versteht nicht. »Meinen Sie, er wurde umgebracht?«, fragt er nach. »Wie gesagt, die Ermittlungen sind im Gange«, antwortet der Mitarbeiter des Kirchenkreises ausweichend, »wir halten Sie gerne auf dem Laufenden.«

Erst nachdem Frank R. aufgelegt hat, wird ihm bewusst, was da passiert ist. Er sieht durch die offene Tür des Wohnzimmers, wo seine betagte Mutter Marlies R., die Schwester von Heinz T., sitzt und fernsieht. Als Frank ihr die Todesnachricht von ihrem Bruder mitteilt, schließt sie die Augen. Armer Heinzi, sein Leben war so ganz anders verlaufen als ihres. »Bitte tu was«, sagt sie zu ihrem Sohn Frank. »Finde heraus, was da passiert ist.«

Frank R. greift wieder zum Telefon und ruft in meiner Kanzlei an. Im Namen seiner Mutter erteilt er mir das Mandat: »Finden Sie bitte heraus, warum mein Onkel sterben musste. Und wer das getan hat.« Diese Aufgabe würde mich mehr beschäftigen, als wir alle ahnten.

Heinz T. wurde am 20. Januar 2018 zusammengeschlagen. Fast vier Monate später, am 3. Mai, trifft die Ermittlungsakte der zuständigen Staatsanwaltschaft in meiner Kanzlei ein. Es wird wegen Totschlags ermittelt, mutmaßlich begangen durch einen Mitbewohner der Wohnunterkunft, Ümit H., 23 Jahre alt.

Jeden Nachmittag von montags bis freitags kommen meine Mandanten zur Besprechung ihrer Fälle in meine Kanzlei. Nur ausnahmsweise fahre ich selbst zu meinem Mandanten – etwa, wenn dieser in einer Justizvollzugsanstalt einsitzt. Gelegentlich muss auch ein Tatort in Augenschein genommen werden oder die Wohnung des Mandanten, falls dies für den Fall von Relevanz sein könnte. Ich suche meine Mandanten auch dann auf, wenn sie körperlich nicht in der Lage sind, zu mir in die Kanzlei zu kommen. So auch bei Marlies R.:. Sie ist im Kopf glasklar, aber Osteoporose und ihre Gehbehinderung haben sie zum Pflegefall gemacht. Ihr Sohn Frank öffnet die Tür und bittet mich mit ernstem Gesicht ins Haus. Marlies sitzt auf ihrer geliebten Terrasse, in Decken eingepackt, und hält mir ihre zitternde Hand entgegen. »Danke, dass Sie gekommen sind«, sagt sie, »Ich hoffe, Sie können uns helfen, herauszufinden, was …«

Sie spricht den Satz nicht zu Ende. Die zwei Leitz-Ordner mit der kopierten Ermittlungsakte habe ich mitgebracht und auf den Gartentisch gelegt. Marlies R. wirkt traurig, aber ungebrochen. »Wissen Sie, Herr Anwalt«, sagt sie, »der Heinzi war so ganz anders als ich. Aber niemals hätte ich erwartet, dass er so ein Ende nimmt.« Frank R. hat sich zu uns gesetzt und hört aufmerksam zu, als seine Mutter die Geschichte von ihrem Bruder erzählt, dem Nesthäkchen der Familie.

* * *

Eine der frühesten Erinnerungen, die sie an ihren Bruder Heinz hat, ist eine Szene auf dem Bürgersteig vor dem Haus. Marlies, damals elf Jahre alt und zum Aufpassen auf den kleinen Bruder abkommandiert, schichtete fein säuberlich kleine Zweige zu einem Häuschen auf. Heinzi, der zu diesem Zeitpunkt drei Jahre alte Nachzügler der Familie, kommt neugierig näher, versucht es ihr gleich zu tun, verliert jedoch nach nur wenigen Minuten das Interesse und radiert das Bauwerk mit einem einzigen Streich seines Füßchens aus.

»Er ist doch noch klein«, hieß es, als Marlies zu Hause davon erzählte. »Was erwartest Du von einem Dreijährigen?« Doch Marlies ahnte schon damals, dass sie und Heinzi eben grundverschieden sind. Sie, die Fleißige, Zähe, Geduldige, die jede Aufgabe erfüllte und schon mal monatelang ihr Taschengeld sparte, um sich einen besonderen Wunsch erfüllen zu können. Er, der Faule, der nur in den Tag hinein lebte, und jeden Groschen zum Kaufmann trug für einzelne Bonbons. Er wusste ja: Marlies würde ihre ersparte Tüte ohnehin mit ihm teilen. Heinzi war auch besonders neugierig. Von klein auf sammelte er alles: Steine, Schneckenhäuser, Granatsplitter, ungewöhnlich geformte Holzstücke, Patronenhülsen. Sein kostbarster Besitz war eine große Glasscherbe: leicht gebogen und vom Wasser des Baches, indem er sie gefunden hatte, glatt geschliffen. Wenn man hindurchsah, wurde die Welt unscharf und dämmrig-grün. Selbst die Geräusche wurden in solchen Momenten leiser, fand Marlies, und auch die erregten Diskussionen der Erwachsenen über fehlendes Geld und den Wiederaufbau des Landes, ebenso wie das Gebrumm der Jeeps, in denen amerikanische Soldaten durch die Stadt fuhren. Einer dieser Soldaten hatte ihr neulich zum ersten Mal nachgepfiffen, sie war in den Eingang eines der zerstörten Häuser gesprungen und erst wieder herausgekommen, als das Motorengeräusch verschwunden war. Heinzis Glasscherbe wirkte auf Marlies beruhigend, und weil ihr kleiner Bruder mit seinen Besitztümern sehr großzügig war, ließ er Marlies stets durch das Glas schauen und fragte in kindlicher Logik: »Siehst Du, wie Du nichts mehr siehst?«

Es waren nur wenige Momente des Nichtstuns, die sich Marlies als Kind gönnte. Ohne Fleiß kein Preis, sich regen bringt Segen, Morgenstund hat Gold im Mund – sie konnte all die Sprüche auswendig, die ihr strenger Vater in all den Jahren immer wieder aufsagte. Sie glaubte an die Wirkung dieser »Weisheiten«. Aus Marlies, das sagten alle im Haus, aus der würde noch mal was, um die müsse man sich keine Sorgen machen. Der Heinzi, nun, da müsse man noch mal sehen.

Die ungleichen Geschwister waren Kinder einer Familie von Zuwanderern. Ein Teil war aus den kroatischen Bergen nach Deutschland gekommen, der andere aus Kaliningrad, dem früheren Königsberg. Die Familie lebte lange in Gelsenkirchen. Die Stadt, im Krieg zerbombt, wurde langsam wiederaufgebaut, und Marlies erkannte schon in jungen Jahren, dass alles seine Zeit brauchte. Man durfte nur niemals lockerlassen, wenn man etwas erreichen wollte. Nur einmal im Leben gab sie sich geschlagen: Als der Lehrer meinte, vielleicht könnte man für die fleißige Tochter eine höhere Ausbildung andenken. Da griff der strenge Vater durch. Es ging ums Überleben, da war keine Zeit für intellektuelle Sperenzchen, und so machte Marlies auf Geheiß des Vaters eine kaufmännische Ausbildung. Sie beklagte sich nicht.

Sie zog in eine kleinere Stadt im Ruhrgebiet, beobachtete die Entwicklung des örtlichen Geschäftslebens und sah, dass die hart arbeitenden Menschen sich zwischendurch gerne ein paar Leckereien gönnten, nicht viel und nur für besondere Momente. Und so gründete Marlies R. gemeinsam mit ihrem Ehemann Anfang der Siebziger Jahre erst einen Lebensmittelgroßhandel, später drei Pommes-Buden. 360 Tage im Jahr stand sie bei Wind und Wetter zwischen heißem Fett und Ketchup-Flaschen. Die Leute liebten ihre knusprigen Pommes Frites und den hausgemachten Kartoffelsalat zu den leckeren Frikadellen. Von weit her strömten sie herbei, nicht nur wegen des guten Essens, sondern auch, weil sie Marlies so schätzten. Sie war nicht nur diszipliniert, ehrlich und zuverlässig, sie hatte auch immer ein gutes Wort für jeden übrig.

Legendär waren die Geschichten, die man sich über sie erzählte: Etwa, wie sie einem jungen Mann die Pommes stets gratis überließ. Er war Vollwaise, ständig pleite und geriet in schlechte Gesellschaft. Eines Nachts rief er bei ihr an: Er sei auf dem Polizeirevier, er müsse eine Strafe bezahlen, sonst komme er ins Kittchen, ob sie vielleicht ...? Und Marlies sah auf den Wecker, es war drei Uhr früh, zog sich an, fuhr aufs Revier, zahlte die Strafe und wusch dem Jungen ordentlich den Kopf. Er schaffte dann auch tatsächlich den Ausstieg aus der Kleinkriminalität. Den »Marlies-Effekt« nannte man das.

* * *

Der Heinzi, sagt Marlies R., habe gerade mal die Pflichtschule absolviert und dann jedes Interesse am Lernen verloren. Es waren die Fünfziger und Sechziger Jahre, wer Arbeit suchte, fand auch eine, und so jobbte Heinz mal hier und mal da und fand sein Auskommen. Er liebte sein ungebundenes Leben, ein regelrechter Freigeist sei er gewesen. Als er älter wurde und die Gelegenheitsjobs ausblieben, ging er aus dem Ruhrgebiet weg in eine westfälische Kleinstadt. Die Zeiten wurden härter, die Mieten höher. Schließlich fand Heinz T. in einem Wohnheim Unterkunft.

Mit seinen wenigen Habseligkeiten bezog er in der Forststraße 70 ein etwa 20 Quadratmeter großes Zimmer und blieb. Immer noch sammelte er alles, was ihm interessant erschien: Hübsche Flaschen, alte Zeitungen, Stecker, Bilderrahmen, Werkzeug, Trödel jeder Art. Sein Zimmer war bis oben vollgestopft mit Sachen. Mitunter konnte er nicht einmal mehr die Tür zum Flur öffnen. Dann stieg er eben aus dem Fenster seines Erdgeschosszimmers. Hinein ließ er niemanden, keiner durfte seine Schätze berühren.

Heinz war im Alter wunderlich geworden. »Oder vielleicht ist er es sein Lebtag gewesen«, unterbricht Marlies R. ihre Erzählung, »Ich frage mich manchmal, ob eine Psychotherapie ihm damals geholfen hätte. Aber an sowas hat man in unserer Jugend nicht gedacht. Du hast funktioniert – oder eben nicht.«

Doch aus irgendeinem Grund »funktionierte« Heinz im Wohnheim. Die anderen Bewohner beschreiben ihn als einen, der so gut wie nie Alkohol trank und nur durch seine Sammelwut auffiel. Ein harmloser alter Herr von kleiner und schmaler Statur, immer friedlich und hilfsbereit. Probleme habe es keine gegeben mit ihm, er sei sogar eine Art Hausmeister für die Unterkunft in der Forststraße gewesen. Im Alter und entbunden von Selbstverantwortung, blühte Heinz T. noch einmal auf. Eine Sozialarbeiterin kümmerte sich um alle wichtigen Dinge, und er hatte eine Aufgabe für sich gefunden, die er freiwillig und mit großer Freude erfüllte.

Die Probleme begannen erst, als ein junger Mann in die Unterkunft zog: Ümit H., erst Anfang 20, aber aus irgendeinem Grund bereits am Leben gescheitert. Allein durch seine Jugend brachte er Unruhe in die Wohnunterkunft. Er hörte laute Musik, und als Heinz sich beschwerte, blaffte Ümit ihn an. Heinz blaffte zurück, und damit war die Feindschaft zwischen den beiden besiegelt. Immer öfter kam es zu Streit, sogar zu Rempeleien auf dem Flur.

Am 19. Dezember 2017 erhält Heinz T.s Sozialarbeiterin, die in regelmäßigen Abständen in der Unterkunft vorbeischaut, um nach dem Rechten zu sehen und bei Behördengängen zu helfen, einen Anruf: Ihr Schützling sei von einem Mitbewohner angegriffen und in die Notaufnahme des Krankenhauses gebracht worden.

Drei Wochen bleibt der 74-jährige auf der Station. Seine Verletzungen sind erheblich. Er bittet seine Sozialarbeiterin, für ihn Strafanzeige gegen seinen Mitbewohner Ümit H., zu erstatten. »So geht das doch nicht weiter«, sagt er. Am 16. Januar 2018 wird die Sozialarbeiterin bei der örtlichen Polizeidienststelle vorstellig, erstattet im Auftrag von Heinz T. Strafanzeige und benennt auch den Beschuldigten: Ümit H., der bereits öfter wegen aggressiven Verhaltens unangenehm aufgefallen sei.

Am 19. Januar, Heinz T. ist gerade aus dem Krankenhaus entlassen worden und zurück in der Unterkunft, fasst der örtliche Kriminalhauptkommissar ein Schreiben an den Beschuldigten ab. Es ist eine Vorladung: Er, Ümit H., werde der Körperverletzung verdächtigt, begangen am 19. Dezember 2017 an dem Mitbewohner der Unterkunft, Heinz T. »Sie sollen einen älteren Mitbewohner mit Tritten verletzt haben«, lautet der konkrete Vorwurf.

Ob Ümit H. diese polizeiliche Vorladung am Folgetag, dem 20. Januar 2018, erhalten hat, ist nicht mehr zweifelsfrei festzustellen. Fest steht, dass es an diesem Tag zu einem erneuten Aufeinandertreffen zwischen den beiden Männern kommt. Heinz T. ist zu diesem Zeitpunkt zwar wieder zurück in der Wohnunterkunft, leidet aber noch an den Folgen der Verletzungen, die ihm Ümit H. einen Monat vorher zugefügt hat.

Was dann geschieht, ist nicht abschließend geklärt. Aus der amtlichen Ermittlungsakte lässt sich schlussfolgern, dass Ümit H. möglicherweise nach Erhalt der polizeilichen Vorladung wütend in das Zimmer von Heinz T. gestürmt ist und dort mit einem Stock oder Prügel so lange auf Heinz T. eingeschlagen hat, bis der alte Mann blutend zu Boden ging.

Der Jüngere, das lassen die Blutspritzer an der Wand vermuten, muss noch weiter auf den am Boden liegenden Verletzten eingedroschen und dabei immer wieder auf den Kopf seines Opfers gezielt haben.

Als wenig später ein weiterer Mitbewohner der Unterkunft, Günter O., die offene Zimmertür von Heinz T. bemerkt und nähertritt, sieht er ihn reglos am Boden liegen. Günter O. wird schlecht. Trotzdem schaltet er schnell, ruft den Rettungswagen und dreht, entsprechend den Anweisungen aus der Notrufzentrale, den Verletzten in die Seitenlage. Dann lehnt sich Günter O. vor dem Zimmer von Heinz T. zitternd an die Wand und wartet. Da kommt ihm Ümit H. entgegen. Scheinbar unbeteiligt geht dieser an der Szene vorbei.

In Richtung Stadtzentrum liegt ein Fitnessstudio. Dessen Inhaber ist zufällig anwesend, als Ümit H. an diesem Tag bei ihm erscheint. Der junge Mann hat gerade einen Vertrag mit dem Club abgeschlossen und ist zum zweiten Mal dort. Verwundert stellt der Betreiber fest, dass Ümit H. keine Sportschuhe dabei hat. Ob er in seinen Stiefeln trainieren dürfe, fragt er. Mit dem stimmt doch etwas nicht, denkt der Fitnessclub-Betreiber. Ümit H. wirkt abwesend, wie neben sich stehend, er ist klatschnass, als hätte er bereits trainiert und dabei geschwitzt. »Okay, aber vorher die Schuhe bitte reinigen«, gibt der Betreiber schließlich die Trainingserlaubnis.

Das seltsame Verhalten des neuen Mitglieds lässt dem Inhaber des Fitnessclubs keine Ruhe. Als Ümit H. nach dem Training an der Rezeption vorbeigeht, sucht der Betreiber noch einmal das Gespräch. »Was los, alles okay?«, fragt er. Ümit H. sagt darauf, er habe »Scheiße gebaut«. Erst jetzt bemerkt der

Inhaber des Fitnessclubs Blut an dessen Hand. Als Ümit H. den aufmerksamen Blick wahrnimmt, verbirgt er hastig seine Hand hinter dem Rücken und verabschiedet sich.

Noch am Tag des brutalen Angriffes auf Heinz T. befragen Kriminalbeamte mögliche Zeugen. Der Verdacht fällt bald auf Ümit H. Die zuständige Staatsanwaltschaft beantragt, ihn sofort zu verhaften – wegen des Verdachts des versuchten Totschlags und der gefährlichen Körperverletzung. Zu diesem Zeitpunkt kämpft Heinz T. im Krankenhaus um sein Leben.

Ümit H. wird festgenommen und am 21. Januar 2018 der zuständigen Haftrichterin vorgeführt.

»Ja, ich habe im Fitnessstudio gesagt, dass ich Scheiße gebaut habe«, gibt er zu. »Aber damit habe ich gemeint, dass ich im Wohnheim beim Putzen meiner Stiefel die Spüle verstopft habe.« Die Verletzung an der Hand habe er sich schon am Tag vorher zugezogen, beim Hantieren mit einer Langhantel. Und ja, er habe mit Heinz T. in der Vergangenheit schon einmal eine Auseinandersetzung gehabt. Heinz habe ihn geschubst, er habe zurückgeschlagen, und Heinz habe noch mal mit der Faust nach ihm geboxt. So was komme eben vor, der alte Mann hätte kein solches Theater machen und sich schon gar nicht ins Krankenhaus begeben müssen. Jedenfalls habe er, Ümit H., mit dem jetzigen Angriff auf Heinz T. nichts zu tun. Er habe den alten Mann am Vortag nicht einmal berührt.

»Warum haben Sie sich nicht um den Verletzten gekümmert, als Sie ihn im Vorbeigehen am Boden liegen sahen?«, fragt die Haftrichterin.

»Na ja, es war doch schon der Günter O. da«, entgegnet Ümit H.

Die Haftrichterin wird später festhalten, dass es zwar einige, aus ihrer Sicht jedoch nur wenige Indizien dafür gebe, dass Ümit H. die Tat begangen habe. Die Aussage des jungen Mannes gegenüber dem Inhaber des Fitnessclubs, er habe »Scheiße gebaut«, könne zwar auf die vorgeworfene Tat, genauso gut aber auch auf eine ganz andere Sache bezogen gewesen sein. Die blutende Verletzung sei ebenfalls kein sicheres Beweismittel, letztlich handle es sich nur um Vermutungen, woher diese Verletzung stamme. Und so lehnt die Haftrichterin die Anordnung von Untersuchungshaft ab und entlässt Ümit H. in die Freiheit.

Die Kriminalpolizei ermittelt weiter: Beamte stellen Kleidung von Ümit H. und von Heinz T. sicher. Sogenannte Abriebe werden genommen – ein Verfahren zur Sicherstellung von DNA-Spuren: von den Blutspuren auf dem Boden, an den Wänden und den Händen des Beschuldigten. Vom Opfer werden im Krankenhaus Speichelproben und Fingernagelabschnitte gesichert. Keine Frage: Die Kripo arbeitet gründlich.

Doch obwohl die Spuren rasch gesichert sind, werden diese erst am 14. Februar 2018 – nahezu einen Monat nach der Tat und sieben Tage nach dem Tod von Heinz T. – an das zuständige Landeskriminalamt geschickt. Dort soll nun ein DNA-Gutachten eingeholt werden, um insbesondere folgende Fragen zu klären:

Sind bei Heinz T. DNA-Spuren von Ümit H. festzustellen?

Ist das Blut an Ümit H.s Hand sein eigenes oder das von Heinz T.?

Schnelle Aufklärung tut Not, denn bisher gibt es keinen anderen Tatverdächtigen, und Ümit H. läuft immer noch frei herum. Doch wieder vergeht eine Woche, bevor das Landeskriminalamt am 20. Februar 2018 die Untersuchung der DNA-Spuren anordnet. Das Ergebnis kommt nicht mehr im Februar. Auch nicht im März oder April. Es liegt erst am 29. Mai 2018 vor, mehr als vier Monate nach der Tat.

Die Gutachterin, die im Landeskriminalamt mit der Untersuchung betraut ist, hat tatsächlich DNA-Spuren von Ümit H. am Opfer Heinz T. festgestellt. Auch das Blut an der Hand des Tatverdächtigen und weitere Blutspuren, die an seinen schwarzen Stiefeln gefunden werden, stammt von Heinz T. Ümit H. hat bei seiner Aussage vor der Haftrichterin die Unwahrheit gesagt: Er hatte am 20. Januar 2018 nachweislich körperlichen Kontakt zum Opfer. Er ist so gut wie sicher der Täter.

Doch nun kommt es zu einer weiteren Verzögerung: Das DNA-Gutachten wird nicht etwa an die zuständige Staatsanwaltschaft übersandt, die dadurch sofort alle erforderlichen Maßnahmen einleiten und den auf freiem Fuß befindlichen Ümit H. endlich verhaften lassen könnte. Vielmehr adressiert das Landeskriminalamt das Gutachten ans Polizeipräsidium, inklusive einer Rechnung über die Entschädigung für die Gutachterin in Höhe von 7250 Euro.

Wann genau das vom 29. Mai stammende Gutachten beim örtlichen Polizeipräsidium eingeht, lässt sich nicht mehr genau feststellen. Der nächste Vermerk in der Ermittlungsakte taucht erst am 3. Juli auf, also über einen Monat später. Das Gutachten muss in der Zwischenzeit im Polizeipräsidium eingetroffen und von dort an die zuständige Staatsanwaltschaft weitergeleitet worden sein. Doch auch hier passiert erst mal nichts. Erst am 3. August 2018 stellt der zuständige Staatsanwalt beim Amtsgericht erneut einen Antrag auf Erlass eines Haftbefehles, der am 8. August ausgestellt wird.

Es war das DNA-Gutachten, das für den Haftbefehl gegen Ümit H. gefehlt hatte. Doch als Polizeibeamte in der Wohnunterkunft auftauchen, um ihn zu mitzunehmen, ist er nicht mehr da. Der Verdächtige ist längst ausgezogen, niemand weiß, wo er sich aufhält. Ümit H. wird zur Fahndung ausgeschrieben – umsonst. Der mutmaßliche Täter ist längst untergetaucht.

Am 12. Oktober 2018 adressiert die zuständige Staatsanwaltschaft ein Schreiben an meine Kanzlei. Dort wird mir für meine Mandantin Marlies R. mitgeteilt, dass das Strafverfahren gegen Ümit H. vorläufig eingestellt worden sei. Grund: Der Aufenthalt des Beschuldigten könne nicht ermittelt werden. Zwar seien Fahndungsmaßnahmen veranlasst worden, bisher jedoch ohne Erfolg. Und dann steht da noch: »Falls Sie Kenntnis von dem Aufenthalt des Ümit H. erhalten sollten, wäre ich Ihnen dankbar, wenn Sie mir dieses oder andere geeignete Hinweise für weitere Nachforschungen unter Angabe des oben aufgeführten Aktenzeichens mitteilen würden.«

Als ich Marlies R. den Einstellungsbescheid vorlese, starrt sie mich ungläubig an. »Ist das deren Ernst?«, fragt sie dann. »Soll ich etwa mit meiner Gehbehinderung loslaufen und versuchen, den mutmaßlichen Mörder meines Bruders zu finden?« Die alte Dame ist entsetzt. »Wenn ich meine Pommes-Buden so nachlässig betrieben hätte, wie hier ermittelt worden ist«, sagt sie mit zitternder Stimme, »hätte ich meine Läden sofort zusperren können. Mein Bruder wurde umgebracht. Das ist eine fürchterliche Tat und dann lässt ein so wichtiges Gutachten so lange auf sich warten? Und selbst als die Spurenlage geklärt ist, schlafen die Strafverfolger weiter und der mutmaßliche Mörder läuft frei herum. Ich fasse das nicht.« Sie sieht mich erst anklagend an, dann wird ihr Blick traurig und müde.

All die Tugenden, an die Marlies R. ihr Leben lang geglaubt und die sie stets verkörpert hat – Fleiß, Verlässlichkeit, Einsatzwillen, Pünktlichkeit –, jene Eigenschaften, mit denen Deutschland durch Menschen wie sie wieder aufgebaut wurde, gelten wohl nicht für jene, die sicher auf ihren Positionen hocken und wo nicht jeder Fehler die Existenz kosten kann.

Marlies' Sohn Frank hat unserem Gespräch ernst zugehört. Als er mich zur Tür hinausbegleitet, sagt er: »Mir kommt es vor, als sei mein Onkel bloß Geschädigter zweiter Klasse.« Ich öffne den Mund, um etwas zu entgegnen. Strafverteidiger können immer etwas sagen. Doch in dieser Situation fällt selbst mir nichts ein.

Kurze Zeit später erfahre ich aus der amtlichen Ermittlungsakte, dass zwischenzeitlich ein Sachverständiger die Kosten für sein Gutachten im Falle Heinz T. bei der Staatskasse anmahnt: »Zahlungserinnerung: Es wird Ihrer Aufmerksamkeit entgangen sein, dass die o. g. Rechnung zur Zahlung fällig ist.« Dann folgt fettgedruckt: »Wir erwarten nunmehr Ihre Überweisung.«

Dieses Schreiben zeige ich Marlies R. nicht mehr.

SCHREIEND UNGERECHT

Ermittlungen ohne Disziplin

Marlies R. hat viele Fragen. Warum braucht die Polizei Wochen, um gesicherte DNA-Spuren an das Landeskriminalamt zur Untersuchung zu schicken? Wie kann es sein, dass es dreieinhalb Monate in Anspruch nimmt, bis das dringend benötigte Gutachten erstellt wird? Warum wird ein so wichtiges Beweismittel einfach mit der Post versandt, statt es per Eilboten zuzustellen? Und warum wird es erst an die Polizei adressiert, die es noch an die Staatsanwaltschaft weiterleiten muss, sodass erneut kostbare Zeit verplempert wird? Wohlgemerkt: Das alles, obwohl wegen eines Deliktes der Schwerstkriminalität und nicht etwa wegen eines Ladendiebstahls gegen den mutmaßlichen Täter, der unbehelligt herumläuft, ermittelt wird.

Zwischen der Tat und dem Haftbefehl lagen über sieben Monate. Marlies R. und ihrem Sohn Frank ist das Justizsystem nicht vertraut. Sie haben den Eindruck, den ermittelnden Behörden sei ein Tötungsdelikt an einem einfachen Bewohner einer Wohnunterkunft keine besondere Sorgfalt wert.

Dabei ist die Verschleppung von Strafverfahren insbesondere durch Gutachter keine Seltenheit. Gehe ich nach meiner persönlichen Erfahrung, ist so etwas trauriger Alltag. Ich habe erlebt, dass eine Mandantin erst sieben Monate nach der Tat verhaftet wurde – man hatte auf ein rechtsmedizinisches Gutachten gewartet. Die junge Frau stand im Verdacht, ihr drei Monate altes Baby mit einer Mischung aus Hustensaft, Antidepressiva und anderen Medikamenten vergiftet zu haben. Es war ein grauenhafter Fall, weil jedoch die Untersuchung der Todesursache so lange dauerte, war meine Mandantin über ein halbes Jahr auf freiem Fuß. Die Erstellung von Gutachten im »Tiefschlaf« führt dazu, dass sogar Menschen, die andere umgebracht haben, frei herumlaufen. Und im schlimmsten Fall – wie bei Ümit H. – untertauchen.

Ich habe für dieses Buch den erfahrenen Rechtsmediziner eines bekannten Instituts befragt, wie er die realistische Bearbeitungsdauer zur Auswertung der genommenen DNA-Abriebe im Fall Ümit H. einschätzt. Seine Antwort war eindeutig: »Drei bis fünf Tage«, sagte er, »bei hoher Auslastung des Instituts maximal zwei Wochen.« Warum ein solches Gutachten fast vier Monate auf sich warten ließ, war ihm schleierhaft.

Wie es gerechter wäre

Dass in der heutigen Zeit die verzögerte Erstellung von Gutachten dazu führen kann, dass mutmaßliche Killer das Weite suchen und verschwinden können, ist in meinen Augen skandalös. Es liegt in diesem speziellen Fall aber auch daran, dass die Ermittlungen seitens der Strafverfolgungsbehörden – mit Verlaub – schlampig geführt worden sind.

Bislang macht die Strafprozessordnung, selbst bei Tötungsdelikten, keinerlei Vorgaben, in welchem Zeitraum ein Gutachter seine Arbeit erledigen muss. Das sollte anders werden. Der Gesetzgeber könnte Fristen für die maximale Bearbeitungsdauer einführen.

Darüber hinaus zieht auch durch diesen Bereich die Personalnot wie ein roter Faden ihre Kreise. Es gibt bei den Landeskriminalämtern und auch in rechtsmedizinischen Instituten dramatische personelle Engpässe. Die wenigen Institute sind oft derart ausgebucht, dass neu eingehende Gutachtenaufträge zunächst monatelang liegen gelassen werden, bevor überhaupt die Bearbeitung beginnt. Hier muss der Staat in mehr Personal bei diesen Instituten investieren.

Ich schlage außerdem die Einführung des elektronischen Hausarrests für bestimmte Verdachtsgrade vor: Eine Person muss dann in ihrem Haus oder in ihrer Wohnung verbleiben, was mittels elektronischer Fußfessel kontrolliert wird. Sobald sich die überwachte Person aus dem festgelegten Bereich entfernt, geht in einer Zentrale der Alarm los. Die Polizei rückt aus und nimmt den Betroffenen fest.

Gerade beim Vorliegen des Verdachts eines Schwerstdelikts wie Mord sollte diese Maßnahme als Vorstufe zum Haftbefehl eingeführt werden. Für letzteren verlangt der Richter »dringenden Tatverdacht«, der jedoch zu Beginn von Ermittlungen – wie bei Ümit H. – oft noch nicht bejaht werden kann, weil etwa DNA-Spuren noch auszuwerten sind. Im Falle eines Anfangsverdachts wäre der elektronisch überwachte Hausarrest eine gute Möglichkeit, jemanden für polizeiliche Ermittlungen greifbar zu halten, ohne ihn – insbesondere wenn er unschuldig ist – dem Trauma der Untersuchungshaft in der Justizvollzugsanstalt auszusetzen.

Was, wenn ich betroffen bin?

Geschieht im Freundes- oder Verwandtenkreis ein Tötungsdelikt, werden Sie in der Regel emotional besonders betroffen sein. In dieser Ausnahmesituation ist es wichtig, sich so früh wie möglich professionelle anwaltliche Hilfe zu holen. Sie brauchen jemanden, der klar denken und die nötigen Schritte einleiten kann, um zu erfahren, was denn eigentlich passiert ist.

Mein Eindruck ist, dass für Angehörige eines Getöteten die Aufklärung der Tat meist wichtiger ist als die Frage nach der Bestrafung des Täters. Die dringendsten Fragen sind:

Warum musste mein geliebter Angehöriger bloß sterben?

Was hat den Täter zur Tat bewegt?

Wie verliefen die letzten Sekunden im Leben meines Angehörigen?

Welche Qualen musste er erleiden?

Bleiben diese Fragen ungeklärt, bilden sich bei vielen Familienmitgliedern von Getöteten schwer aufzulösende Traumata. Was also tun? Als naher Angehöriger haben Sie die Möglichkeit, sich bereits im Ermittlungsverfahren anwaltlichen Beistand zu nehmen und über diesen auch in einem frühen Stadium Akteneinsicht zu erhalten. Im Sinne einer umfassenden Betreuung der Familie rate ich zu diesem Schritt. Wenn die Staatsanwaltschaft dann Anklage erhebt, haben Sie außerdem die Möglichkeit, sich dem Verfahren als Nebenkläger anzuschließen.

Die Anklage wird in Deutschland durch die Staatsanwaltschaft vertreten und erst mal nicht durch den Geschädigten oder Angehörige des Toten. Das Strafmonopol hat der Staat. Sind Sie jedoch Nebenkläger, dürfen Sie zum Beispiel während der gesamten Gerichtsverhandlung über im Gerichtssaal anwesend sein. Insbesondere auch, während der Angeklagte zur Sache aussagt und die Sie so interessierenden genauen Umstände des von ihm begangenen Verbrechens schildert, wenn er geständig sein sollte. Ein »normaler« Zeuge hingegen muss zunächst draußen vor der Tür warten und hört diese Informationen nicht aus »erster Hand«. Er kann auch nicht wie der Nebenkläger durch Anträge Einfluss auf das Verfahren nehmen.

Ich halte eine Nebenklage gerade für Angehörige von Mordopfern vor allem deshalb für wichtig, weil die meisten Hinterbliebenen mit der schrecklichen Erfahrung nach Ende des Gerichtsverfahrens besser abschließen können. Viele haben den Wunsch, dem mutmaßlichen Täter einmal im Gerichtssaal in die Augen zu schauen. Sie wollen ihn beobachten, einschätzen, sich ein persönliches Bild von dem Menschen machen, der ihren lieben Verwandten umgebracht hat. Vor allem wollen sie sehen, wie er als Angeklagter dort sitzt und sich verhält.

Es gibt aber einen weiteren guten Grund, sich dem Verfahren als Nebenkläger anzuschließen: Im Fall eines frühen Geständnisses des Angeklagten werden häufig die Hintergründe der Tat in der Hauptverhandlung nicht mehr umfangreich durchleuchtet. Hier ist dann der Nebenklage-Anwalt gefragt, durch gezielte Anträge das Gericht dazu zu bewegen, die Beweisaufnahme nicht so kurz zu halten, dass die Angehörigen für sie wichtige Details nicht erfahren.

Sie haben im Strafverfahren zudem die Möglichkeit, durch das sogenannte Adhäsionsverfahren Schmerzensgeldansprüche geltend zu machen. Ob ein solches Vorgehen sinnvoll ist, muss im Einzelfall entschieden werden. Es hat für Geschädigte den Vorteil, dass in einem Verfahren mit einem Urteil sowohl über die Strafsache als auch über mögliche zivilrechtliche Ansprüche entschieden wird. Sie ersparen sich hierdurch einen weiteren Prozess, und gerade ein anschließender Zivilprozess kann oft Jahre dauern und verursacht weitere Kosten. Im Strafverfahren können Sie Ihre Ansprüche ohne Kostenrisiko mit erheben. Aber: Es kann unter Umständen der unerwünschte Eindruck entstehen, Sie wollten sich jetzt an dem Tod ihres Angehörigen bereichern. Daher: Besprechen Sie offen mit Ihrem Anwalt die Vor-und Nachteile einer solchen Vorgehensweise.

Zum Schluss noch ein nichtjuristischer Ratschlag aus der Praxis: Scheuen Sie sich nicht, so schnell wie möglich psychotherapeutische Hilfe in Anspruch zu nehmen. Unter Anleitung eines Experten über die schlimme Nachricht zu sprechen, hilft Ihnen, den Tod Ihres Angehörigen besser zu verarbeiten.

KAPITEL 6

Von wegen Dein Freund und Helfer

Kalter Schweiß. Das ist also nicht bloß ein Spruch, stellt er verwundert fest. Kalten Schweiß gibt es wirklich. Er steht auf seiner Stirn, bildet dort kleine Perlen, gleich werden sie sein Gesicht hinunter rinnen, dann wird es so aussehen, als ob er heule. Reiß dich zusammen, Hannes, befiehlt er sich selbst, vielleicht geht ja alles glimpflich aus. Der Polizist, der gerade gegangen ist, der ist okay. Vielleicht kommt er ja zurück, mit dem kann man reden, der versteht ihn. Der andere ist ein Arschloch. Seit mindestens einer Viertelstunde sitzt er schon ganz allein in diesem kahlen Raum. Hier gibt es nichts, auf dem sein nervös flackernder Blick ruhen kann. Ein Tisch, zwei Stühle, ein Fenster zum Parkplatz. Ich will hier raus, schreit er innerlich, komm zurück, ich sage alles, wie du es empfohlen hast. Ich will nicht ins Gefängnis. Und dann weint er wirklich, und in seinem Kopf kreist nur noch ein Name: Tim.

Hannes M., 38, ist Tischlermeister aus Baden-Württemberg. Das war lange ein einträglicher Beruf. Er arbeitete in einer großen Schreinerei, verdiente 2500 Euro netto. Die brauchte er auch, denn sein Hobby ging ins Geld: Marihuana, vier- bis fünfmal die Woche. Seit er 16 war, rauchte er Gras. Die Tischlerlehre war anstrengend gewesen, und er kam auf diese Weise gut runter nach einem langen Arbeitstag. Später, als Geselle, blieb er dabei, nach zehn Stunden in der Schreinerei Chill-out-Musik zu hören, sich einen Joint zu drehen und den ganzen Scheiß zu vergessen. Über die Jahre gewöhnte er sich an sein abendliches Ritual. Er brauchte das.

Dann kam die Wirtschaftskrise und erfasste so manchen Betrieb in der Gegend. Auch die Schreinerei. Hannes M. wurde arbeitslos, fand keine neue Stelle, das Geld wurde weniger, und eines Tages stand er bei gerade noch 780 Euro Arbeitslosengeld monatlich. Dafür gab es zwar genug zu essen, aber weniger zu feiern und gar kein Gras mehr. Dabei brauchte er das mehr als je zuvor, arbeitslos zu sein ging ihm ans Gemüt. Er war immer stolz auf seinen Beruf gewesen, darauf, mit den Händen etwas schaffen zu können. Und jetzt wollte ihn keiner mehr.

»Halb so schlimm«, sagte sein Bekannter Tom F. aus der Szene, dem er erklären musste, warum er nichts mehr bei ihm kaufte. »Dann hilf uns doch, den Stoff zu besorgen, da fällt genug für dich ab.«

»Wie soll das gehen?«, fragte Hannes M.

»Wirste schon sehen«, sagte Tom und bestellte ihn für den nächsten Tag in ein Café. »Ganz einfach«, sagte er dann und rührte vergnügt in seiner Tasse. »Du fährst mit deinem Wagen – du hast doch einen Wagen?«

Hannes M. nickte.

»Sehr gut. Also du fährst ab und zu mal nach Holland rüber und bringst den Stoff über die Grenze. Ich habe eine sichere Route. Wir fahren immer morgens zwischen fünf und sechs, da ist Wachwechsel an der Grenze, und meine Fahrer sind noch nie jemandem aufgefallen.« »Deine Fahrer? Mehrzahl?«, fragte Hannes M.

»Klar«, strahlte der Bekannte. »Das Geschäft läuft super, wir verdienen alle gut. Zweihundert Euro bekommst Du pro Fahrt. Und zwanzig Gramm Gras obendrauf.« Dann lehnte er sich zuruck und sah Hannes M. erwartungsvoll an.

Der saß eine Weile nur da und sagte nichts. Das war verboten. Er hatte noch nie so ein Ding gedreht. Ab und zu mal im Supermarkt was mitgehen lassen, ja, und mal was rauchen – ach, damit schadete er ja niemandem wirklich. Aber was Tom F. da vorschlug, das war ein richtig dickes Ding.

Andererseits – als Drogenkurier war er ja nur ein kleines Rädchen in dem ganzen Werk. Wenn er nicht fuhr, würde es ein anderer machen. Und er selbst handelte ja nicht mit dem Stoff, nicht wahr? Er fuhr nur einmal hin und her. Für die 200 Euro würde er sich wieder sein Hobby leisten können, ihm fehlte sein abendlicher Joint.

»Ich mach's«, sagte er also. Tom F. haute mit der Handfläche auf den Tisch. »Bravo, so gehört sich's!«

Es war tatsächlich ein Kinderspiel. Hannes M. musste das Zeug nicht mal anfassen. Zweimal im Monat fuhr er mit seinem Auto über die Grenze, nach Venlo, auf einer vorgegebenen Route, zu einem der Coffeeshops, wo man Marihuana rauchen durfte. Dort empfing ihn ein immer anderer Typ, den Hannes unter einer stets neuen Handynummer erreichte. Die kam jedes Mal von Tom F. kommentarlos per SMS. Diesem Fremden überreichte Hannes M. seinen Autoschlüssel, trank eine Cola im Coffeeshop, und zehn Minuten später kam der andere zurück, gab dem Kurier den Schlüssel, tippte sich grüßend an die Stirn und verschwand.

Hannes M. überprüfte nie, was in seinem Kofferraum lag. Er wollte es gar nicht so genau wissen. So um die zwei Kilo Marihuana seien es jedes Mal, sagte Tom, beste Qualität, sogenanntes Haze mit einer THC-Konzentration von über 20 Prozent. Das Zeug war stark, Hannes M. wusste das, denn er bekam ja jedes Mal etwas davon ab.

Einmal zurück in Deutschland, parkte er bei Tom F. vor der Tür und überreichte seinem Auftraggeber den Autoschlüssel. Hannes schlenderte pfeifend auf und ab, bis der andere ein paar Tüten aus dem Kofferraum genommen hatte. Auch hier fragte der Kurier nie nach, er gefiel sich in der Rolle des kleinen, ahnungslosen Rädchens. Er selbst machte das alles ja nur, um weiter Gras rauchen zu können. Ein schlechtes Gewissen hatte er deswegen nicht. Waren ja keine Waffen oder harte Drogen, wurde ohnehin Zeit, dass Marihuana legalisiert wurde, er griff der Zukunft nur etwas voraus.

Fahr immer direkt zu mir, hatte ihm sein Auftraggeber eingebläut, bleib nirgendwo stehen, man weiß ja nie. Doch nach einer seiner Fahrten – das ganze ging schon über ein Jahr, und nie hatte es Probleme gegeben – beschloss Hannes M., auf dem Rückweg aus Holland noch bei einem Baumarkt zu halten. Er brauchte einen Hammer, zu Hause stand ein gerahmtes

Poster von Che Guevara, den er bewunderte, und das wollte er aufhängen. Und weil er wieder mal knapp bei Kasse war – Tom hatte ihm das Geld für die Fahrt noch nicht gegeben –, beschloss er, das Werkzeug zu stehlen. War doch nur ein Hammer für 7,95 Euro, dachte er, als er das Stück unauffällig in seinen Rucksack gleiten ließ. Er war schon an der Kasse vorbei, als ihm von hinten jemand auf die Schulter tippte.

»Stehen bleiben. Ladendetektiv. Kommen Sie sofort in mein Büro. Ich habe Sie beim Klauen beobachtet.« Hannes M. drehte sich um und schaute einem südländisch aussehenden Mann mit Vollbart und breiten Schultern direkt in die Augen. Eine Zehntelsekunde überlegte er, einfach wegzulaufen, aber draußen stand sein Wagen, den würde er irgendwann holen müssen. Also blieb er stehen, seine Knie begannen zu zittern, aber irgendwie schaffte er es, hinter dem Ladendetektiv herzutraben, der ihn in ein schmuckloses Büro führte.

Hannes gab alles sofort zu. Er sei arbeitslos, habe den Hammer gebraucht, es tue ihm leid, und ob er die Ware nicht einfach zahlen könnte und dann sei es gut. Der Ladendetektiv lächelte müde. »Nein, so läuft das Spiel hier bei uns nicht. Das gibt eine Strafanzeige. Die Polizei ist übrigens schon unterwegs.«

Noch im Büro wurde er von zwei Polizeibeamten durchsucht. Sie fanden kein weiteres Diebesgut. Aber seinen Autoschlüssel.

»Na, dann werden wir gleich mal nachschauen, ob wir im Wagen noch weitere Beute finden«, sagte einer der beiden Polizeibeamten. Der andere Polizist sah Hannes M. kühl an. »Reisende Straftäter, die von Geschäft zu Geschäft fahren und sich die Taschen voll machen, sind keine Seltenheit«, erklärte er.

Hannes M. bemerkte, wie sich ein Zittern von seinen Beinen hinauf über seinen ganzen Körper ausbreitete. In seinem Auto war kein Diebesgut aus anderen Baumärkten. Es war viel schlimmer. Dort lagen die Tüten mit Marihuana, die er über die Grenze gebracht hatte.

»Sie sind selbstverständlich mit einer Durchsuchung Ihres Wagens einverstanden?«, äußerte der Polizeibeamte, der bei ihm geblieben war.

»Nein, auf keinen Fall«, stotterte Hannes M., sein Hals war trocken, er brachte die Worte nur mühsam über die Lippen.

Die beiden Beamten sahen einander an und nickten. »Gefahr im Verzug. Wir durchsuchen Ihr Auto jetzt sofort«, sagte der eine, ging auf dem Parkplatz durch die Reihen der Autos und drückte den Schlüsselsender, bis der richtige Wagen mit einem Blinken anzeigte, dass er offen war.

Im Büro des Ladendetektivs klammerte sich Hannes M. an seinen Stuhl. Nach zehn Minuten kam der Polizeibeamte zurück, strahlte ihn an und fragte: »Haben Sie Kinder?«

»Ja, einen vierjährigen Sohn, Tim, er lebt bei seiner Mutter. Warum fragen Sie?«

»Den werden Sie erst wiedersehen, wenn er zur weiterführenden Schule geht«, sagte der Polizist und nahm ihn am Arm.

An die Fahrt ins Präsidium kann sich Hannes M. nicht mehr erinnern. Er weiß nicht, wie er in das Polizeiauto kam, wie lange die Fahrt dauerte, welche Tageszeit es war. Seine Erinnerung setzt wieder im Vernehmungszimmer ein: Er, auf einem Stuhl, zitternd, der Ohnmacht nahe. Ihm gegenüber hat ein Kriminalbeamter Platz genommen, Ende 50, grauer Bart, sympathisch zwinkernde Augen. Neben der Tür steht ein zweiter, Mitte dreißig, militärisch-kurzer Haarschnitt, durchtrainiert, stechender Blick.

Der Jüngere schoss Hannes M. auch gleich an, kaum, dass er sich hingesetzt hatte. »So. Jetzt hast Du es mit uns zu tun.« Er duzte ihn einfach, es war wirklich wie in einem Tatort-Krimi. »Wir werden Dich hier nicht rauslassen, bevor Du uns die ganze Geschichte erzählt hast«, kündigte er an. »Unsere Kollegen haben in deinem Auto gerade eine große Tüte gefunden, und rate mal, was da drin ist.« Er grinste. »Zwei Kilo, nicht schlecht. Bei dem Geruch wahrscheinlich Haze, wohl beste Qualität. Und weißt du, was wir in deinem Navi gefunden haben?«

Hannes M. zuckte die Achseln, es war ihm bereits klar.

»Richtig. Eine Routeneingabe, Ziel Venlo, Niederlande. Dein Navi hat uns auch verraten, dass du die Strecke schon öfter gefahren bist. Du machst das also nicht zum ersten Mal.« Der Ermittler beugte sich vor und fixierte das Häufchen Elend auf dem Stuhl. »Wenn du jetzt nicht auspackst, kriegst du mindestens zehn, wahrscheinlich eher zwölf Jahre Gefängnis.« Der Beamte hob bedeutsam die Augenbrauen und verließ den Raum.

Eine Weile war es still im Vernehmungszimmer. Dann stand der grauhaarige, sympathisch wirkende Polizeibeamte auf, ging zur Kaffeemaschine, nahm eine weiße Tasse und schenkte ein. »Jetzt trink erst mal in Ruhe einen Schluck Kaffee«, sagte er zu Hannes M. und stellte ihm die Tasse hin. »Mein Kollege ist immer so direkt. Aber mal unter uns: Er hat Recht. Je mehr du auspackst, desto weniger Strafe bekommst Du. Wir haben dich ohnehin überführt.« Er setzte sich wieder und zählte die Punkte an einer Hand ab. »Wir haben das Zeug gefunden. Wir haben die Routen aus deinem Navi. Wir wissen, dass du den Stoff aus Holland hast und dass du das öfter machst. Wenn du jetzt den § 31 BtMG ziehst, in dem du alles gestehst, kommst du fast ohne Strafe davon.« Er blickte Hannes M. aufmunternd an. »Das ist wirklich der einzige Weg, den du noch hast.«

Es war wie in einem Krimi. Was sagte der Täter meist in einem solchen Fall? »Ich möchte einen Anwalt sprechen.« Den Satz sagte Hannes M. laut, er war ihm automatisch entschlüpft, dabei hatte er gar keinen Anwalt. Der sympathische Beamte lächelte, zwinkerte ihm zu und ging hinaus.

Hannes M. saß bewegungslos da. Er spürte, wie ihm der Schweiß ausbrach. Kalter Schweiß. Das ist also nicht bloß ein Spruch, stellte er verwundert fest. Kalten Schweiß gibt es wirklich. Er stand auf seiner Stirn, bildete dort kleine Perlen, gleich würden sie sein Gesicht hinunterrinnen, dann würde es so aussehen, als ob er heule. Reiß dich zusammen, Hannes, befahl er sich selbst, vielleicht geht ja alles glimpflich aus. Der Kriminalbeamte, der gerade gegangen war, der war okay. Vielleicht kam er ja zurück, mit dem konnte man reden, der verstand ihn. Der andere war ein Arschloch. Seit mindestens einer Viertelstunde saß er hier schon ganz allein in diesem kahlen Raum. Hier gab es nichts, auf dem sein nervös flackernder Blick ruhen konnte. Ein Tisch, zwei Stühle, ein Fenster zum Parkplatz. Ich will hier raus, schrie er innerlich, komm zurück, ich sage alles, wie du es empfohlen hast. Ich will nicht ins Gefängnis. Und dann weinte er wirklich, und in seinem Kopf kreiste nur noch ein Name: Tim.

Er liebte seinen Sohn. Gleich, wie es Hannes ging, alle 14 Tage stand er bei seiner Ex auf der Matte, holte den Kleinen ab und dann gingen sie auf den Spielplatz. Der arbeitslose

Tischler hatte sogar schon Fahrten nach Holland abgesagt, weil Besuchssamstag war. Tim war sein Ein und Alles. Hannes M. bestand auch darauf, zumindest 100 Euro pro Monat Kindesunterhalt zu zahlen. Sein Sohn sollte später nicht sagen, sein Vater habe sich gedrückt. Und jetzt würde er ihn vielleicht Jahre lang nicht sehen. Das hatte doch der andere Polizist im Baumarkt gesagt.

Tim.

Tim.

Tim.

Das Geräusch einer ruckartig aufgerissenen Tür riss ihn aus seinen Gedanken. Der unsympathische Kriminalbeamte kam herein, schloss die Tür, lehnte sich daneben an die Wand und sagte gelangweilt: »Mein Kollege sagt mir, Du möchtest einen Anwalt haben. Dann ruf ihn doch mal schnell an.« Er hob die rechte Hand ans Ohr und machte eine Geste, als würde er telefonieren. »Dauerbesetzt. So ein Pech.« Hannes M. sah ihn verständnislos an. Er begriff: Die würden ihn nicht telefonieren lassen. Was war das bloß für ein krasses Spiel?

»Aber du sollst eines wissen«, fuhr der Beamte fort. »Wir haben dich schon länger überwacht. Wir wissen, was du gemacht hast. Wir haben auch schon die Aussage von einer weiteren Person, die dich belastet.«

Der Raum begann sich um Hannes M. zu drehen. Wer hatte ihn belastet?

Wieder sprach der Beamte: »Wenn du jetzt nicht auspackst, kannst du dich auf jahrelange Fliesentherapie einstellen. Die werden dich im Knast richtig schön rannehmen. Du Würstchen hast dort keine Chance. Ich sage nur: Duschen mit den anderen!«

Der Mann war wirklich ein Arschloch. Aber seine Worte zeigten Wirkung. Hannes M. war mit den Nerven am Ende. Als der freundliche, ältere Beamte wieder hereinkam und dem anderen mit einem Kopfnicken bedeutete, er möge sie allein lassen, war Hannes M. so dankbar, dass er aufstand und ihm die Hand gab. Von der Tür her vernahm er ein seltsames Geräusch, es klang wie das Gurgeln eines Baches, aber Hannes M. drehte sich gar nicht erst um, sondern setzte sich. Und dann sprudelte es aus ihm nur so heraus.

Er erzählte alles. Wie er von Tom F. angesprochen worden war, ob er ein bisschen Geld verdienen wolle. Wie er im vergangenen Jahr immer wieder in die Niederlande gefahren sei, zweimal im Monat sei das gewesen, insgesamt habe er vielleicht 25 solcher Kurierfahrten unternommen. Was dann mit dem Zeug geschah, wisse er nur aus Erzählungen seines Auftraggebers. Tom würde das Zeug weiter verticken, Hannes' Anteil sei 200 Euro pro Lieferung, dazu 20 Gramm Gras für den Eigengebrauch. Das »Material« sei jedes Mal von allerbester Qualität gewesen, das hätte er beim Konsum gemerkt. Zweieinhalb Stunden erzählte Hannes M. Wenn er ins Stocken geriet, nickte der Beamte aufmunternd: »Gut, dass du dein Gewissen erleichterst. Je mehr du uns jetzt erzählst, desto besser stehst du vor Gericht da. Der Richter honoriert das. Hast du Hunger? Sollen wir dir Currywurst-Pommes holen? Oder willst du eine rauchen?«

Er war wirklich nett. Aber Hannes M. schüttelte den Kopf. Er wollte jetzt alles loswerden. Er redete und redete und redete. Er nannte Namen. Verriet die Adresse von Tom F. und dass dieser schon seit Jahren einen schwunghaften Drogenhandel betreibe. Dann sah er den Beamten hoffnungsvoll an.

»Darf ich jetzt gehen?« Bedauernd schüttelte der andere den Kopf. »Wir werden dich morgen dem Haftrichter vorführen. Der sagt dann, was weiter geschieht. Aber das wird schon. Du hast ja das Richtige getan.«

Die Nacht verbrachte Hannes M. in einer Zelle. Nach seinem Geständnis schlief er erschöpft ein. Er war froh, dass er alles gesagt hatte. Nie wieder würde er solchen Blödsinn anstellen. Schon allein Tim zuliebe. Was hatte er sich nur dabei gedacht? Nein, jetzt würde er ein neues Leben anfangen. Er werde mit der Justiz kooperieren, und dann würde dieser Albtraum vorbei sein.

Am nächsten Tag wurde Hannes M. dem Haftrichter vorgeführt.

»Man hat mir gesagt, dass ich nach Hause gehen darf, wenn ich auspacke«, sagte der Beschuldigte.

»Das entscheidet nicht die Polizei«, entgegnete der Richter knapp, »sondern ich.«

Hannes M. kam in Untersuchungshaft. Aus einem Zeitungsartikel kannte er den Namen meiner Kanzlei, und ich übernahm den Fall. Doch ich konnte nicht mehr viel machen: Hannes M. hatte sich um Kopf und Kragen geredet. Die Staatsanwaltschaft erhob Anklage gegen Hannes M. und seinen Auftraggeber, der ebenso verhaftet worden war, zum Landgericht. Dies bedeutete: Es lag eine Straferwartung von mindestens vier Jahren Freiheitsstrafe vor.

Hätte Hannes geschwiegen, wäre von der ganzen Sache der Diebstahl eines Hammers im Wert von 7,95 Euro geblieben. Dafür gibt es eine Geldstrafe, das Strafverfahren wäre wohl wegen Geringfügigkeit eingestellt worden, weil Hannes

M. nicht vorbestraft war. Das in seinem Auto gefundene Marihuana hätte nicht als Beweismittel berücksichtigt werden dürfen: Sein Wagen war ohne Durchsuchungsbeschluss gefilzt worden. Gefahr in Verzug, wie die Beamten behauptet hatten, lag nicht vor. Selbst, wenn ein Gericht diese juristische Frage anders entscheiden würde, wäre Hannes M. nur für den Besitz und den Handel mit zwei Kilogramm Marihuana verurteilt worden. Die Einfuhr aus den Niederlanden ließ sich allein durch die Routen im Navigationssystem nicht sicher beweisen. Hannes M. wäre, wenn er geschwiegen hätte, mit hoher Wahrscheinlichkeit mit einer Anklage zum Amtsgericht und einer Bewährungsstrafe davongekommen.

Als die vorsitzende Richterin das landgerichtliche Urteil verkündete, musste Hannes M. sich auf dem Tisch abstützen. »Sie haben alles richtig gemacht«, begann sie. »Sie haben sich selbst und andere belastet. Nur deshalb können wir Sie in diesem großen Umfang verurteilen. Gegen Ihren Auftraggeber Tom F. hätten wir gar nichts in der Hand gehabt.« Sie lächelte meinen Mandanten an. »Und deshalb kommen wir Ihnen bei der Strafe sehr entgegen. Sie haben einen dicken § 31 BtMG, das heißt, Sie haben Taten aufgeklärt, die ohne ihre Angaben nicht nachweisbar gewesen wären. Vielen Dank für Ihr Mitwirken.«

Das Strafmaß für Hannes M.: vier Jahre und neun Monate. Der mitangeklagte Tom F. erhielt fünf Jahre und sechs Monate. Der Polizist im Baumarkt hatte beinahe recht gehabt: Hannes M. würde seinen Sohn Tim erst wiedersehen, wenn er kurz vor der Entlassung aus der Grundschule stand. Als Wachtmeister Hannes aus dem Gerichtssaal abführten, schrie Tom ihm hinterher: »Du dreckiger Verräter! Hättest du bloß nicht wie ein Kanarienvogel gesungen …« Den Rest hörte mein Mandant nicht mehr. Dafür vernahm er direkt neben sich ein Geräusch, das ihm bekannt vorkam: einen Ton wie das Gurgeln eines Baches. Es kam von einem der Wachtmeister, die ihn in seine Zelle begleiteten, dasselbe Geräusch, das der unfreundliche Kriminalbeamte von sich gegeben hatte, als er damals den Vernehmungsraum verließ. Ein unterdrücktes Lachen.

SCHREIEND UNGERECHT

Bluffen im Vernehmungsraum

Wie oft hatte ich schon Mandanten vor mir sitzen, die sich bereits bei der Polizei um Kopf und Kragen geredet hatten. »Ich weiß, Herr Anwalt«, höre ich dann, »hätte ich mal nur die Schnauze gehalten.« Und oft noch: »Aber die Polizei hat mir nicht gesagt, dass ich schweigen darf. Im Gegenteil, dort hieß es, ich soll auspacken, sonst würde alles noch viel schlimmer.«

Mein Eindruck: In vielen Strafverfahren wird der Beschuldigte nur überführt, weil er selbst Angaben zu dem Tatgeschehen gemacht hat. Keiner hat ihm gesagt, dass er das Recht hat zu schweigen und einen Anwalt befragen darf. Gerade Ersttäter werden von Polizeibeamten trickreich dazu gebracht, alles zu erzählen. Viel schlimmer noch: Beschuldigte werden nicht nur nicht über bestehende Rechte informiert, ihnen werden diese regelrecht verweigert. Dass etwa ein Polizeibeamter – wie im Fall

Hannes M. – den gewünschten Anruf beim Anwalt unterbindet, ist keine Seltenheit.

Es gibt einen rechtsstaatlichen Grundsatz: Kein Beschuldigter muss zu seiner eigenen Überführung beitragen. Polizeibeamte wie im Fall Hannes M. verkehren diesen Grundsatz ins Gegenteil.

Nun mögen Sie als Leser vielleicht einwenden, dass es nur gerecht sei, wenn ein Beschuldigter tatsächlich begangene Straftaten auch zugibt. Das ist es aber nicht, wenn dies unter Missachtung der bewusst in unser Gesetzbuch aufgenommenen Vorschriften passiert. Ich möchte keine Vergleiche mit dem Dritten Reich bemühen, wo Geständnisse mittels Pistole an der Schläfe erzwungen wurden. Aber die Beschuldigtenrechte sind in einem rechtsstaatlichen Strafverfahren unverzichtbar. Nicht umsonst erkennt unsere Rechtsprechung an: Es gibt keine Wahrheitsfindung um jeden Preis. Schuldig ist jemand nicht bereits dann, wenn er eine Straftat begangen hat, sondern es muss etwas hinzukommen – nämlich, dass man ihm diese Tat unter Einhaltung der Rechtsvorschriften nachweisen kann.

Mein Mandant Hannes M. versicherte mir glaubhaft, dass er weder über seine Rechte informiert worden war noch einen Anruf tätigen durfte. Im Gerichtssaal jedoch erklärten die Polizeibeamten im Zeugenstand anderes: Selbstverständlich habe es eine umfassende Belehrung über die Rechte des Beschuldigten gegeben. Man habe ihm sogar das örtliche Telefonbuch hingelegt, in dem die dort ansässigen Anwälte gelistet seien. Er hätte einfach nur anrufen müssen. Er habe dies aber abgelehnt. Er habe lieber eine Aussage machen, sein Gewissen erleichtern wollen, es habe ihm offensichtlich gut getan zu reden.

Die Richterin reagierte, wie Richter in solchen Fällen fast jedes Mal reagieren: »Aber Herr Verteidiger, warum sollte denn der Polizeibeamte hier die Unwahrheit sagen? Er hat doch überhaupt kein Interesse an dem Ausgang des Strafverfahrens.«

Das was jetzt kommt, wird vielen Polizeibeamten nicht gefallen – aber ich habe da einen ganz anderen Eindruck. Nicht wenige Ermittler nehmen bestimmte Fälle persönlich und steigern sich in einen regelrechten Überführungswahn hinein. Wenn sie sich dabei immer im Rahmen der gegebenen Vorschriften bewegten, wäre ich der Letzte, der das kritisieren würde. Die Realität hat damit aber leider kaum etwas zu tun. Angetrieben von Ego und Geltungsgier begehen Beamte nicht selten auch Straftaten, wie etwa eine Falschaussage vor Gericht. »Sie spielen grob Foul!«, würde man im Fußball sagen. Und um dabei zu bleiben: Für grobes Foulspiel gibt es im Fußball die rote Karte. In deutschen Strafverfahren bleiben solche Taten von Polizeibeamten aber fast immer ungesühnt. Ich kann das so sicher behaupten, weil ich auch einige Polizisten anwaltlich beraten habe. Mehrere von ihnen haben mir meinen ursprünglichen Verdacht als zutreffend bestätigt.

Wie es gerechter wäre

Videoaufnahmen von jeder einzelnen Beschuldigtenvernehmung wären ein zielführendes Instrument – und gleichzeitig ein Garaus für jede mögliche, behördliche Schwindelei. So könnte in einem späteren Gerichtsverfahren einfach geklärt werden, ob und in welchem Umfang der Beschuldigte tatsächlich durch Polizeibeamte über die ihm zustehenden Rechte belehrt worden ist.

Diese Maßnahme hätte einen weiteren Vorteil. Bisher werden Beschuldigten-Protokolle bei der Polizei mit nahezu steinzeitlichen Mitteln angefertigt. Die Aussage des Beschuldigten wird häufig gar nicht im Wortlaut aufgenommen. Der Polizeibeamte schreibt lediglich aus seiner Erinnerung auf, was der Beschuldigte sinngemäß gesagt hat. Ein Skandal, kommt es doch oft auf Kleinigkeiten an. Berücksichtigt man den vorhin erwähnten »Überführungseifer« mancher Polizeibeamten, werden hier durchaus für den Beschuldigten schädliche Wendungen aufgenommen, die er in dieser Form gar nicht äußerte, sondern die vom Beamten stammen.

Jeder Beschuldigte wird angehalten, dieses Protokoll zu unterschreiben und damit zu bestätigen, dass das Festgehaltene auch stimmt. Doch nach stundenlangen Verhören ist der Betroffene oft am Ende seiner Kräfte und unterschreibt blind alles, was man ihm vorlegt. Anhand einer Videoaufzeichnung ließe sich ein Protokoll erstellen, das den Wortlaut der Vernehmung wiedergibt und eine ebenso genaue Überprüfung des Verhaltens von Polizeibeamten ermöglicht. Wer – wie die Polizei – Straftaten durch Videoüberwachung aufklärt und diese Praxis möglichst immer weiter ausweiten möchte, der kann eigentlich nichts dagegen haben, wenn Selbiges bei Beschuldigtenvernehmungen praktiziert wird.

Zweite nötige Maßnahme: Bei schwerwiegenden Vorwürfen darf ein Beschuldigter nicht ohne anwaltlichen Beistand vernommen werden. »Schwerwiegend« sind für mich Vorwürfe von Straftaten, für die eine Straferwartung von mindestens einem Jahr Freiheitsstrafe besteht.

In der Rechtsprechung besteht Einigkeit, dass, sobald es nach einem Ermittlungsverfahren zur Anklage kommt, ein Anwalt den Beschuldigten genau ab dieser Mindeststraferwartung von einem Jahr vor Gericht vertreten muss. Dies geschieht zum Schutze des Beschuldigten. Erstaunlich: Eine solche anwaltliche Anwesenheitspflicht wird in einem früheren Stadium, nämlich bei der polizeilichen Vernehmung, als nicht notwendig erachtet. Dabei ist die Schutzbedürftigkeit eines Beschuldigten zu Beginn eines Strafverfahrens, insbesondere bei seiner ersten Beschuldigtenvernehmung, weit höher als im späteren Gerichtsverfahren. Denn zu diesem Zeitpunkt wird der Betroffene oftmals seine ihm zustehenden Rechte noch nicht kennen.

Was die Rechtsprechung hier macht, ist für mich widersprüchlich und führt dazu, dass der »dumme« Ersttäter, der oft noch gar keine verfestigte kriminelle Energie hat, schlechter dasteht, als der justizerfahrene, »schlaue« Serientäter.

Was, wenn ich betroffen bin?

Auch wenn es platt klingt: Reden ist Silber, Schweigen ist Gold.

Egal, ob Sie schuldig oder unschuldig sind: Schweigen Sie in ihrer ersten polizeilichen Vernehmung unbedingt. Bestehen Sie außerdem darauf, vor einer Vernehmung mit einem Anwalt ihres Vertrauens sprechen zu dürfen. Warum? Nur über den Anwalt erhalten Sie Akteneinsicht und Informationen darüber, was Ihnen im Detail vorgeworfen wird und wie die Beweislage aussieht. Was Zeugen bisher ausgesagt haben. Ob es eine Überwachung Ihres Telefons oder des Innenraums Ihres Autos durch die Strafverfolger gegeben oder gar ein möglicher Mitbeschuldigter Sie belastet hat. Außerdem wird ein professioneller Verteidiger Ihnen immer in dieser Situation zum Schweigen raten und Sie damit vor irreparablem Schaden bewahren.

Aber warum schweigen, wenn Sie doch unschuldig sind? Denken Sie an das Zustandekommen des Protokolls über Ihre polizeiliche Vernehmung. Möglicherweise wird Ihnen das Wort im

Munde umgedreht, und am Ende steht da etwas ganz anderes, als Sie gesagt haben. Auch fügen Sie sich unter Umständen durch die Schilderung wahrheitsgemäßer Umstände selbst Schaden zu: Sagt ein Zeuge nämlich etwas anderes als Sie, wird ihm in der Regel eher geglaubt – selbst, wenn er lügt. Sie als Beschuldigter gelten sofort als verdächtig. Obwohl Sie doch die Wahrheit gesagt haben.

Prägen Sie sich deshalb ein: Schweigen ist zu Beginn des Strafverfahrens Gold. Immer. Es ist nicht zu spät, nach Studium der Akten und Beratung mit dem Verteidiger doch noch eine Aussage zu machen. Die meisten Beschuldigten glauben jedoch an das Motto: Wer schweigt, hat etwas zu verbergen. Dabei ist Schweigen nur ihr gutes Recht.

KAPITEL 7

Verzögerung ist Täters Liebling

Das Leben schreibt mitunter die besten Drehbücher. Leider fühlen sich die Protagonisten manchmal wie im falschen Film. Catrin, einer 49-jährigen Hausfrau und Mutter, kommt es so vor. Der »falsche Film« hat vor über vier Jahren begonnen, und wenn Catrin an alles zurückdenkt, sieht sie die Ereignisse tatsächlich in einzelnen Szenen an sich vorüberziehen.

Irgendwo in Deutschland. Catrin ist in der ersten Szene 44 Jahre alt, ihr Sohn Jonas elf, ihr Ehemann, der Landwirt Eduard, 46. Ihr schmuckes Bauernhaus mit den Blumen an den Fenstern wirkt wie aus einem Werbespot für heile Familienwelten. Hühner laufen über den Hof, ein Traktor fährt von links ins Bild, darauf der Bauer Eduard W. Er winkt jemandem zu, der Traktor hält, behänd springt der Bauer herunter und wirft sich in Positur. Erst jetzt sehen wir, dass die Szene von einem Kamerateam festgehalten wurde: eine Reporterin, ein Kameramann, ein Ton-Techniker, der ein Mikrofon an einer langen Stange hochhält. Die Reporterin beginnt Eduard zu interviewen, und wir treten näher, um zuzuhören.

EDUARD (schwungvoll): »… da hatten wir die Hallen da hinten noch nicht. Es gab nur das Haus, die Scheune und die Felder. Die Hallen haben wir in den letzten Jahren, eine nach der anderen, dazu gebaut.«

REPORTERIN: »Aber wie sind Sie ursprünglich auf die Idee gekommen, auf Bio-Landwirtschaft umzustellen?«

EDUARD: »Das habe ich ziemlich früh begriffen. Schon in den Neunziger Jahren wollte ich das machen, ich musste aber warten, bis ich den Hof übernehmen konnte.«

REPORTERIN (anerkennend): »Und heute haben Sie den größten Biobauernhof im Landkreis. Ihre Rinder und Schweine sind der Verkaufsschlager an den Fleischtheken …«

EDUARD: »Ja, und wir haben mittlerweile auch Gänse. Hühner gab es auf dem Hof schon immer. Die Leute aus der Gegend vertrauen uns halt. Ihnen ist es wichtig, dass das Fleisch ein Bio-Produkt ist. Dass die Tiere nicht lange unterwegs zum Schlachthof waren und keinen Stress hatten.«

REPORTERIN: »Denken Sie an eine weitere Expansion?«

EDUARD: (lacht) »Mal schauen. Ich bin ja nicht der Napoleon der Biobauernhöfe. Ich glaube, jetzt haben wir eine schöne Größe erreicht. Ich kann meiner Familie etwas bieten und meine Leute gut bezahlen. Das ist doch schon was.«

REPORTERIN: »Hat man da noch Zeit für die Familie? Sie müssen bestimmt Tag und Nacht arbeiten. Sie haben einen Sohn … Wird er eines Tages den Hof übernehmen?«

EDUARD (lacht): »Der Jonas ist jetzt elf. Der wünscht sich nur ein Handy und einen Computer. Aber ich glaube, Kinder sollten solange wie möglich mit diesem technischen Zeugs warten. Ob er den Hof irgendwann übernimmt? Ja, das hoffe ich natürlich, aber bis dahin haben wir ja noch viel Zeit. Er soll es nur tun, wenn es ihm Spaß macht, so wie mir auch.«

REPORTERIN: »Gibt es eigentlich noch etwas, das Ihnen fehlt zum Glück?«

EDUARD (grinst schelmisch): »Nein, ich tät' sagen, seit diesem Jahr hab' ich alles, was ein Mann zum Glück braucht.« (zwinkert in die Kamera des Teams)

Catrin beobachtet die Szene von der Haustür aus. Aufmerksamkeit, Ruhm, Bewunderung – ihr Mann ist in seinem Element. Nachdem das Fernsehteam abgefahren ist, geht Eduard in den Stall hinüber. Catrin folgt ihm.

»Ich wollte mit dir wegen Jonas reden. Du weißt schon.«

Eduards sonnige Laune ist sofort verflogen. Er hantiert an der Melkmaschine und sagt unwirsch: »Da gibt's nichts zu reden. Ich hab Nein gesagt und aus.«

Doch seine Frau will nicht so schnell aufgeben: »Er ist der Einzige in der ganzen Schule, der kein Handy hat. Die anderen machen sich über ihn lustig. Gestern hat ein Mitschüler in der Geschichtsstunde gesagt ›Machen wir doch eine Exkursion zu Jonas' Bauernhof, die leben dort ja auch noch in der Steinzeit!‹ Alle haben gelacht, sogar der Lehrer.«

Eduard W. blickt kurz auf. »Da muss er durch. Da lernt er Standhaftigkeit. Und wenn ich den neuen Sportplatz sponsere, wird der Lehrer den Mund halten.«

»Sei doch nicht so hart zu Jonas. Es genügt, wenn du zu mir hart bist.«

»Wer zahlt, bestimmt. Also ich. Und ich habe es viermal gesagt. Jetzt sage ich es ein fünftes Mal: Der Bub bleibt technikfrei, solange es geht. Kein Handy. Kein Tablet. Kein Computer. Kein Dingsda. Er kriegt eh genug zum Geburtstag. Und jetzt stör' mich nicht. Ich muss das hier fertig bringen, ich muss nachher noch weg.«

»Du bleibst nicht zum Essen? Aber der Jonas hat sich schon gefreut.«

»Ich muss eine Journalistin treffen, es geht um eine große Story über den Hof.«

»Noch eine Story? Und warum muss das am Abend sein? Lad' sie doch tagsüber ein. Dann kann sie sich alles anschauen.«

»Hat sie schon.«

»Ah, die von gerade eben? Die war doch eh stundenlang da. Was will die denn noch mehr von dir wissen?«

Eduard zuckt die Achseln. »Was weiß ich. Aber da kann ich nicht einfach Nein sagen. Jetzt lass mich. Je eher ich hier fertig werde, desto früher bin ich nachher wieder zurück.«

Als Catrin W. Stunden später allein im Ehebett liegt – Eduard ist noch immer nicht zurück – überlegt sie zum ersten Mal, ob er sie vielleicht betrügt. Sie haben sich schon lange auseinandergelebt, eigentlich hält nur Jonas sie noch zusammen, aber selbst über ihn sind sie sich nicht einig. Sie blickt auf den Radiowecker. Halb eins. Heute würden sie nicht mehr reden können. Catrin schaltet das Licht aus und zieht die Decke über ihren Kopf. Doch wie so oft in letzter Zeit kann sie nicht schlafen.

Vier Monate später. In der Stadt.

Catrin steht mit ihrem Sohn Jonas vor dem Eingang einer Großstadtschule. Es ist sein dritter Schultag, und bisher scheint alles gut gegangen zu sein. Stolz betrachtet sie ihren Sohn, der alles so tapfer durchgestanden hat: die überraschende Ansage seines Vaters, dass er so bald wie möglich die Scheidung wolle. Die neue Freundin, die Eduard präsentierte wie einen Ferrari, ist 20 Jahre jünger als er und – Catrin hat es ja geahnt – Journalistin von Beruf. Genau die Reporterin, die die TV-Dokumentation über den Bio-Hof produziert hat. Wie Jonas sofort gesagt hat, dass er bei Mama bleiben würde, und der Vater schmerzhaft schnell zustimmte. Den Umzug in die Stadt, die neue Wohnung, der Lärm, die neue Schule. Jonas hat ein sonniges Gemüt, sein Glas ist immer halbvoll, und als Catrin ihm zu Schulbeginn vor zwei Tagen ein nagelneues

Handy überreichte, lachte er und rief: »He, mein neues Leben beginnt ja ganz gut.« Sein Vater hat es bezahlt, ihn plagte wohl das schlechte Gewissen.

Jetzt stehen sie auf dem Schulhof, und Catrin beobachtet glücklich, wie zwei Jungen rufen: »He, Jonas, komm gleich mit, ich brauch noch deine Nummer!«. Und wie ihr Sohn ihnen folgt, während er ihr lässig zuwinkt. Für Jonas ist die Trennung seiner Eltern tatsächlich einigermaßen leicht zu verkraften. Ihn zog es ohnehin in die Stadt mit ihren Kinos, Einkaufsstraßen und der Anonymität, die ihm gut tut. Hier weiß niemand, was sein Vater macht, Jonas hat es niemandem erzählt, und den anderen ist es auch egal. Mit seinem Rucksack, dem Kapuzenshirt und seinem größten Schatz – dem Smartphone – ist er ein ganz normaler Schüler wie alle anderen auch. Und als er Ende November seinen zwölften Geburtstag feiert und in der großen Geschenkbox einen Computer erblickt, ist er überzeugt, der glücklichste Junge der Welt zu sein.

Im Frühling des folgenden Jahres

Catrin hat sich damit abgefunden, dass ihre Ehe vorbei ist. Eduard zeigt sich großzügig, zahlt nicht nur für Jonas Unterhalt, sondern auch für sie, denn er findet, dass der Junge seine Mutter braucht. So muss Catrin nicht arbeiten gehen. Fast ein Jahr nach der Trennung lässt sie auch endlich die Gefühle zu, die sie so lange unterdrückt hat: den Widerwillen gegen den Ausbau des Bauernhofs zum Bio-Imperium. Die Entfremdung von ihrem Mann, der nur noch vor Fremden der charmante Lauser war, in den sie sich mit 17 verliebt und für den sie auf eine weitere Ausbildung verzichtet hatte. Die Frage, was aus ihr noch werden soll, ob sie noch etwas anderes sein kann außer Mutter. Zum ersten Mal seit langer Zeit hat Catrin die Hoffnung, dass sie im Leben noch etwas erwartet. Jetzt, wo Jonas zwölf ist und auch mal einen Abend alleine verbringen kann, wagt sie es ab und zu, mit ihrer Schwester auszugehen, die in derselben Stadt wohnt. Wenn sie spätabends nach Hause kommt, sitzt ihr Sohn vor dem Computer. »Chatten mit Freunden«, erklärte er, wenn sie fragt. Oder: »Hausaufgaben recherchieren«. Manchmal auch: »Schachprogramm«. Catrin nickt in diesen Situationen, sie kennt sich mit Computern nicht aus, die digitale Welt interessiert sie nicht – das Einzige, was sie mit ihrem Ex-Partner gemeinsam hat.

Jonas hingegen ist innerhalb von ein paar Wochen zum »digital native« avanciert – ein Vertreter jener Generation, die mit Touch-Displays aufwächst und das englische »cookie« nicht etwa mit »Keks« übersetzt, sondern mit »lästiges Zeug, das man immer wegklicken muss«.

»Hast du nicht manchmal Sorge, dass er irgendwelche schädlichen Sachen macht im Internet?«, fragt Catrins Schwester einmal, »man hört doch immer wieder davon, dass die jungen Leute sich gegenseitig zu Blödheiten anstacheln. Oder dass sie Sachen auf den Namen der Eltern bestellen. Oder Raubkopien von Filmen ansehen, und du musst dann Strafe zahlen …«

Catrin lacht nur. »Jonas ist vernünftig, der macht schon keinen Blödsinn.« Dann wird sie ernst. »Weißt du, ich will ihn nicht kontrollieren, er hat eh schon genug mitgemacht und sich wirklich bewährt in letzter Zeit, da will ich ihm auch ein bisschen vertrauen. Außerdem kann er mir viel erzählen, ich wüsste nicht einmal, wie ich kontrollieren sollte, ob er die Wahrheit sagt.«

Im Sommer desselben Jahres

Jonas ist glücklich. Er hat Freunde. Seine Mutter liest ihm jeden Wunsch von den Augen ab. In der Schule kommt er gut voran. Mit der neuen Frisur sieht er ziemlich cool aus. Und jetzt schreibt ihm auch noch diese tolle Blonde, auf die er neulich in einem Chat gestoßen ist.

**Hot&Sweet13: Was ich letztes Mal noch sagen wollte: cooles Profilbild. Du gefällst mir …*
Jonas wird heiß, unruhig rutscht er auf seinem Stuhl hin und her. Wahnsinn. Jetzt nur ja cool bleiben.
**JonSnow12: Danke. Dein Foto ist auch cool.*
**Hot&Sweet13: Bist du wirklich 12?*
**JonSnow12: Na ja …*
**JonSnow12: Ich werde bald 13*
**Hot&Sweet13: Wann denn?*
**Hot&Sweet13: Sei ehrlich! Dann schicke ich dir auch ein Ganzkörperfoto von mir …*
**JonSnow12: Ok erst im November*
**Hot&Sweet13: Dann bist du jünger als ich. Süß.*
Hot&Sweet13: Ich bin selber gerade erst 13 geworden *Torten-Emoji* *Luftballon-Emoji
**JonSnow12: Ich steh auf Ältere, haha*
**Hot&Sweet13: Du bist echt süß. Wie geht deine E-Mail-Adresse? Dann schicke ich dir das Foto*
**JonSnow12: jonas_w@xxx.de*
Hot&Sweet13: *Küsschen-Emoji

Jonas öffnet seinen E-Mail-Account und wartet aufgeregt auf das vertraute »Ping«, das den Eingang einer Nachricht anzeigt. Mehrere Minuten geschieht gar nichts, er denkt bereits, »Hot&Sweet13« hätte ihn verarscht. Doch plötzlich – ping! – kommt die erhoffte E-Mail. Jonas klickt auf die Nachricht, öffnet den Anhang und erblickt das hübscheste Mädchen, das er je gesehen hat. Schlank, mit langem blondem Haar, großen grünen Augen und einem frechen Lächeln. Jonas lässt seinen Blick über ihren Körper gleiten. Unter dem bauchfreien Top zeichnen sich Brüste ab. Er klickt auf das Chatfenster und beginnt fieberhaft zu tippen.

**JonSnow12: Wow!*
**JonSnow12: Soll ich dir auch ein Foto von mir schicken?*
Hot&Sweet13: Klar. Lass sehen. *Küsschen-Emoji
**Hot&Sweet13: Meine Email ist hot.laura@xxx.de*

Laura. Cooler Name. Eine Traumfrau. Jonas steht auf, nimmt sein Handy und macht ein paar Selfies in verschiedenen lässigen Posen. Dann schickt er das seiner Meinung nach beste Bild via E-Mail an hot.laura@xxx.de.

Hot&Sweet13: Du siehst ja gut aus. Coole Figur *Herzchen-Emoji
**Hot&Sweet13: Hast du noch mehr Fotos von dir?*

Jonas schluckt aufgeregt. Dann bemerkt er, dass seine Zimmertür offen steht. Aus dem Wohnzimmer hört er Stimmen und Gelächter, seine Tante ist zu Besuch. Er schließt die Tür, dreht von innen den Schlüssel um und widmet sich wieder seiner unbekannten Traumfrau.

Im Oktober desselben Jahres

Catrin hantiert summend in der Küche. Aus dem Backofen duftet es, der Kuchen wird bald fertig sein. Sie ist früh aufgestanden, um alles vorzubereiten. Am Nachmittag möchte ihr neuer Freund Ludger zum Kaffee kommen. Jonas hat versprochen, sich von seiner besten Seite zu zeigen. Das Leben kommt Catrin einfach wunderbar vor. Nicht einmal die Ankündigung ihres Ex-Mannes, nach Abschluss des Scheidungsverfahrens noch einmal heiraten zu wollen, stört sie. Ihr Leben auf dem Land mit Eduard erscheint ihr bereits wie ein lang verblasster Traum. Nanu, denkt sie, als es an der Tür klingelt. Ein Paket? Es klingelt erneut, gleich darauf klopft jemand mehrmals laut an die Tür.

»Ich komme ja«, ruft Catrin, du meine Güte, was für ein ungeduldiger Paketbote.

Vor der Tür stehen zwei Fremde. Ein Mann in Lederjacke, eine Frau im Anorak. In kühlem, geschäftsmäßigem Tonfall sagt sie: »Guten Morgen. L., Kriminalpolizei. Mein Kollege, Herr M.« Catrin schaut in Richtung des Herrn, der fragt: »Sind Sie die Erziehungsberechtigte von Jonas W.?«

Catrin nickt verblüfft, ein paar Sekunden stehen die drei wortlos im Flur. Dann zücken die Beamten Ausweise, der Mann fragt höflich: »Dürfen wir hereinkommen?«

Sie tritt beiseite und bittet die beiden hinein.

»Mein Sohn schläft noch«, sagt sie – und fügt fast entschuldigend hinzu: »Er hat Ferien.«

Der Mann lässt seinen Blick an ihr vorbei durch die Wohnung wandern. »Gut, wir würden eh gern erst mal alleine mit Ihnen reden.«

Catrin lacht nervös. »Jetzt machen Sie mir Angst. Hat er etwas angestellt?«

»Nein, Frau W.«, sagt der Beamte und nimmt am Esstisch Platz. »Wir glauben vielmehr, dass Ihr Sohn Opfer eines Kriminellen geworden ist.«

Catrin starrt ihn an. Hat jemand Jonas ausgeraubt, ihm das Handy weggenommen, das Taschengeld? Nein, das hätte er ihr doch sofort erzählt.

Die Beamtin räuspert sich. »Frau W., wir glauben, dass Ihr Sohn Geschädigter eines Internetnutzers ist, der pädophile Neigungen hat und im Netz nach jungen Opfern sucht.«

Catrin schaut sie verständnislos an. »Was?«

»Ihr Sohn ist das Opfer eines Pädophilen geworden«, sagt die Beamtin langsam und deutlich. »Nicht auf der Straße, aber im Internet. Jonas kommt als Zeuge in Frage. Wir würden ihn gerne befragen. Aber Sie als Alleinerziehungsberechtigte müssen einverstanden sein.«

Catrin nickt wie in Trance. Dann endlich kommt die Botschaft in ihrem Gehirn an, und sie beginnt haltlos zu weinen. Die Beamten warten geduldig, bis sie sich beruhigt hat. »Ich – ich gehe ihn jetzt aufwecken, ja?«, fragt Catrin schwach und wischt sich auf dem Weg zu Jonas' Zimmer die Tränen an ihrer Küchenschürze ab.

Als Jonas schlaftrunken im Pyjama ins Wohnzimmer kommt, hat sich seine Mutter bereits gefasst. Ihr Sohn braucht sie jetzt. Egal, was geschehen ist, beschließt Catrin, sie würde ihm keine Vorwürfe machen, sondern ihn unterstützen. Sie setzt sich neben Jonas und nimmt seine Hand. Daran, dass er sie nicht peinlich berührt wegschubst, merkt sie, wie verängstigt er ist.

Der Beamte sieht ihn freundlich an: »Sag, Jonas, hast du mal in einem Chatportal mit einer ‚Hot&Sweet13′ geschrieben?«

Der Junge überlegt, will schon den Kopf schütteln, da fallen ihm seine Konversationen vom Sommer wieder ein. Die Sache ist schnell eingeschlafen, was er schade fand. Aufregend ist es trotzdem gewesen.

»Ich weiß schon«, sagt er, »das ging aber nur ein paar Mal hin und her. Irgendwann hab′ ich nichts mehr von Laura gehört. Warum wollen Sie das wissen?«

Der Beamte ignoriert die Frage. »Was habt ihr euch da so geschrieben? Oder geschickt?«

Jonas setzt an zu sprechen, bricht dann ab und wird blutrot. »Ah …« Er wirft einen Seitenblick auf seine Mutter, die aufmunternd seine Hand drückt. »Also, das waren Fotos …«

Der Beamte nickt. »Und sonst?«

»Na ja, und Videos …« Jonas' Stimme versagt, er scheint auf seinem Stuhl richtiggehend zusammenzuschrumpfen.

Catrin schwant etwas. Ihr Sohn ist dabei, erwachsen zu werden, keine Frage. Sie legt ihm den Arm um die Schulter. »Alles gut, Jonas«, sagt sie. »Ich hab' dich als Baby gewickelt, vor mir braucht dir überhaupt gar nichts peinlich sein.«

Jonas muss grinsen, dann blinzelt er die Kriminalbeamten verlegen an. »Laura wollte, dass ich ihr … also, dass ich ihr ein Video schicke, wo ich … und dafür wollte sie mir eins schicken, wo sie das Gleiche …«

Catrin schließt die Augen. Ach du liebe Güte, und sie hat gedacht, ihr kleiner Liebling würde nur harmlose Unterhaltungen führen. Da hat ihre Schwester wohl recht gehabt: Sie hätte besser aufpassen müssen. Aber war denn so was gleich kriminell? »Also, das ist zwar peinlich, aber da ist doch nichts Verbotenes dran?«, fragt sie laut.

Die Beamtin nickt. »Wenn es sich bei dieser Laura tatsächlich um ein junges Mädchen gehandelt hätte, ja.«

»Was heißt, wenn es sich ... Wer soll das denn gewesen sein?«

»Ein erwachsener Mann von 57 Jahren, mit wahrem Namen Karl N., ...«

»Wie bitte?«

»... der sich im Internet als Teenagermädchen ausgibt. Er verführt junge Knaben dazu, sich bei ..., also bei intimen Handlungen selbst zu filmen und ihm diese Videos zu schicken. Und diese Aufnahmen stellte der Täter anschließend bei Pornoseiten ein.«

»Das war ein Mann?«, fragt Jonas verblüfft.

»Oh Gott«, sagt Catrin.

Jonas sei nicht das einzige Opfer dieses Pädophilen, erklären die Beamten. Anhand seiner E-Mail-Adresse, die Jonas unter der richtigen Angabe seiner Personalien beim Provider eingerichtete hat, hätten sie ihn jedoch als einzigen identifizieren können. Der Betreiber einer Pornoseite hatte die Videos vom Netz genommen und Anzeige erstattet. Und der Mann, der die Videos mutmaßlich hochgeladen hatte, konnte anhand seiner IP-Adresse ausfindig gemacht werden.

Und nun erzählt Jonas die ganze Geschichte: Er hat in einem Chat die angebliche Laura kennengelernt, die ihm ein Foto von sich schickte. Er hatte keine Zweifel daran, dass es sich bei dem hübschen blonden Mädchen um dieselbe Person handelte, die ihm geschrieben hatte. Er meinte, sogar ein bisschen verknallt zu sein. Und als sie ihn bat, ihr ein Foto von seinem Penis zu schicken, tat er das. Sie schickte ein Foto von einer Mädchenhand zurück, die sich gerade den Mittelfinger in die Vagina steckt. Jonas gibt auch zu, abends, wenn seine Mutter aus war, schon ein paar Mal heimlich Pornovideos angesehen zu haben. Gegenüber dieser Laura fühlte er sich nun selbst wie der Held eines solchen Clips. Jonas kam sich sehr erwachsen vor, und als »Hot&Sweet13« ihn als nächstes bat, ihr doch ein Video davon zu schicken, wie er es sich selbst besorgte, tat er auch das.

Es wurde kein langer Clip, nur 48 Sekunden, dazu war das alles viel zu aufregend. Aber die angebliche Laura schickte eine Aufnahme zurück, auf der sich ein Mädchen hell stöhnend selbst befriedigt. Man sah nur ihren Unterleib und eine Hand, aber Jonas war begeistert. Er hoffte, dass sie sich als nächstes im echten Leben begegnen würden. Doch Laura meldete sich nicht mehr, und seine drängenden E-Mails – »Wo bist du? Können wir uns treffen?« – blieben unbeantwortet. Jonas war erst enttäuscht, dann aber stolz: Er war erst zwölf und hatte schon fast richtigen Sex gehabt.

Und nun soll das alles nur ein Trick gewesen sein. Sein so intimes, so persönliches Video hat gar kein Mädchen gesehen, sondern wahrscheinlich eine ganze Reihe pädophiler Schweine: Jonas' Clip, der auf einer Pornoseite gelandet war, trug dort den Titel: »12-jähriger besorgt es sich geil vor der Cam«. Der mutmaßliche Täter hat offenbar noch weitere Jugendliche dazu gebracht, ähnliche Aufnahmen von sich zu schicken. Die Polizei fand auf seinem Rechner Videos mit Titeln wie »Kleiner, geiler Junge kann es nicht mehr erwarten« oder »Frühreifer Knabe wichst sich in dreißig Sekunden zum Höhepunkt«.

Als Jonas das hört, möchte er im Erdboden versinken.

Doch seine Mutter hält eisern seine Hand. »Du bist nicht schuld«, sagt sie mit fester Stimme. »Dieser Verbrecher hat dein Vertrauen ausgenutzt.«

Insgeheim bewundern die Kriminalbeamten Catrin: Diese Mutter machte instinktiv alles richtig.

Dann kommen die Ermittler zum eigentlichen Grund ihres Besuches: »Wir wollen diesen Mann vor Gericht bringen«, sagt die Beamtin und schaut dabei abwechselnd Catrin W. und ihren Sohn mit ernster Miene an. »So einer wie Karl N. kann einer Kinderseele irreparable Schäden zufügen. Und wer weiß, was er sonst noch tut.«

In Catrin arbeitet es. Ihr Mutterinstinkt sagt ihr, die Sache besser an Ort und Stelle abzuschließen, sich um ihren zu Sohn kümmern und zu hoffen, dass die Erinnerung irgendwann verblasst. Doch was, wenn dieser Perverse noch weitere Kinder und Jugendliche bedrängt? Und so willigt Catrin schließlich ein, einen Strafantrag zu stellen. Und Jonas erklärt, es sei für ihn okay, wenn es für seine Mutter okay sei. An Ort und Stelle füllt sie einen von den Beamten vorgelegten Bogen aus: Strafantrag gegen Karl N. wegen aller in Betracht kommender Straftatbestände, insbesondere wegen des Verdachts des sexuellen Missbrauchs von Kindern. Die Beamten versprechen, sich bald zu melden, loben Catrin für ihre Einstellung und Jonas für seinen Mut und verabschieden sich.

Im Februar des folgenden Jahres

Es wird schwerer, als Catrin gedacht hat: In den ersten Tagen nach dem Besuch der Kriminalbeamten macht Jonas einen gefassten Eindruck. Doch dann beginnt er mehrmals in der Nacht aufzuwachen, wird missmutig, einmal nässt er im Schlaf sogar ein, was ihm sehr peinlich ist. Die Sache setzt Jonas sichtlich zu: Der Vertrauensbruch. Die Bloßstellung im Internet. Selbst, wenn sein Gesicht nicht zu sehen war – allein der Gedanke, dass fremde Männer sich an seinem Anblick erregt haben, ist dem Jungen unerträglich. Er zeigt sich zunehmend misstrauisch anderen gegenüber, hat Wutausbrüche. Den Eltern seiner Freunde erklärt Catrin, das alles sei eine Folge der gerade vollzogenen Scheidung. Alle zeigen Verständnis, und Jonas beißt sich auf die Lippen, wenn seine Freunde ihm nun ihrerseits die Scheidungsgeschichte ihrer Eltern erzählen. Tatsächlich belastet ihn die Trennung seiner Eltern kaum, er findet sein Leben in der Stadt super. Bis auf die Sache mit dem Chat.

Als Catrin wieder einmal nachts durch Jonas geweckt wird, der im Schlaf um sich schlägt und schließlich keuchend erwacht, bietet sie ihm an, zu einem Psychotherapeuten zu gehen. Aber das möchte Jonas nicht.

»Ich bin wegen der Sache im Eimer, aber ich bin nicht als Mensch im Eimer«, sagt er. »Da muss ich jetzt einfach durch. Und wenn ich vor Gericht diesem Schwein in die Augen geschaut habe, bin ich durch mit der Nummer.«

Seine Mutter vertraut darauf, dass Jonas ein Gespür für seine Bedürfnisse hat. Catrin ist sehr froh, dass er ihr gegenüber offen gewesen ist, und dieses Vertrauensverhältnis will sie nicht gefährden. »Wird Zeit, dass die Polizei sich meldet«, sagt sie. »Du hast recht: Wir sollten die Sache hinter uns bringen.«

Ihr Sohn nickt matt, dreht sich zur Seite und schließt die Augen. Catrin wartet, bis er wieder eingeschlafen ist, dann sucht sie die Visitenkarte dieses Herrn M. von der Kriminalpolizei heraus. Gleich am nächsten Tag, sobald Jonas in der Schule ist, wird sie dort anrufen. Sie legt sich ins Bett und tut für den Rest der Nacht kein Auge zu.

»Ja, die Sache ist die. Der Kollege M., der den Fall betreut, ist seit drei Monaten erkrankt«, sagt die freundliche Beamtin am anderen Ende der Leitung.

Catrin starrt auf ihr Telefon. »Und inzwischen geht in der Sache nichts weiter?«, fragt sie ungläubig.

»Ja, leider«, antwortet die Frau bedauernd. »Herr M. ist in den Fall eingearbeitet und soll da auch weitermachen. Dürfen wir uns bei Ihnen melden, wenn er wieder im Dienst ist?«

»Ja, bitte«, sagt Catrin schwach, verabschiedet sich höflich und legt auf. Sie hat schon einmal gehört, dass solche Strafverfahren ewig dauern. Sie seufzt. Ihnen bleibt wohl nichts anderes übrig, als zu warten.

Sieben Monate später, im Herbst

Catrin ist inzwischen nicht mehr nervös, wenn sie bei der Polizei anruft. Sie hat begriffen, dass dort auch nur Menschen sitzen, die ihren Job machen. Der Sachbearbeiter M. ist inzwischen wieder im Dienst, so viel hat sie erfahren. Sie hat sogar kurz mit ihm sprechen können. Er hat die Verzögerung bedauert, jedoch im gleichen Atemzug erklärt, dass er leider ein paar andere Sachen vorrangig behandeln müsse. Er würde sich bei ihr melden, sobald die Ermittlungen abgeschlossen seien. Frau W. möge sich bitte gedulden, es würde ein paar Wochen dauern.

Catrin ist nun einigermaßen beruhigt. Ein paar Wochen, das klingt gut. Bald würde sie die Sache abhaken können. Jonas geht es besser, er fasst wieder Vertrauen in die Welt. Das verdankt er seiner Mutter, die ihn immer wieder beschwor, nicht den Glauben an die Menschheit zu verlieren, nur, weil er an einen der wenigen Falschen geraten war.

»Schau mich an«, sagt Catrin, »dein Vater hat mich quasi rausgeschmissen, durch eine Jüngere ersetzt, und siehst du, wie es mir heute geht? Besser als je zuvor. Glaub mir, eines Tages wirst du wissen, wozu das alles gut war.«

Und Jonas, der seine Mutter jeden Tag mehr achtet und liebt, folgt ihrem Rat und behält seine »Das Glas ist halbvoll« – Haltung dem Leben gegenüber bei.

Im Januar des folgenden Jahres. Jonas ist mittlerweile 14 Jahre alt.

Es gibt Tage, da denkt sie gar nicht mehr an die Sache. Das alles ist nun schon so lange her. Jonas schläft längst wieder gut, und neulich hat er sich sogar mit einem Mädchen aus seiner Schule zum Limonade trinken verabredet. Ihr Sohn, das merkt Catrin, passt besser auf sich auf als andere Teenager. Ihre größte Sorge – dass er durch diesen Pädophilen aus der Bahn geworfen und dann erst recht beginnen würde, Mist zu bauen – hat sich zum Glück nicht bestätigt. Wie gut, dass ich mich auf Jonas konzentrieren kann, denkt sie mitunter dankbar. Ohne Eduards Unterhalt hätte sie sich einen Job suchen müssen und nicht so viel Zeit und Energie, sich um ihren Sohn zu kümmern. Ihr Ex-Mann weiß allerdings nichts von der Sache mit Karl N., das haben Jonas und sie so vereinbart.

Zu diesem Zeitpunkt erreicht Catrin ein Schreiben des örtlichen Amtsgerichtes: eine Ladung für Jonas als Zeuge zur Hauptverhandlung in der Strafsache gegen Karl N. Der Termin soll im Mai stattfinden.

»Na, endlich«, brummt Catrin beim Lesen.

Als Jonas nach Hause kommt und sie ihm den Brief zeigt, sagt er: »Da gehen wir hin. Wir machen das.«

Im April desselben Jahres

Wieder kommt Post vom Amtsgericht. »Abladung« steht da, als Grund wird ein Dezernatswechsel bei Gericht genannt, was auch immer das bedeutet. »Mist«, sagt Jonas. »Ich dachte, ich hätte das Ganze bald hinter mir.«

Im Juli desselben Jahres

Drei Monate hat Catrin gewartet, aber keine neue Ladung bekommen. Schließlich ruft sie bei Gericht an, um nachzufragen. Man könne ihr am Telefon keine Auskunft geben, sie müsse schon persönlich erscheinen, heißt es. Datenschutz. Wütend pfeffert Catrin ihr Handy aufs Sofa.

Am nächsten Tag erscheint sie bei Gericht, die beiden Schreiben der Justiz in der Hand. Sie fragt sich zum richtigen Zimmer durch, zeigt ihren Personalausweis und bittet um Auskunft, wann denn jetzt der Prozess gegen diesen Pädophilen losgehe. Die Mitarbeiterin der Geschäftsstelle schaut in den Computer, tippt ein bisschen auf der Tastatur herum und erklärt dann: »Also. Wir hatten einen Wechsel in der Person des Richters. Dezernatswechsel heißt das im Juristendeutsch.« Sie blickt Catrin bedauernd an. »Ich kann Ihnen aber verraten, dass es bis zum neuen Termin mindestens sechs Monate dauern wird. Unser Gericht ist völlig überlastet.« Catrin seufzt. Schon wieder warten.

Im März des folgenden Jahres. Jonas ist mittlerweile 15 Jahre alt.

Catrin und Jonas können nicht glauben, dass es nun tatsächlich soweit ist. Beide haben in der Nacht zuvor schlecht geschlafen. Nun stehen sie übermüdet, aber gefasst auf dem Gang des Amtsgerichts. Sie studieren das Schild vor einem der Verhandlungssäle. »Strafsache gegen Karl N.«, steht da. Jonas beginnt zu schwitzen. Sein Herz rast. Heute wird er dem Schwein gegenübertreten, das ihn so reingelegt hat. Er bekommt Angst, zugleich erfüllt ihn eine große Wut. Als die Durchsage »In der Strafsache gegen Karl N. bitte eintreten« aus einem Lautsprecher knarzt, verleiht ihm diese Wut genug Kraft, um aufrecht in den Verhandlungssaal zu gehen.

Auf der Anklagebank sitzt ein mittelalter Mann in einer schwarzen Robe.

»Ist er das?«, flüstert Jonas seiner Mutter zu.

Die wispert zurück: »Ich glaube nicht, guck mal die Robe. Das dürfte sein Anwalt sein.« Sie setzen sich auf eine lange Bank im Zuschauerraum und warten. Dem Mann in der schwarzen Robe gegenüber nimmt eine Frau, ebenfalls in Robe, Platz und sortiert ihre Unterlagen. Als die Richterin hereinkommt, stehen alle auf, Catrin und Jonas tuen es ihnen nach. Die Richterin nimmt Platz, bedeutet den Anwesenden, sich zu setzen und sagt kühl: »Heute kommen wir leider nicht weiter. Der Angeklagte ist verhandlungsunfähig erkrankt und entschuldigt.«

Sie liest aus einem ärztlichen Attest vor, das Karl N. offenbar eingereicht hat. Dann blickt sie kurz zu dem Mann in der Robe. Der nickt.

»Wir müssen die Sache also vertagen«, sagt die Richterin und dreht den Kopf nach links zu der Dame in der Robe. »Frau Staatsanwältin?«

Die Angesprochene stimmt ebenfalls zu und macht eine Notiz.

Catrin und Jonas sitzen wie erstarrt auf ihren Plätzen. Die Richterin wendet sich nun direkt an sie. »Bist du Jonas? Sind Sie die Mutter?«

Die beiden bejahen.

»Selbstverständlich werden Ihnen Ihre Fahrtkosten und gegebenenfalls Ihr Verdienstausfall ersetzt. Ein neuer Verhandlungstermin wird anberaumt. Sie kriegen dann eine neue Ladung.«

Der Verteidiger von Karl N. ergreift einen silbernen Trolley und eilt hinaus. Die Staatsanwältin klemmt sich Unterlagen unter den Arm und folgt ihm, ebenso die Richterin.

Als Catrin und Jonas wie in Trance hinausgehen, hören sie auf dem Gang, wie der Verteidiger zu den beiden Damen sagt: »Trinken wir noch Kaffee in der Kantine?«

Drei Monate später, im Juni desselben Jahres

Catrin hat die Sache im Kopf bereits abgehakt. Sie will sich einfach nicht mehr damit beschäftigen. Jonas geht es gut. Er hat jetzt sogar eine Freundin, Julia. Ein reizendes Mädchen, das er auf Händen trägt. Überhaupt ist Jonas bei den Mädchen sehr begehrt: Er ist gutaussehend, dabei völlig natürlich. Und er ist sensibel, kann gut zuhören, verurteilt niemanden. An Tratsch und Klatsch beteiligt er sich nicht, versucht auch nicht so viele Mädchen wie möglich zu »sammeln«, wie es andere Jungs in seiner Schule machen. »Du hattest recht, Mama«, sagt er einmal, »es ist etwas Gutes dabei rausgekommen. Was Dich nicht umhaut, macht Dich am Ende stärker.«

Erst als Catrins Schwester bemerkt, es dauere aber nun schon ziemlich lange mit dem neuen Gerichtstermin, rafft sich Catrin auf und spricht erneut bei Gericht vor. Es habe wieder einen Dezernatswechsel gegeben, heißt es bei der Geschäftsstelle. Der neue Richter müsse sich erst in alle Fälle einarbeiten und würde dann einen neuen Termin festlegen.

»Das Ganze ist jetzt fast drei Jahre her«, sagt Catrin. »Wird dieser Strolch denn irgendwann einmal verurteilt?«

Die Mitarbeiterin hebt nur entschuldigend die Schultern.

Im November desselben Jahres, einen Tag vor Jonas' 16. Geburtstag

Catrin und Jonas stehen vor dem Verhandlungssaal Nummer 212 und studieren den Aushang. Mittlerweile überragt Jonas seine Mutter körperlich bereits ein ganzes Stück.

»Da steht etwas anderes«, sagt er.

Catrin vergleicht den Aushang mit der Ladung, die sie in der Hand hält. »Das ist jedenfalls der richtige Saal.« Sie klopft an und öffnet die Tür. Vorne links auf der Anklagebank sitzt eine weinende Frau, daneben eine Anwältin in schwarzer Robe.

Der Richter blickt ungehalten zur Tür. »Ich darf Sie bitten, die Verhandlung nicht zu stören.«

Catrin ist verwirrt. »Entschuldigen Sie bitte, mein Sohn ist für heute um neun Uhr als Zeuge geladen. In der Strafsache gegen Karl N.« Der Richter wirkt überrascht. »Haben Sie denn die Abladung nicht bekommen?«

»Welche Abladung?«

»Der Verteidiger ist krank geworden. Er hat ein Attest geschickt und wir haben noch am selben Tag an alle Beteiligten Abladungen geschickt. Sie hätten sie spätestens gestern bekommen sollen …«

Catrin muss sich im Türrahmen festhalten, Jonas springt hinzu und nimmt ihren Arm. Vorne redet der Richter unbeirrt weiter: »Ob die Anreisekosten und der Verdienstausfall ersetzt werden, kann ich Ihnen jetzt nicht sagen. Das müssten Sie bitte schriftlich beantragen. Und jetzt müssen wir hier eine wichtige Sache verhandeln. Ja? Auf Wiedersehen.« Er wendet sich wieder der weinenden Frau auf der Anklagebank zu, die sich gerade geräuschvoll die Nase putzt. Catrin taumelt aus dem Saal. Jonas ist kurz davor, die Tür zuzuknallen, lässt es dann aber bleiben.

Am nächsten Tag hat Jonas nicht nur Geburtstag, sondern auch schulfrei. Catrin lässt ihn ausschlafen, dann erklärte sie ihm ihren Plan.

»Wir nehmen jetzt auch einen Anwalt«, sagt sie. »So geht das nicht weiter, ich lasse mir das nicht mehr gefallen.«

Jonas nickt. »Okay.«

In seinem Zimmer wirft Jonas den Computer an. »Such doch mal nach einem Opferanwalt in unserer Stadt«, schlägt Catrin vor. Sie hat sich erkundigt: Es gibt Anwälte, die sich speziell um Opfer von Straftaten kümmern. So einen brauchen sie jetzt. Schnell finden sie eine Anwältin, die auf ihrer Webseite viel über Opferschutz schreibt. So zum Beispiel: »Ich kenne den Schmerz, den Opfer nicht nur durch die Tat, sondern insbesondere auch durch die gefühlskalte, täterfreundliche deutsche Justiz erfahren.« Das klingt gut, denkt Catrin. Als sie »die nehmen wir« sagt, hebt Jonas die Hand, und seine Mutter schlägt ein.

Die Opferanwältin ist eine freundliche junge Frau, die bei Catrins Erzählung an den richtigen Stellen »Oh!« und »Wahnsinn!« sagt und empört reagiert, als sie erfährt, wie lange Jonas schon auf seinen Auftritt vor Gericht wartet. Catrin fühlt sich verstanden.

Die Anwältin erklärt ihr, was sie nun machen würde: »Wir stellen einen Antrag auf Zulassung der Nebenklage«, sagt sie. »Das heißt, Jonas ist dann nicht nur Zeuge, sondern kann aktiv am Verfahren teilnehmen. Ich selbst werde zum Beistand bestellt und kann Sie ordentlich vor Gericht vertreten.«

»Was ist ein Beistand?«, fragt Catrin schüchtern. All diese Fachbegriffe verwirrten sie.

»Das ist eine Art Pflichtverteidigung auf Opferseite«, erklärt die Anwältin geduldig. »Die Kosten übernimmt der Staat.«

Ich hätte schon viel früher zu einem Anwalt gehen sollen, denkt Catrin nach vielen Dankeschöns und großem Händeschütteln. Und als sie nur einige Zeit später erfährt, dass es nun wirklich einen neuen Verhandlungstermin gibt, noch dazu bereits in vier Wochen, da ist sie sicher: Jetzt wird alles gut.

Anfang Januar des folgenden Jahres

Verhandlungssaal 212 des Amtsgerichts, wieder mal. Doch diesmal werden sie nicht abgewiesen. Als Jonas, innerlich aufgeregt, aber äußerlich gefasst, Platz nimmt, erblickte er auf der Anklagebank eine einsame Gestalt. Das muss Karl N. sein. Wie unscheinbar er aussieht. Um die 60, harmloses rundliches Gesicht, gepflegtes, etwas spießiges Aussehen. Schau her, denkt Jonas, schau mich an, du Arschloch. Er ist mit Sicherheit größer als diese Jammergestalt, und er ist auch kein Kind mehr. Jetzt, mit 16 Jahren, würde er sich nie mehr von so einem Schwein reinlegen lassen. Doch Karl N. sitzt mit gesenktem Kopf da und schenkt dem Geschehen im Verhandlungssaal scheinbar keine Aufmerksamkeit.

»Werden wir denn heute endlich fertig?«, fragt Jonas seine Anwältin.

Die zuckt die Achseln: »Keine Ahnung. Mir macht ehrlich gesagt Sorge, dass der Verteidiger fehlt.«

Tatsächlich, der Mann in der schwarzen Robe vom allerersten Termin ist diesmal nicht da. Jonas blickt zur rechten Seite, wo eine neue Staatsanwältin Platz genommen hat. »Die da ist auch eine andere«, flüstert er seiner Anwältin zu. In diesem Moment betritt der Richter den Saal, alle erheben sich, nehmen Platz, der Richter schaut sich um. »So kommen wir heute nicht weiter«, sagt er, und Jonas fragt sich, ob alle Richter stets das Gleiche sagen. Der Richter wendet sich nun an ihn: »Jonas W. ist mittlerweile anwaltlich vertretener Nebenkläger. Daher besteht in solchen Fällen eine Verpflichtung, dass auch der Angeklagte verteidigt sein muss.« Er blickte nach rechts, wo Karl N. alleine sitzt.

»Aber der Herr hat doch einen Anwalt«, platzt es aus Catrin heraus. »Der Verteidiger steht draußen auf dem Zettel. Und er war doch auch schon Mal hier.«

Jonas' Anwältin sieht Catrin mahnend an. Doch der Richter bleibt ruhig. »Nein, Frau W. Ich erkläre es Ihnen gerne. Wenn ein Fall notwendiger Verteidigung vorliegt, muss der Anwalt ebenfalls anwesend sein. Wie Sie sehen, ist er aber nicht gekommen. Er ist bisher Wahlverteidiger und musste daher auch nicht auftreten.«

Während er spricht, wird Jonas' Anwältin in ihrem Sitz immer kleiner. »Ich habe die Nebenklage erst vor einigen Tagen zugelassen«, fährt der Richter fort. »Ich habe diesen Beschluss auch dem Verteidiger zugestellt, aber er ist bislang nicht als Pflichtverteidiger beigeordnet. Er muss daher nicht erscheinen.«

Catrin versteht nur Bahnhof. »Was bedeutet das bitte?«, fragt sie, weil Jonas' Anwältin immer noch stumm bleibt.

»Das bedeutet, dass Sie wieder nach Hause gehen«, sagt der Richter. »Ihre Anreisekosten …«

»Ja, die Anreisekosten werden mir ersetzt, bla bla, ich kenne das schon. Das darf doch nicht wahr sein!«

Jonas' Anwältin steht auf, geht zu Catrin und versucht, sie zu beruhigen. Doch die hatte sich in Rage geredet. »Wir stehen hier zum wiederholten Mal! Wissen Sie eigentlich, wie belastend das für uns ist? Wir machen vor diesen Terminen jedes Mal kein Auge zu. Mein Sohn ist immer total fertig, aber er will das durchziehen, weil die Kriminalbeamten gesagt haben, dass er so andere Kinder schützen kann ...« Ihre Stimme bricht ab.

Der Richter sieht sie freundlich-abwartend an – ohne etwas zu sagen. Zu seiner Linken raschelt die Staatsanwältin mit ihren Unterlagen. »Frau W., der Herr Vorsitzende hat recht«, sagt sie, an Catrin gewandt. »Das ist ständige Rechtsprechung zur Herstellung von Waffengleichheit im Strafverfahren.«

Catrin schüttelt langsam den Kopf. »Schauen Sie, ich bin eine einfache Frau. Ich kenne mich mit Paragrafen nicht aus. Ich verstehe kein Wort von dem, was Sie beide da sagen. Aber was ich verstehe, ist, dass dieser Typ da ...« Sie zeigte auf Karl N., der unbeteiligt da sitzt, als ginge ihn das alles nichts an, »dass der da mit uns bloß Katz und Maus spielt. Und während sich das alles in die Länge zieht, geht er raus in die Welt und stellt weiß Gott was alles an. Das gibt es doch gar nicht!«

Catrin bricht in Tränen aus. Jonas nimmt sie in den Arm und schaut wütend zum Richter. Dann bemerkt er, dass der Angeklagte ihn ansieht. Jonas dreht den Kopf, und jetzt endlich schaut er Karl N. gerade in die Augen. Ein, zwei, drei Sekunden lang starrt der Mann zurück. Dann dreht er sich weg, als wolle er sich vor dem Blick des Jungen schützen. Ein Gefühl bitteren Triumphes erfüllt Jonas' Herz. Er hat dem Blick dieses Schweins standgehalten. Er hat gewonnen. Er genießt den Moment. Dann kümmert er sich weiter um seine Mutter.

Im September desselben Jahres

Die Ladung für den nächsten Termin im September ist im Mai gekommen. Diesmal möchte Jonas' Freundin Julia unbedingt mitkommen. Sie sitzt im Zuschauerraum und verfolgt aufmerksam das Geschehen. Ein tolles Mädchen, denkt Catrin und drückt ihr die Hand. Jonas lächelt ihnen zu. Er wirkt ganz ruhig. Heute würde der Angeklagte drankommen, davon sind sie alle überzeugt. Die Staatsanwältin vom letzten Mal hat bereits Platz genommen. Neben Jonas sitzt seine Opferanwältin. Sie hat versichert, dass diesmal bestimmt alles klappen wird. Der Verteidiger sei inzwischen Pflichtverteidiger und müsse erscheinen. tatsächlich: Vorne auf der Anklagebank sitzen Karl N. und sein Anwalt.

Der Richter kommt herein, alle erheben sich, nehmen wieder Platz. Die Verhandlung beginnt. Recht bald ergreift der Verteidiger das Wort. Er habe eine Erklärung vorbereitet. »Bitte sehr«, sagt der Richter. Der Advokat räuspert sich. »Das Strafverfahren gegen den Angeklagten dauert mittlerweile fast viereinhalb Jahre«, beginnt er. »Inzwischen ist gegen meinen Mandanten ein Strafbefehl in anderer Sache ergangen«, fährt er fort. Er zieht ein Schreiben hervor, das er der Protokollbeamtin reicht. Diese gibt es an den Richter weiter.

»Ihr Mandant Karl N. ist also wegen exhibitionistischer Handlungen zu einer Geldstrafe von neunzig Tagessätzen à zwanzig Euro verurteilt worden. Und zwar ...« – der Richter studiert das Schriftstück – »... ah, vor kurzem erst.« An die Staatsanwältin gewandt fährt er fort: »Der Angeklagte ist mit seinem Pkw vor eine weiterführende Schule gefahren, hat dort geparkt und sich hinterm Steuer vor zwei zwölf- und dreizehnjährigen Schülern selbst befriedigt. Die Jungs haben das bemerkt und sich das Kennzeichen notiert. Anzeige, et cetera, et cetera ...« Er liest weiter, reicht das Schriftstück an die Protokollarin zurück und murmelt ihr etwas zu.

Nun spricht wieder der Verteidiger von Karl N.: »Der Strafbefehl ist rechtskräftig, Herr Vorsitzender. Ich würde daher im Hinblick auf die Verzögerung in diesem Verfahren anregen, dass man es nach Paragraph 154 StPO erledigt.«

Catrin schaute ratlos zu Jonas' Anwältin, die hochrot anläuft. »Auf gar keinen Fall«, sagt diese, »das machen Sie nicht mit uns. Es geht hier um einen mutmaßlichen Kinderschänder und pädophilen Serientäter. Ein solches Verfahren kann man doch nicht einstellen.«

Catrin schaut verdattert. Einstellen? Die wollten diesen Mann laufen lassen? Warum?

Der Richter blickt Jonas' Anwältin kühl an. »Habe ich Ihnen das Wort erteilt?« Sie wirkt aufgebracht, sagt aber nichts mehr. »Ich habe hier die Verhandlungsführung, Frau Anwältin«, fährt der Richter von oben herab fort. »Bei dem Verfahren nach Paragraph 154 ist Ihre Zustimmung als Nebenklagevertreterin nicht erforderlich. Ich verbitte mir hier solche unsachlichen Äußerungen in meinem Gerichtssaal.«

Catrin und Jonas sehen einander hilflos an. Sie verstehen nicht, was da gerade vor sich geht. Sie verstehen nur, dass etwas gewaltig schief läuft. Der Richter hat sich inzwischen an den Verteidiger von Karl N. gewandt. »Ich kann Ihren Antrag gut nachvollziehen. Es ist so viel Zeit seit der mutmaßlichen Tatbegehung vergangen, das Verfahren ist für Ihren Mandanten nun wirklich eine extreme Härte.«

»Und für meinen Sohn etwa nicht?«, schreit Catrin, bevor sie nachdenken kann. Jetzt wird der Richter laut. »Noch ein Ton von Ihnen, und ich lasse gegen Sie ein Ordnungsgeld von fünfhundert Euro festsetzen. Noch ein weiteres Wort, und Sie gehen in Ordnungshaft.« Dann wird er wieder ruhig. »Wenn die Frau Staatsanwältin den Antrag nach Paragraph 154 stellt, dann machen wir heute hier die Akten zu.« Er blickt zu seiner Linken, wo die Staatsanwältin sitzt. Sie wiegt den Kopf und studiert irgendwelche Papiere. Dann nickt sie. »Das können wir so machen, ja.«

Da meldet sich der Verteidiger noch einmal. »Ich beantrage bei der Gelegenheit, die notwendigen Auslagen meines Mandanten, also die Anwaltskosten, der Staatskasse aufzuerlegen. Jonas' Anwältin schrumpft schon wieder in ihrem Sitz zusammen. Der Richter bleibt nachdrücklich. »Ich stimme dem zu. Das ist ja selbstverständlich, schließlich gilt Ihr Mandant hiermit als unschuldig.« Anschließend wendet er sich an Jonas' Anwältin: »Ihre Kosten, Frau Nebenklagevertreterin, trägt natürlich auch die Staatskasse.« Dann guckt er abwechselnd zu Jonas und Catrin: »Sie sehen, wir sind hier fair. Sie können zufrieden sein. Sie müssen nichts bezahlen.«

Catrin schaut fassungslos Jonas' Anwältin an, die stur geradeaus blickt. Das Verfahren ist beendet.

Im November. Jonas' 17. Geburtstag.

Es ist das erste Mal, dass Eduard die beiden in ihrer neuen Wohnung besucht. Er ist gealtert, der große Betrieb und seine junge, lebenslustige zweite Frau verbrauchen seine Kräfte. Müde sitzt er auf dem Sofa und schüttelt den Kopf. Zwei Stunden haben sie jetzt schon gemeinsam verbracht. Catrin und Jonas haben ihm die ganze Justizposse erzählt, und Eduard hat immer noch Fragen. Was genau seinem Sohn zugestoßen sei. Ob er darunter noch leide – »Nein, Papa, für mich ist das erledigt!« – und warum man ihm erst jetzt von all dem erzähle.

»Egal, was passiert ist, ich bin immer noch der Vater. Und auch, wenn du das alleinige Sorgerecht hast, möchte ich an solchen Dingen teilhaben«, sagt er.

»Es war schwierig«, antwortet Catrin, und Eduard beschließt, keinen Streit vom Zaun zu brechen. Jonas hat sich prächtig entwickelt, offensichtlich ist Catrin eine großartige Mutter. Auch Eduard ist gereift in den vergangenen fünf Jahren. Es muss nicht mehr alles nach seinem Kopf gehen. Und selbst er, der einstige Handy-Gegner, hat jetzt ein Smartphone.

Am Ende der Diskussion rät Eduard: »Ich finde, wir sollten das noch einmal überprüfen lassen. Die sind ja mit euch Schlitten gefahren. Ich hätte gerne, dass sich ein anderer Anwalt die Sache noch einmal ansieht.«

Catrin hebt hilflos die Hände. »Und was, wenn das alles seine Richtigkeit hatte? Ich will nicht schon wieder hoffen und dann enttäuscht werden. Ich kann echt nicht mehr.«

Eduard schaut zu seinem Sohn hinüber. »Was sagst du?«

Diese Frage bedeutet für Jonas die Welt. Sein Vater nimmt ihn ernst. Er möchte die Meinung seines Sohnes hören. Er hält kurz inne. »Ich finde, es kann nicht schaden, sich Gewissheit zu verschaffen«, sagt er dann geradezu förmlich.

Mit einem Mal wirkt Jonas sehr erwachsen, und Eduard spürt, wie ihn väterlicher Stolz durchströmt: Er ist schon ein

Prachtkerl, sein Jonas. »Ich übernehme das mit dem Anwalt, wenn ihr erlaubt«, bietet er an, und die anderen nicken dankbar.

So ergibt es sich schließlich, dass alle – Eduard und Catrin W., ihr Sohn Jonas und seine Freundin Julia – in meiner Kanzlei sitzen und abwechselnd den Fall schildern. Es tat mir leid, der sympathischen Familie nicht helfen zu können. »Die Entscheidung nach Paragraph 154 StPO, also die Einstellung im Hinblick auf eine andere Verurteilung, kann juristisch vom Geschädigten nicht angegriffen werden«, sage ich.

Catrin W. schüttelt den Kopf. »Das kann doch nicht wahr sein. Was ist mit den Opfern? Was, wenn der das wieder tut? Was, wenn …?«

Ihr Sohn Jonas setzt den Satz fort: »… der sich nicht mehr nur damit begnügt, sich selbst aufzugeilen? Was, wenn er sich als nächstes im echten Leben an einem Kind vergreift?«

Eduard W. übernimmt das Wort: »Ich habe mich ja jetzt auch mit dem Thema beschäftigt. Diese Pädophilen steigern ihre Taten oft, weil ihre Reizschwelle höher wird. Mit dieser Einstellung riskiert die Justiz, dass der Mann noch mehr anstellt.«

Catrin ringt die Hände. »Dieser Karl N. und sein Anwalt haben auf Zeit gespielt. Dann die lahmarschige Arbeit des Gerichtes. Und schließlich kommt ihm eine weitere Straftat im Zusammenhang mit Kindern noch zugute – wer mehr verbricht, kommt besser davon. Das ist doch …«, sie sucht nach Worten, »das ist doch … schreiend ungerecht!«

»Das stimmt«, bestätige ich. »In unserem Justizsystem liegt einiges im Argen. Dieser Fall hat das wieder einmal beeindruckend gezeigt.«

Eduard erhebt sich und beginnt im Raum auf und abzugehen. »Da müsste man doch etwas machen«, sagt er, »Man müsste mal die Aufmerksamkeit auf solche Fälle wie unseren lenken. Die Leute aufrütteln.«

Ich blicke ihn gedankenvoll an. »Da haben Sie recht …«

SCHREIEND UNGERECHT

Die Zeit arbeitet für den Täter

»Die Mühlen der Justiz mahlen langsam.« Kaum zu glauben, aber diese verstaubt anmutende Binsenweisheit trifft heutzutage mehr denn je zu. Und auch hier liegt das wohl entscheidend an Personalnot und Arbeitsüberlastung bei den Staatsanwaltschaften und Gerichten.

Doch Langsamkeit in einem Strafverfahren kann auch ganz bewusst provoziert werden. Und kaum ein anderer dürfte daran mehr Interesse haben, als ein Beschuldigter. Es hat sich längst herumgesprochen: Wer als Beschuldigter verzögert, der gewinnt. Die Rechtsprechung nimmt zwar nur in den Fällen, in denen Verzögerungen durch die Justiz selbst verursacht worden sind, eine Berücksichtigung zugunsten des Täters an. Die Grenzen zwischen Justizpanne und kalkulierter Verzögerung sind aber oft verschwommen. Denn wie soll man beispielsweise nachweisen, dass eine ärztliche Diagnose in einem vorgelegten Attest nicht stimmt?

Wie soll man einem Verteidiger vorwerfen, einfach nicht gekommen zu sein, wenn das System das erlaubt?

Was für Beschuldigte ein Segen ist, mutiert für Geschädigte zu einem Albtraum. Zeugenerinnerungen verblassen nun mal mit zunehmender zeitlicher Distanz. Das ist völlig normal. Darüber hinaus sinkt nach Jahren des Wartens auch das Strafbedürfnis. Folge ist: Verfahrenseinstellungen werden möglich. Am Ende bleiben nicht selten ratlose Opfer zurück.

Wie es gerechter wäre

»Wir müssen so viele vorrangige Haftangelegenheiten bearbeiten, da ist leider keine Zeit für diese eine Nicht-Haftsache«, ist ein Satz, den ich in den vergangenen Jahren immer öfter von Richtern zu hören bekomme, wenn ich Geschädigte vertrete und nach dem Stand der Dinge frage. Ganz klar, der Gerichtsapparat ist überlastet. Mehr Personal muss her.

Aber auch unabhängig vom Dauer-Missstand Personalenge sind punktuelle Änderungen unerlässlich.

Der effektivste »Verzögerungs-Killer« wären verbindlich festgeschriebene Fristen – sowohl für das Erstellen einer Anklageschrift als auch für den Beginn einer Hauptverhandlung. Bislang gibt es eine vergleichbare Regelung ausschließlich für Fälle, in denen der Beschuldigte in Untersuchungshaft sitzt. Spätestens sechs Monate nach der Verhaftung hat dann eine Hauptverhandlung zu beginnen. Doch warum kann eine solche Regelung nicht grundsätzlich festgeschrieben werden? Auch im Leben zeigt sich doch oftmals: Wenn erst mal eine Frist gesetzt ist, dann kriegt man das auch irgendwie hin. Es mag im Einzelfall sein, dass die Staatsanwaltschaft etwa bei aufwendigen Wirtschaftsstrafverfahren länger als knapp sechs Monate ermitteln muss. Doch dafür können klar definierte Ausnahmeregelungen festgelegt werden.

Kommen wir zum Thema Krankmeldung bei Angeklagten. Weitaus sinnvoller als die Vorlage eines bloßen, einfachen ärztlichen Attestes wäre eine vorgeschriebene amtsärztliche Untersuchung. Man braucht glaube ich kein Hellseher zu sein, um eine Art flächendeckende Wunderheilung vorauszusagen, so dass die Zahl der »Erkrankten« deutlich sinken würde. Und davon abgesehen: Die Kosten für mehr amtsärztliche Untersuchungen lägen weit unter dem immensen Schaden, den endlos verzögerte Gerichtsverfahren verursachen.

Was, wenn ich betroffen bin?

Stellen Sie sich vor, Sie suchen als Geschädigter einen Anwalt, wie es Catrin und Jonas W. gemacht haben. Opfern von Straftaten wird oft empfohlen, sich an reine Opferanwälte zu wenden. So werden Rechtsbeistände genannt, die ausschließlich auf Geschädigten-, nie jedoch auf Beschuldigtenseite agieren. Ich halte solche Anwälte nicht für befähigt, die Interessen von Geschädigten optimal zu vertreten. Warum? Wenn solche Anwälte ausschließlich Opfer beraten, können sie die Strategien, die Beschuldigte mit ihren Verteidigern entwickeln, nicht aus eigener Erfahrung kennen. Deshalb durchschauen sie oftmals gar nicht, was Angeklagte mit ihren Verteidigern »aushecken«. Im Strafprozess, in dem es oft auf sekundenschnelles Handeln ankommt, reagieren sie mitunter zu spät oder gar nicht. Ich rate deshalb Opfern zu einem Anwalt, der nicht nur Geschädigte vertritt, sondern auch Beschuldigte verteidigt.

Kritisch betrachte ich Opferanwälte, die von Hilfsvereinigungen wie dem Weißen Ring empfohlen werden. Mitunter engagieren sich Anwälte, die aus gutem Grund kaum Mandanten haben, in solchen Vereinigungen, um das eine oder andere Mandat zu erhaschen. Strafrechtlich haben sie häufig keine Ahnung. Wir Strafverteidiger neigen zu schwarzem Humor. Über diese Kollegen heißt es bloß: »Opferanwälte sind die Opfer unter den Anwälten.« Zugespitzt formuliert: Ihre hauptsächliche Tätigkeit neben stundenlanger Untätigkeit im Gerichtssaal besteht darin, ihren weinenden Mandanten ein Taschentuch zu reichen. Wir kennen bereits den »Kellner-Anwalt« auf Verteidigerseite. Sein Pendant ist der »Taschentuch-Anwalt« für die Opfer.

Mögen mir engagierte Opferanwälte, die aus Überzeugung und ohne finanziellen Druck arbeiten, bitte verzeihen. Aber mein Interesse gilt Ihnen, den Lesern dieses Buches. Und deshalb rede ich hier Tacheles.

KAPITEL 8

Die Doppelmoral des Staates

Das wichtigste Instrument einer Band ist nicht das Schlagzeug, das den Takt angibt. Nicht der Bass, der dir in den Bauch fährt. Nicht die E-Gitarre, die wimmernd an deinem Herzen zerrt. Das wichtigste Instrument einer Band, sagt Horst P., ist das Ohr des Publikums.

Seine Leidenschaft fürs Zuhören entdeckte er bereits als Kind. Sein Vater schenkte ihm zwei ausrangierte Plattenspieler, die der Zehnjährige wieder auf Vordermann brachte. Sein Taschengeld, damals 50 D-Mark im Monat, trug er in den örtlichen Musikladen »Die Schallplatte«. Fast täglich war Horst dort, setzte sich die herumliegenden Kopfhörer auf, zog die neuesten Vinylplatten aus den Regalen und entschwand in die Klangwelten von Led Zeppelin, Smokie und ab und zu sogar Roy Black. Der hätte einen guten Rock 'n' Roller abgegeben, fand Horst, und bedauerte, dass der Sänger im Schlager festhing. Weil Horst immer auch etwas kaufte, meist Singles für

3,99 DM, ließ ihn der Ladeninhaber gewähren. Horst hörte und lernte. Bald war er richtig gut im Bewerten von Platten, sodass der Geschäftsinhaber ihn immer wieder nach seiner Meinung fragte. Wenn Horst eine Platte gefiel, dann lief sie auch gut im Verkauf.

Es war nur eine Frage der Zeit, bis Horst seine Berufung zum DJ spürte. Er kaufte sich ein altes Mischpult, übte zu Hause und war bald gut darin, die Songs ineinander übergehen zu lassen. Damals musste man nicht scratchen oder wild mixen. Die Leute auf der Tanzfläche freuten sich, wenn sie einen Song von Anfang bis Ende hörten, mit Strophe, Refrain und einer guten Bridge – einem fließenden Übergang zum nächsten Musikstück.

Horst machte sich schnell einen Namen an seiner Schule. Er baute ein paar Lautsprecherboxen auf, setzte gekonnt einige Scheinwerfer zu einer beachtlichen Lichtshow zusammen und wurde bei Partys als Disc Jockey verpflichtet. Immer wieder staunte er über seine Fähigkeit, mit gekonntem Plattenwechsel die Stimmung auf Partys zu beeinflussen. Wenn er merkte, dass die älteren Jungs und Mädchen bereits grinsend umeinander herumschlichen, legte er ein langsames Set ein. Er ließ dann die roten Lichter verzögert blinken und sah zu, wie umschlungene Paare sich auf der Tanzfläche bewegten. Sobald beim dritten Song die Hände der Jungs tiefer wanderten und Mädchen die ersten Klapse verteilten, legte er harten Rock auf und die Masse stürmte wieder auf die Tanzfläche. Es war alles sehr unschuldig damals, und Horst liebte sein Leben. Sein Hobby zum Beruf zu machen, fiel ihm dennoch nicht ein. In der mittelgroßen Stadt im Ruhrgebiet, in der er lebte, war nicht viel Platz für solche Spinnereien.

Mit 16 verließ er die Schule und begann eine Lehre als Chemikant in einem großen Werk. In der Berufsschule war er Klassenbester, seine Sorgfalt und der Wunsch, eine Aufgabe perfekt auszuführen, erwiesen sich als nützliche Eigenschaften. »Sehr gut« stand in seinem Lehrabschlusszeugnis, und niemand wunderte sich darüber. Horst, das war der gutmütige Intelligenzbolzen mit dem Plattenkoffer, ein anständiger Kerl mit Grips. Klar schloss so einer mit »Sehr gut« ab. Klar behielt ihn das Chemiewerk nach der Lehre gleich als Mitarbeiter.

Der Unterhaltungsmusik widmete sich Horst nur am Wochenende. Dann legte er in Lokalen auf und verdiente sich ein schönes Sümmchen dazu. Dabei ging es ihm gar nicht so sehr um die Kohle, sondern um den Spaß. Es waren die Achtziger Jahre, man sagte jetzt »Club« statt »Disco«, und die Tanzflächen waren stets gerammelt voll.

Horst wusste, wie er seine Sets anlegen musste, um die Stimmung anzukurbeln. »Langsam hochfahren, mit einem Knaller explodieren«, erklärte er, »dann runterfahren und wieder explodieren.«

ABBA spielte er immer, bei »Super Trouper« sangen alle mit. Auch Modern Talking mussten öfter ran, zum Ausgleich gab es dann »People are People« von Depeche Mode. Jeder Musikgeschmack wurde bedient, und wenn sich bei Spandau Ballett die knutschenden Paare wiegten, sangen die Singles im Publikum gut gelaunt mit: »Ha, ha, ha-haaa-ha, I know this. Much is. Tru-hue …«

Es war ein kleines Glück, das er lebte und erlebte. Mit Ende 20 heiratete er seine langjährige Freundin Petra. Sie bekamen eine Tochter, die sie in einem Anfall von Frivolität Tiffany nannten. Es blieb die einzige Extravaganz, die Horst sich leistete. Er war das, was manche abschätzig einen braven Bürger nennen.

Doch die Zeiger der Zeit standen nach über einem Jahrzehnt auf Veränderung. Horst und seine Frau stellten fest, dass sie nicht mehr zusammenpassten. Er wollte, dass alles so blieb, wie es war. Petra wollte sehen, ob es da nicht doch noch etwas anderes gab in ihrem Leben. Tiffany war inzwischen ein Teenager und mit sich selbst beschäftigt. Die Ankündigung der Eltern, man würde sich trennen, nahm sie mit einem Achselzucken auf. Die Scheidung war unausweichlich.

Als Horst nach dem letzten familiengerichtlichen Termin aus dem Gerichtsgebäude trat, überlegte er, ob das alles nicht ein Zeichen war, selbst einmal zu überlegen, was das Leben noch für ihn bereithielt. Er war jetzt über 40, spürte das erste Zwicken einer Midlife Crisis, und er wusste: Wenn er jetzt nichts unternahm, würde er die nächsten 30 Jahre so weiterleben. Wollte er das? Er wusste es nicht. Derartige Gedanken überforderten ihn, und Horst hoffte auf ein himmlisches Zeichen.

Wie aufs Stichwort bat ihn der Personalchef zu sich. Das Chemiewerk, in dem Horst seit fast drei Jahrzehnten arbeitete, wollte Stellen reduzieren, erklärte er. Man müsse eben die Zeichen der Zeit erkennen. Ob Horst sich vorstellen könnte, mit einer großzügigen Abfindung das Arbeitsverhältnis zu beenden? Das Angebot lautete 80.000 Mark. Und Horst, der diesen Termin als das erhoffte Zeichen wahrnahm, schlug auf der Stelle ein. Zu dieser Zeit wurde gerade auf Euro umgestellt. Und plötzlich stand auf seinem Kontoauszug nur noch: 40.000 Euro. Das klang nicht mehr so üppig. Trotzdem vergingen die ersten Monate wie im Traum.

Losgelöst von familiären Verpflichtungen stieg Horst in Düsseldorf ins Flugzeug und in Rio de Janeiro wieder aus. Die Copacabana war genauso, wie er sich den berühmten Strand vorgestellt hatte: voller gut gelaunter Leute, die wie er gerne Musik hörten. Nach ein paar Wochen flog er nach Hause, wusch seine Wäsche, packte seinen Koffer und stieg wieder in den Flieger, diesmal nach Ibiza. Er fühlte sich wie ein 18-Jähriger, als er im offenen Hemd, die Bierflasche in der Hand, in der Strandbar saß. Und weil er ein bisschen aussah wie Michael Douglas, wurde er auch von Frauen angesprochen. Und ins Hotelzimmer eingeladen. Und zum Frühstück ohne Bedingungen wieder verabschiedet. Und von der nächsten angeflirtet. Einige Male legte er auf der Insel in Strandclubs auf, und als sie sahen, wie die Gäste begeistert auf den Tischen tanzten, boten ihm gleich zwei Barbetreiber einen festen Job als DJ an.

Doch Horsts gehobene Stimmung war verflogen. Er hatte beinahe so etwas wie einen Urlaubskater. Jahrzehntelang hatte er ein geordnetes, kleinbürgerliches Leben geführt, und es war ihm in Fleisch und Blut übergegangen. Er sehnte sich nach einem geregelten Tagesablauf, nach alltäglichen Dingen wie Einkaufen und Arbeiten. Vielleicht nicht ganz so strukturiert wie zuvor, aber zumindest so, dass es ihm wie ein normales Leben vorkam.

Wieder zu Hause, traf er eine alte Bekannte, Erika aus seiner Schule, die auf den Partys immer besonders wild getanzt hatte. Sie erzählte, dass sie mit ihrem Mann in der Stadt einen Laden für An- und Verkauf führte. Horst könne gerne aushelfen, solange er noch keine neue Stelle habe. Das tat er dann auch, stand in dem 35 Quadratmeter großen Geschäftslokal und freute sich über die Beschäftigung. Sein Gespür für Menschen half ihm, gute Ankäufe zu tätigen. Als die Ehe seiner Bekannten in die Brüche ging und der Ehemann aus dem Laden ausschied, bot Erika Horst eine Geschäftspartnerschaft an. Der schlug ein, steckte die noch vorhandenen 20.000 Euro in den Laden und wurde Miteigentümer. Erikas zarte Avancen wehrte er ebenso zart ab; Sie nahm es nicht weiter übel, und die beiden arrangierten sich schnell als Geschäftspartner.

Der Laden selbst diente in erster Linie dazu, Waren günstig anzukaufen. Der Verkauf lief fast ausschließlich übers Internet. Die Verkaufsplattform eBay war neu, attraktiv und bot die Möglichkeit, auch ohne Lager und Verkaufsfläche gute Geschäfte zu machen. Wenn Horst ein altes Playstation-Spiel erstand, verkaufte er es auf eBay mit zehn Euro Gewinn weiter. Musik-CDs und Elektrogeräte brachten besonders viel Gewinn. Das Geschäft lief richtig gut. Langweilig wurde es auch nie, Horst war froh, den Schritt in die Selbstständigkeit gewagt zu haben. Der Händler hatte ein monatliches Nettoeinkommen von 5000 Euro und erfüllte sich zu Weihnachten einen Herzenswunsch: zwei CD-Player, mit denen man mixen konnte. Nagelneu, vom besten Hersteller. Verzückt lauschte er dem reinen Klang. Das Leben war besser als je zuvor.

Erika lernte einen Mann kennen, mit dem sie ihr zweites Glück erleben wollte. Im Ausland. Ob Horst sich vorstellen könne, den Laden ganz zu übernehmen? Er gab ihr 25.000 Euro als Einmalzahlung und war nun alleiniger Inhaber. Die Kunden mochten ihn, er beriet sie gut und zahlte beim Ankauf einigermaßen fair. Um die 50 Leute kamen täglich zu ihm, um unter anderem alte Spiele, Rasierer und Föne loszuwerden.

Horst testete die Geräte, brachte sie auf Hochglanz und verkaufte die Sachen auf eBay weiter. Alles lief bestens – bis zu der Sache mit der Andrea-Berg-CD.

»Du« hieß das Album, das er zusammen mit einem ganzen Schwung CDs einem seiner Kunden abkaufte. Nagelneu, noch in der Folie, ein Geschenk, erklärte der Mann. Dessen Frau mache sich nichts aus Andrea Berg, deshalb wolle er auch diese CD loswerden. Horst nickte, Andrea Berg sagte ihm nicht viel, aber Geschmäcker waren nun mal verschieden. Er zahlte eine nette Summe für die Kartons mit mehreren hundert CDs, die der Kunde hereinschleppte. Dann stellte Horst Bilder davon auf eBay ein.

Als wenige Tage später zwei Kriminalbeamte in den Laden kamen, dachte er, sie wollten etwas kaufen. Doch die Herren waren aus einem anderen Grund hier. Die CD von Andrea Berg, erklärten sie, die Horst P. da auf eBay anbiete, sei eine nicht lizensierte Kopie, ein Plagiat. Die Plattenfirma von Andrea Berg, die um ihr Geschäft fürchtete und deshalb das Internet nach solchen Kopien durchkämmen ließ, habe Anzeige gegen den Verkäufer erstattet. Und der Verkäufer, das war Horst P.

»Sie müssen als Beschuldigter nichts dazu sagen«, erklärte einer der Kriminalbeamten. »Aber vielleicht möchten Sie sich äußern?«

Horst starrte ihn nur verdattert an. Er hatte keine Ahnung, wovon der Mann sprach. Der Arm der Unterhaltungsindustrie war jedoch sehr lang, und so kam er nicht ganz ungeschoren davon: Zwar wurde das Strafverfahren wegen Verdachts des Verstoßes gegen das Markengesetz eingestellt. Aber Horst P.

musste 500 Euro an eine gemeinnützige Einrichtung zahlen. Die Andrea-Berg-CD war ein schlechtes Geschäft gewesen. Horst P. zuckte die Achseln, zahlte und nahm sich vor, künftig eben keine CDs mehr anzukaufen. Er konnte doch nicht hunderte CDs auf ihre Echtheit überprüfen. Dann lieber verzichten.

Er hatte sich inzwischen noch ein zweites Standbein aufgebaut: Flohmärkte. Hier bewährte sich Horsts überlegte, zuverlässige Art: Er sah zu, dass er sonntagmorgens stets um fünf Uhr früh da war. Dann bekam er einen guten Stand, auf dem er seinen Tapeziertisch aufbaute und sein Warensortiment ausbreitete: Rasierer, Handys, Spielkonsolen. Auf Flohmärkten ging es immer darum, möglichst weit vorne am Eingang zu stehen. Hier kamen die meisten Leute vorbei, die Taschen noch voller Geld. Ein Stand ganz vorne brachte zehnmal so viel wie einer in der letzten Reihe. Horst P. hatte das sofort heraus. Er war diszipliniert, pünktlich, freundlich und verlangte keine horrenden Preise. Die Flohmärkte brachten noch einmal satten Gewinn, das Geschäft lief hervorragend. Jetzt wagte Horst P. es, sich den Traum vom eigenen Haus zu erfüllen. Er fand ein geeignetes Objekt zur Miete in einem Nachbarstädtchen. Die Episode mit der Andrea-Berg-CD war bald eine Anekdote, die er zu großem Gelächter im Freundeskreis erzählte. Dass er keine Zeit mehr hatte, den DJ zu geben, tat ihm zwar etwas leid. Aber wenn er so weitermachte, dachte Horst, würde er sich in spätestens zehn Jahren zur Ruhe setzen können. Dann würde er nur zum Spaß Platten auflegen und das Leben genießen. Vielleicht in Spanien.

Drei Monate später. Es war ein schlechter Tag, nur ein, zwei Leute waren bisher in den Laden gekommen, und was sie zum

Verkauf anboten, war für Horst uninteressant gewesen. Als ein junger Mann das Geschäft betrat und ein Handy anbot, hob sich Horsts Laune gleich beträchtlich. »Ich hab dreihundert Euro für dieses Handy bezahlt«, erklärte der Mann, eine gepflegte Erscheinung im Anzug und mit zurückgegeltem Haar. »Gucken Sie mal, ein Nokia, so gut wie neu. Ich möchte gerne ein anderes kaufen und wäre dieses gern los. Wie viel geben Sie mir denn dafür?«

Horst begutachtete das Handy. Es sah wirklich aus wie neu. »Hundertzwanzig«, sagte er, und der andere schlug ein. Horst stellte das Handy für mindestens 150 Euro auf eBay ein und war guter Dinge, dass er das Gerät bald los würde. Tatsächlich kaufte es ein Kunde für 160 Euro. Nach Abzug der eBay-Gebühren und Versandkosten blieben ihm zwanzig Euro Gewinn. Sein Arbeitsaufwand: ein Foto schießen und zwei Minuten am Computer. Horst liebte solche Geschäfte, er fühlte sich, als habe er sein Leben unter Kontrolle und sei zugleich völlig frei. Doch das änderte sich, als wenige Tage später zwölf Polizeibeamte sein Geschäft stürmten. »Durchsuchung!«, rief einer, und Horst hob vor lauter Schreck die Hände, als wäre es ein Banküberfall.

»Vielleicht könnten Sie mir erklären …?«, unternahm er nach ein paar Schrecksekunden den Versuch zu erfahren, was zur Hölle hier eigentlich los war.

»Verdacht der gewerbsmäßig begangenen Hehlerei«, schnarrte einer der Beamten und gab den anderen mit dem Kinn ein Zeichen, den Laden zu durchsuchen. Wie nebenbei ließ er noch fallen: »Wir drehen übrigens gerade auch Ihr Haus auf links, Herr P., nur dass Sie's wissen.«

Horst wurde blass. Das würde einen Aufruhr unter den Nachbarn geben!

»Aber – aber was habe ich denn gemacht?«, stotterte er. Der Polizeibeamte zeigte Horst P. den Ausdruck einer seiner Verkaufsseiten auf eBay. Zu sehen war das Nokia-Handy, das er wenige Tage zuvor gekauft und wiederverkauft hatte. Wie sich anhand der Seriennummer herausstellte, gehörte das Telefon der Ex-Freundin des Kunden, der in seinen Laden gekommen war. Nach der Trennung hatte er einfach das Telefon mitgenommen und es ohne ihr Wissen an Horst P. verkauft.

»Aber – aber woher soll ich das denn wissen?«, fragte Horst P. empört.

Der Polizeibeamte zuckte die Achseln. »Sie müssen sich schon selbst darum kümmern, woher Sie Ihre Ware beziehen«, sagte er.

Horst setzte sich. Es war so gut wie unmöglich, die Geschichte jedes einzelnen Stückes zu erfahren, das zu ihm in den Laden gebracht wurde. Beunruhigt schloss er hinter den Polizeibeamten ab und fuhr nach Hause, um nachzudenken. Es war Freitag, er würde am Wochenende mal abschalten und am kommenden Montag ein paar Leute anrufen, um sich Rat zu holen. Als er seinen Wagen parkte und auf sein Haus zuging, brachte der Nachbar von nebenan gerade den Müll raus. Horst grüßte freundlich und winkte. Keine Reaktion. Der Nachbar stand nur starr da, die Mülltüte in der Hand, und beobachtete stirnrunzelnd, wie Horst seine Haustür aufschloss. Nanu, wunderte er sich, doch als er das Durcheinander in seinem Vorzimmer sah, fiel es ihm wieder ein: Die Polizei war ja auch hier gewesen. Offenbar hatten sie alles durchsucht, um eventuelle Hehlerware zu finden. Horst lachte bei der Vorstellung bitter auf – was dachten die denn alle von ihm?

Nicht nur dieser eine Nachbar, auch andere Anwohner beobachteten ihn von da an mit Argusaugen. Niemand grüßte mehr, Horst erntete feindselige Blicke, die ihn tief trafen. Er machte nur ein paar Besorgungen, blieb den Rest des Wochenendes im Haus und floh in die Welt von House-Music, Ambient und Trance. Das waren die Musikrichtungen, die ihn nun ansprachen. Als er am Montag in seinen Laden kam, hielt ihm der Besitzer des Nachbarlokals, ein gutmütiger älterer Herr, die Lokalzeitung hin.

»Da habense sich ja was eingetreten«, sagte er besorgt und tippte mit dem Finger auf einen Bericht. »Hehler ertappt!«, stand da, dazu ein reißerischer Artikel, wie die Polizei einen dicken Fisch erwischt habe, der mit gestohlener Ware handelte. Die Leute rund um Horst P.s Laden mussten nur zwei und zwei zusammenzählen, um zu wissen, um wen es sich bei dem angeblichen Verbrecher handelte. Mit zitternder Hand schloss Horst P. seinen Laden auf und ließ sich schwer auf einen Stuhl fallen. Dann rief er mich an.

Wie sich herausstellte, hatte die örtliche Polizei eine Pressemeldung herausgegeben, in der die Durchsuchungen in Horst P.s Laden und Haus als große Sache verkauft wurde. Ich erklärte dem verzweifelten Horst P. die Rechtslage: Für eine Anzeige wegen Hehlerei reicht tatsächlich, dass eine Sache geklaut ist, auch wenn der Ankäufer dies nicht weiß. Weil er An- und Verkäufer war, nahm die Staatsanwaltschaft gleich das Schlimmste von Horst P. an – nämlich, dass der Verkauf gestohlener Waren Teil seines Geschäftskonzepts war. Die Durchsuchung seiner Warenbestände hatte nämlich noch einige weitere gestohlene Produkte zutage befördert: einen Elektrorasierer, den der Verkäufer offenbar vorher aus einem anderen Laden geklaut hatte. Eine Playstation, die ebenfalls entwendet worden war, diesmal von einer Privatperson. Sechs Produkte von über 30.000 Euro, die er bis dahin verkauft hatte, waren »nicht sauber« gewesen. Horst P. war verzweifelt. Normalerweise verlangte er von den Verkäufern Kaufbelege, besonders, wenn die Waren originalverpackt waren. Leichtsinnig war er nicht gerade. Doch mitunter kam es vor, dass jemand so harmlos aussah und eine einleuchtende Geschichte erzählte – wie der Mann mit der Andrea-Berg-CD. Dann vertraute Horst P. darauf, dass seine Menschenkenntnis ihn schon nicht trügen und die Angaben stimmen würden. Zumal er ja auch immer einen fairen Preis bezahlte. Dieses Vertrauen fiel ihm nun auf den Kopf.

»Sie, Herr W.«, sagte der Richter am Amtsgericht, »haben gewerbsmäßige Hehlerei in gleich sechs Fällen betrieben.« Horst P. stand mit hängenden Schultern im Gerichtssaal. Wie hatte es bloß so weit kommen können? Das Ganze erschien ihm wie ein Albtraum. Doch er war wach, der Gerichtssaal war echt, und der Richter da vorne sprach von ihm als sei er ein Schwerverbrecher.

»Das, was Sie gemacht haben, ist höchst kriminell. Der Hehler ist schlimmer als der Stehler«, redete der Richter sich in Rage. »Wenn es Sie nicht gäbe, würden Männer ihren Ex-Partnerinnen das Handy nicht wegnehmen. Wenn es Sie nicht gäbe, hätten Diebe es viel schwerer, ihre Beute wieder loszuwerden.«

Horst P. wurde noch blasser, als er es die vergangenen Wochen bereits gewesen war.

Doch der Richter polterte weiter. »Was Sie gemacht haben, ist wirklich die unterste Stufe. Am liebsten würde ich Sie jetzt schon einsperren!«

Horst P. zitterte am ganzen Leib; es wirkte, als würde er auf der Stelle in Ohnmacht fallen. Ich flüsterte meinem Mandanten Mut zu, während der Richter vorne ungerührt weiter wetterte: »Ich sage Ihnen eins: Sehe ich Sie noch einmal mit auch nur einem einzigen gestohlenen Gegenstand in meinem Gerichtssaal, dann werde ich Sie sofort verhaften lassen! Ich bin für Sie örtlich zuständig, auch in Zukunft, und ich merke mir Ihr Gesicht und Ihren Namen, verstanden?«

Dann verkündete er das Urteil. Horst P. erhielt zehn Monate Freiheitsstrafe auf Bewährung. Als wir zusammen den Gerichtssaal verließen, war er sprachlos. Ich dirigierte ihn in die kleine Gerichtscafeteria, wo er sich eine halbe Stunde lang an seine Teetasse klammerte, bevor er imstande war, nach Hause zu fahren. Noch am Abend erhielt ich von ihm eine SMS: »Gebe den Laden auf. Ich kann so nicht weitermachen.«

Wieder erschien in der Lokalzeitung ein beißender Artikel über seine Verurteilung. Die Anonymisierung war lachhaft: Jeder wusste, dass es sich bei dem An- und Verkaufsladen nur um seinen handeln konnte. Horsts alte Bekannte Erika meldete sich aus der Türkei: Sie habe von der Sache gehört und sei besorgt um ihn, ob alles in Ordnung sei? Zwei Stunden lang sprachen sie über die sechs gestohlenen Produkte, die er angekauft hatte: »Sechs von über dreißigtausend«, schrie Horst fast ins Telefon. »Wenn ich so ein böser gewerbsmäßiger Hehler wäre, wie der Richter behauptet hat, dann würde ich doch viel mehr gestohlenes Zeug da rumliegen haben. Das mussten die doch erkennen, dass mir die durchgerutscht waren.«

Erika pflichtete ihm bei, versuchte ihn zu trösten, aber am Ende des Gespräches sagte sie: »Den Laden kannst du vergessen. Da kommt keiner mehr rein. Denn jetzt werden ganz normale Leute Angst davor haben, als Diebe gesehen zu werden, die gestohlene Waren los werden wollen.«

Und auch den Laden selbst wollte niemand nach dem ganzen Theater übernehmen. Das Geschäftslokal schien richtiggehend vergiftet. Ein Bekannter bot Horst schließlich 8000 Euro für seinen gesamten Warenbestand. Der tatsächliche Wert lag bei über 50.000. Horst zuckte die Achseln und schlug ein.

Er verkroch sich zu Hause. Nur seine Musik konnte in ihm noch Lebensmut wecken. Als seine Geldreserven aufgebraucht waren, meldete er sich beim Arbeitsamt. Er bezog nun »Stütze«, es war ein unwürdiges Dasein, das er nur schwer verkraftete. Die öffentliche Bloßstellung durch Polizei und Presse hatte ihn in schwere Depressionen gestürzt. Er war ein gebrochener Mann. Irgendwann zog er aus dem gemieteten Haus aus in eine 40-Quadratmeter-Wohnung. Fast sein gesamtes Hab und Gut gab er weg. Nur die beiden CD-Player behielt er, dazu das Herzstück seiner Plattensammlung, 50 Vinylplatten. Und die teure Anlage samt Mischpult und Kopfhörer.

Die Musik rettete Horsts Leben. Aber er brauchte ein paar Jahre, bis er sich aufrappelte, wieder in Clubs als DJ zu arbeiten und sich eine treue Fangemeinde erwarb. Er ließ auch den Kontakt zu ein paar Freunden, die er während seiner Auszeit in Spanien gewonnen hatte, wieder aufleben. »Komm zu uns

in die Sonne!«, schrieb Pedro, ein Barbesitzer, der immer noch von den ibizenkischen Nächten schwärmte, in denen Horst als DJ gezaubert hatte. Doch der zögerte. Hatte er noch die Kraft, ein weiteres Mal von vorne zu beginnen?
Eines Tages schlug er eine Tageszeitung auf und las: »Die Bundesrepublik ist Steuersündern auf der Spur: CDs mit Daten von Steuerhinterziehern in der Schweiz und Luxemburg erworben.« Horst P. las den Bericht zweimal: Da feierten sich Politiker dafür, dass sie CDs mit gestohlenen Daten angeblicher Steuersünder erworben hatten. Das sei im Sinne der Bevölkerung. Das Bundesverfassungsgericht habe den Ankauf von rechtswidrig erlangten Steuer-CDs durch die Bundesrepublik ausdrücklich gutgeheißen. Horst warf die Zeitung in den nächsten Papierkorb. Ob der Richter am Amtsgericht das wohl auch als gewerbsmäßige Hehlerei bezeichnen würde? Dann fuhr er nach Hause, packte einen Koffer und flog nach Spanien.

SCHREIEND UNGERECHT

Zweierlei Maß und Willkür

Im Lateinunterricht lernte ich den Spruch: »Quod licet Iovi non licet bovi – was dem Jupiter gestattet ist, ist dem Ochsen noch lange nicht erlaubt.« Offenbar hatte man auch im alten Rom die

Erfahrung gemacht, dass »die da oben« sich mehr herausnehmen durften als »wir da unten«.

Und so ist es auch heute: Der Staat darf gestohlene oder unterschlagene CDs mit Steuerdaten aus der Schweiz und Liechtenstein ankaufen, um damit mutmaßliche Steuersünder zu überführen. Mein Mandant hatte richtig gelesen: sogar das höchste deutsche Gericht billigte diese Vorgehensweise des Staates, die rein formal betrachtet als gewerbsmäßige Hehlerei zu werten wäre.

Einem kleinen An- und Verkaufshändler wie Horst P. hängt man hingegen und steckt ihn – obwohl er noch nicht einmal Kenntnis von der illegalen Herkunft der Ware hatte – fast ins Gefängnis. Erstaunlich ist, dass der Staat an anderer Stelle argumentiert, dass er sich nicht mit einem Verbrecher auf eine Stufe stellen darf. In Artikel 102 des Grundgesetzes steht, dass die Todesstrafe abgeschafft wurde – leitendes Motiv hierfür: Der Staat muss sich, anders als der Verbrecher, stets redlich verhalten.

Wenn es ums Staatssäckel geht, scheint das aber plötzlich doch nicht mehr zu gelten. Ebenso ungerecht ist die Willkür der deutschen Justiz in der Feststellung, wann beim Käufer einer Ware ein Hehlereivorsatz besteht. In der Praxis des Strafverfahrens kommt es fast nie vor, dass einem Käufer das Wissen über die illegale Herkunft der gekauften Ware nachgewiesen werden kann. Im gerichtlichen Alltag läuft es so: Wenn ein krasses Missverhältnis zwischen dem Neu- und dem gezahlten Kaufpreis besteht, schließt der Richter allein daraus, dass der Käufer von der illegalen Herkunft gewusst haben muss. Wann aber liegt ein krasses Missverhältnis vor? Das wird von Gericht zu Gericht völlig unterschiedlich entschieden.

Zwei reale Beispiele aus dem Gerichtsalltag machen das überdeutlich:

Ich habe einen Fall erlebt, in dem ein Mandant wegen Hehlerei verurteilt wurde, weil er für ein neues iPhone, das im Handel 799 Euro kostet, nur vierhundert bezahlt hatte. »Viel zu wenig!«, rief der Richter, »da weiß man doch, dass mit der Ware was nicht stimmt.« In einem anderen Fall hatte eine Parfumliebhaberin auf dem Flohmarkt ein Paket mit 25 Flakons erstanden, die im Handel je 100 Euro kosteten. Sie zahlte statt 2500 nur 500 Euro. Das zuständige Gericht entschied, in Zeiten des Postenhandels dürfe man ein solches Geschäft in guter Absicht abschließen. Das Strafverfahren endete mit einem Freispruch.

Ich stelle fest: Es wird nahezu willkürlich entschieden, wann Hehlerei vorliegt oder nicht.

Wie es gerechter wäre

Der Staat darf sich nicht verhalten wie beim Ankauf der Steuer-CDs. Sobald es um die Staatskasse geht, heiligt der Zweck die Mittel. So verliert der Staat jedoch die Glaubwürdigkeit vor den Bürgern.

Dass eine mögliche Strafbarkeit, wie hier beim Delikt der Hehlerei, im übertragenen Sinne an der Reißfestigkeit eines Zufallsfadens hängt, ist meines Erachtens nicht akzeptabel.

Ändern würde das eine ganz einfache Regel: Kauft ein Kunde bei einem gewerblichen Händler, so ist er unabhängig von der Höhe des gezahlten Kaufpreises gutgläubig, wenn er eine ordnungsgemäße Rechnung bekommt. Kauft ein Kunde von einer Privatperson, ist der Erwerber immer dann gutgläubig, wenn ihm ein Anschaffungsbeleg wie eine Quittung vorgelegt und zumindest kopiert wird. Diese Voraussetzungen könnte der Gesetzgeber ausdrücklich in den Hehlereitatbestand als Ausschlussgrund aufnehmen. Und schon wäre jeder Schnäppchenjäger wirksam vor einer möglichen Strafbarkeit geschützt.

Was, wenn ich betroffen bin?

Die Schnäppchenjagd ist der Deutschen liebstes Hobby. Auf dem Flohmarkt, im Internet, überall suchen wir nach günstigen Kaufgelegenheiten. Was nun, wenn Sie vor dem Stand eines Trödlers stehen und Ihnen drei Flaschen Shampoo für drei Euro angeboten werden, von denen Sie wissen, dass diese im Handel neun Euro kosten? Passen Sie auf. Sind die Flaschen originalverpackt, und landen Sie zufällig vor demselben Richter, der Horst P. verurteilte, stehen Sie – provokant formuliert – bereits mit einem Bein im Gefängnis. Nämlich dann, wenn diese Shampoo-Flaschen »vom Lkw gefallen« sind.

Sie können bisher überhaupt nicht sicher ausschließen, dass Sie sich nicht strafbar machen – egal, wie Sie sich verhalten. Die einzige Möglichkeit: Sie bezahlen lieber doch gleich neun Euro für die Ware. Ebenso sollten Sie bei Internetkäufen vorsichtig sein. So mancher Richter hat eine antiquierte Sichtweise und argumentiert sinngemäß: »Wer überhaupt übers Internet kauft, der muss doch wissen, dass dort nur Verbrecher rumlaufen. Fördern Sie lieber den deutschen Einzelhandel, dann landen Sie auch nicht in meinem Gerichtssaal.« Alles schon gehört.

KAPITEL 9

Kinder dürfen alles

Der eine noch, dann ist Schluss für heute, dachte Helga T., als ein schmaler Junge in einer teuer aussehenden Lederjacke den Tankstellenshop betrat. Es war ein langer Tag gewesen, in wenigen Minuten würde sie schließen. Helga T. war müde und freute sich auf ihren späten Feierabend. Diesen Kunden würde sie noch freundlich bedienen und dann ... Doch ihre Gedanken wurden jäh unterbrochen, als der Junge eine Waffe hinter seinem Rücken hervorholte, auf sie richtete und in routiniertem, fast gelangweiltem Ton befahl: »Überfall! Geld her!«

Mit einem Schlag war Helga hellwach. Ruhig bleiben, befahl sie sich selbst. Sie war eine gestandene Frau von 58 Jahren. Seit drei Jahrzehnten arbeitete sie als Kassiererin an Tankstellen. Wenn sie auch noch nie einen Raubüberfall erlebt hatte, so wollte sie sich von diesem Bürschchen doch nicht den Schneid abkaufen lassen. Geistesgegenwärtig drückte sie den Knopf, den fast alle Tankstellen im Kassenbereich eingebaut haben: ein stiller Alarm, der direkt bei der nächsten Polizeiwache einging. Die Beamten würden in wenigen Minuten da sein, und vielleicht würde dieses freche Bürschchen, das ihre Bewegung mit hochgezogenen Augenbrauen beobachtet hatte, Schiss kriegen und gleich wieder abhauen.

Doch der Junge blieb direkt vor ihr stehen und blickte sie über die Verkaufstheke hinweg kühl an. Dann hob er den Arm, beugte sich vor und schlug ihr mit einer geübten Bewegung die Waffe auf den Kopf. Es war eine 440 Gramm schwere Gaspistole, wie sich später herausstellen sollte. Trotz seiner schmalen Statur zeigte der Täter eine erstaunliche Kraft und noch mehr Entschlossenheit. Verblüfft starrte Helga T. ihn an, sie spürte, wie etwas Warmes ihre Schläfe runterrann. Abwehrend hob sie eine Hand, öffnete den Mund, um etwas zu sagen. Doch der Junge war schon um die Verkaufstheke herumgegangen, hob den Arm erneut – und schlug wieder zu. Und dann noch ein drittes, viertes und fünftes Mal. Der Shop mit seinen Regalen begann sich um Helga T. zu drehen, in ihrem Kopf dröhnte es, und zugleich verstummten alle Geräusche um sie herum. Sie sah, dass ihr Blut wie in Zeitlupe zu Boden tropfte, und während sie langsam zusammensackte, nahm sie wie durch einen Nebel wahr, wie der junge Mann einen entschlossenen Schritt zur Kasse tat, einen Haufen Geldscheine in seine Taschen stopfte und, ohne sie eines weiteren Blickes zu würdigen, verschwand. Als die Polizeibeamten eintrafen, schaffte sie noch ein heiseres »Überfall …«, dann verlor Helga T. die Besinnung.

* * *

Florentin war sechs Jahre alt, als sein Vater Kadir K. die Familie im Wohnraum versammelte und erklärte, sie würden nach Deutschland gehen. Die ganze Familie, denn er habe es so beschlossen. Es herrschte Bürgerkrieg im Kosovo. Das Dorf der Familie K. war bisher verschont geblieben, aber das Leben dort bot keine Perspektive. Kadir hatte gehört, dass jeder, der es nach Deutschland schaffte, dort um Asyl nachsuchen konnte – und es üblicherweise auch bekam. Und dass dort viel Geld zu machen war. Man sah es an den Häusern der ersten Heimkehrer, richtige Villen waren das, vor denen dicke Autos parkten. So ein Leben wollte Kadir K. auch, und so suchte er einen Schleuser, der die ganze Familie nach »Gjermani« schaffen würde.

Was der Vater befahl, wurde gemacht. Seine Frau Emine, damals 37 Jahre alt, packte ein paar Sachen für die Kinder zusammen, ein Mädchen von sieben und zwei Jungen von sechs und acht Jahren. Der Jüngste, Florentin, war der Augenstern seiner Mutter, ihr kleiner Prinz. Die älteren Geschwister fanden sich gutmütig mit ihrem Schicksal als zweite und dritte Geige ab. Florentin war sehr charmant, er musste nur die großen, dunkelbraunen Augen aufreißen, schon lagen ihm alle zu Füßen. Jeder Wunsch wurde ihm von seinen Augen abgelesen. Sein Vater hob ihn oft hoch, tollte mit ihm herum und redete von einer glorreichen Zukunft: von dem vielen Geld, das in diesem neuen Land vom Himmel regnen, und der Ehrerbietung, mit der man ihnen später in der Heimat deswegen begegnen würde.

Es dauerte eine Weile, bis Kadir K. die 5000 Euro zusammen hatte, die der Schlepper verlangte. In einem Lieferwagen chauffierte der Schleuser die Familie über fünf Landesgrenzen, bis sie nach 20-stündiger Fahrt in einer großen Stadt im Ruhrgebiet ausstiegen. Kadir K. meldete sich bei der Adresse, die ihm der Fahrer genannt hatte – eine Behörde. Er beantragte Asyl, erzählte vom Bürgerkrieg in seinem Land, und dass er sich für seine kleinen Kinder eine sichere Zukunft wünschte: Noch am selben Tag packte Emine in einer Flüchtlingsunterkunft die wenigen Taschen aus, die sie mitgebracht hatten.

»Und wir müssen keine Miete zahlen?«, fragte sie ihren Mann ungläubig.

»Keine Miete«, versicherte Kadir ihr und ging hinaus, um sich umzusehen.

Die Unterkunft lag in einer leergezogenen Grundschule, einem Flachdachbau aus den Siebzigern, der dringend eine Sanierung benötigte. Es roch muffig, in manchen Ecken konnte man Schimmelspuren erkennen. Aber Kadir hatte schon Schlimmeres gesehen. Zuerst erkundigte er sich bei anderen Bewohnern, wo man hier Arbeit finden konnte. Die Antwort war ernüchternd: Als Asylwerber war es ihm verboten, einer geregelten Arbeit nachzugehen. Das hatte ihm der Schleuser nicht erzählt. Frustriert setzte er sich zu ein paar älteren Männern, die resigniert vor ihren Teetassen saßen. Es gab einige Kosovaren in der Flüchtlingsunterkunft. Man fand schnell zueinander und bildete kleine Verbände, Familienersatz für die Entwurzelten, von denen die meisten nicht freiwillig ihr Land verlassen hatten.

Es herrschte eine gewisse Vertrautheit unter den Landsleuten, und bald steckte einer dem Neuen, Kadir, dass es in Deutschland noch eine andere Möglichkeit gäbe, Geld zu verdienen. »Du musst für ein paar Jahre bescheiden leben«, sagte der Landsmann, »aber danach hast du viel Geld und wirst eine geachtete Person sein.« Deutschland sei ein reiches Land mit großzügigen Bürgern. Wenn diese einen Bettler sähen, gäben sie ihm ein paar Münzen. Viele Landsleute hätten auf diese Weise reichlich Geld verdient und seien als gemachte Männer zurück in den Kosovo gegangen. Kadir hörte aufmerksam zu. Er begann zu ahnen, wie die großen Häuser und die teuren Autos, die ihm in der Heimat aufgefallen waren, finanziert worden waren. Wenn diese Leute bereits Erfolg gehabt hatten, dachte er, dann würde ihm das ebenfalls gelingen.

Kadir legte sein neues Geschäft, wie er es nannte, professionell an. Er ging mit einem anderen Asylwerber, der bereits Erfahrung mit dem Betteln hatte, in die Stadt und ließ sich erklären, wo man sich am besten hinsetzte und wie man sich verhalten sollte.

»Perfekt geeignet sind Orte, wo Geld kursiert«, sagte der andere. »Geldautomaten sind gut. Oder teure Boutiquen. Banken sowieso. Da haben die Leute schneller ein schlechtes Gewissen und geben mehr Geld.« Dann drehte er sich zu Kadir. »Du wirst als Mann nichts herausschlagen«, erklärte er. »Du spielst besser die Rolle des Aufpassers. Du postierst deine Leute an bestimmten Plätzen, du prüfst, ob sie auch an der Stelle bleiben und das Geld nicht selber einstecken, und so weiter.«

»Und wen setze ich am besten hin, um zu betteln?«, fragte Kadir.

»Je jünger, desto besser«, sagte der andere, »Du hast doch drei Kinder, oder? Eines davon vielleicht krank? Kommt immer gut.«

»Nein, niemand ist krank«, entgegnete Kadir.

»Egal«, sagte der andere und schlug ihm lachend auf die Schulter, »Hauptsache, ihr simuliert gut.«

Florentin vergötterte seinen Vater. Er musste noch nicht zur Schule wie seine älteren Geschwister und freute sich, dass er jeden Tag alleine mit dem Vater losziehen durfte. Und wenn Papa sagte, dass er in der Fußgängerzone sitzen und traurig dreinschauen sollte, dann machte er das. Kadir besorgte einen Rollstuhl, setzte Florentin hinein, breitete eine Decke über seine Beine und stellte ein Schild daneben auf. Darauf stand in zittrigen Druckbuchstaben geschrieben: »Ich bin seit meinem dritten Lebensjahr querschnittsgelähmt und brauche dringend Geld für eine Operation. Bitte helfen Sie mir!«

Die Menschen gingen vorbei, hielten inne, schüttelten den Kopf, kamen zurück und warfen Münzen in den Hut, den Kadir vor dem Rollstuhl platziert hatte. Nachmittags gesellten sich die älteren Geschwister dazu, postierten sich an anderen Ecken und gaben vor, an verschiedenen Krankheiten zu leiden. Sie verdienten gut, aber Florentin mit seinen großen Augen und dem natürlichen Charme war der Star. Scheinbar hilflos hing er in seinem Rollstuhl und starte hoffnungsvoll auf jeden Passanten, den verzweifelten Vater an seiner Seite, der mit tränenerstickter Stimme allen dankte, die mit ein paar Münzen das Schicksal seines Sohnes zum Guten wenden wollten.

Florentin lernte schnell. Er merkte, dass die Leute mehr gaben, wenn bereits im Hut größere Münzen und ein bis zwei Fünf-Euro-Scheine waren. Das sagte er seinem Vater, der zu Beginn des Tages selbst einen Fünf-Euro-Schein in den Hut legte. Es war ein einfacher, aber wirkungsvoller Trick, denn die Passanten griffen tatsächlich umso tiefer in ihre Geldbörsen. Fast ausschließlich Ein- und Zwei-Euro-Münzen landeten im Hut. Cent-Stücke fanden sich nur wenige, wenn die Familie abends die Einnahmen zählte. Oft genug hatte allein Florentin 200 Euro an einem einzigen Tag erbettelt.

Kadir war der Chef der Bande. Er teilte die Kinder auf die verschiedenen Plätze auf, kontrollierte, ob sie auch brav bettelten, und sammelte sie nach einigen Stunden wieder ein. Bald sprach sich in der Flüchtlingsunterkunft herum, dass der Neue ein profitables Geschäft aufgezogen hatte. So gaben ihm andere Eltern ebenfalls ihre Kinder mit, und auch einige Mütter schlossen sich an. Nach wenigen Monaten hatte Kadirs Bettelbande 15 Mitglieder, die insgesamt täglich bis zu 2000 Euro bei ihm ablieferten. Zwanzig Euro Lohn gab es jeweils für die Kinder und Frauen, den Rest steckte Kadir selbst ein. Die anderen akzeptierten den kargen Lohn, denn Kadir war sehr gut organisiert, fand stets gute Plätze und hielt ihnen die Konkurrenz vom Leib. 100 Euro pro Woche mehr zu haben, das war für die Leute in der Flüchtlingsunterkunft ein spürbarer Unterschied. Und so fügten sie sich Kadirs Diktat. Als er sich einen gebrauchten Mercedes-Van für 25.000 Euro kaufte, begehrten sie nicht auf, sondern waren stolz auf ihren Chef.

Jeden Mittag lud er auf die Rückfläche seines Vans die Frauen und Kinder, die an diesem Tag für ihn betteln sollten. Eine Gruppe platzierte er in der Innenstadt, die andere in einer weiter entfernt liegenden Fußgängerzone. Nach ein paar Tagen tauschte er die Leute aus oder fuhr sie in die nächste Stadt, sodass niemandem auffiel, dass es immer dieselben Menschen waren, die bettelten.

Immer noch lebte Kadirs Familie in der Asylunterkunft, sie hatten ja keine Ausgaben für Wohnen oder Essen, selbst die

Kleidung wurde ihnen geschenkt. Ab und zu schaffte Kadir eine Ladung Geld in den Kosovo. Niemand bemerkte, dass er immer wieder in die Heimat zurückkehrte, aus der er schließlich geflohen war. Bereits nach eineinhalb Jahren konnte er sich in der Heimat seinen Traum erfüllen: eine große Villa mit Sauna, Pool und Garten. 300.000 Euro sollte der Prachtbau kosten. Kadir warb Arbeiter an, installierte einen Cousin, der die Bauarbeiten beaufsichtigte, und fuhr zurück ins Ruhrgebiet, um die »Arbeit« seines Clans zu überwachen. Noch drei, vier Jahre, überlegte er, dann habe ich genug verdient für ein schönes Leben und kann mich in der Heimat zur Ruhe setzen.

Doch das Geschäft lief nach einiger Zeit nicht mehr so gut. Es gab Beschwerden über die bettelnden Kinder, immer öfter rief jemand die Polizei. Gerüchte machten die Runde, hier säßen gar keine Hilfsbedürftigen, sondern organisierte Bettelbanden. Florentin wurde größer und verlor seinen kindlichen Ausdruck. Das Leben auf der Straße hatte sein Gesicht früh verhärtet, in seine großen Augen war etwas Verschlagenes getreten. Immer noch war sein Vater für ihn der Größte, und als Kadir ihm erklärte, er wäre jetzt ein großer Junge und würde eine neue Aufgabe bekommen, war Florentin mit Feuereifer dabei.

Kadir hatte einen Tipp bekommen: Diebstähle in Supermärkten und Drogerien würden noch mehr einbringen als die Bettelei, und wenn er seine Kinder losschickte und jemand sie erwischte, würde nichts passieren. In Deutschland sind Kinder unter 14 Jahren strafunmündig. Kadir lachte laut, als er das hörte.

»Ein Land wie ein Brunnen, aus dem man Geld schöpfen kann!«, rief er und besprach mit seinem Jüngsten, wie man am besten klaute. Florentin war schmal, flink und geschickt. Er lernte schnell. Unbemerkt ließ er in Supermärkten Cremedosen, teure Kosmetika und Parfums in einer Tasche verschwinden, die der Vater präpariert hatte: diese war mit einer speziellen Folie ausgestattet, die verhinderte, dass die auf den Produkten angebrachten Sicherheitsetiketten beim Verlassen des Geschäfts den Diebstahlsalarm auslösten. Die heiße Ware verscherbelte Kadir an einen Hehler und kassierte ein Drittel des Ladenverkaufspreises. Aus »sportlicher Motivation« zog Florentin auf seinem Heimweg außerdem so manchem Passanten die Geldbörse aus der Manteltasche. So kam es, dass ihn Kadir eines Tages überhaupt nicht mehr zum Betteln schickte. Das Klauen war weit lukrativer.

Mit elf Jahren gehörte Florentin zu den Besten in seinem Geschäft. Sein Selbstbewusstsein schwoll zu Arroganz an. Geht brav zur Schule, hatte ihm und den Geschwistern der Vater eingeschärft, und macht keinen Ärger, dann fallt ihr nicht weiter auf. Gelangweilt saß Florentin also im Unterricht. Mit dem Läuten der Schulglocke beauftragte er einen schüchternen Kumpel aus der Flüchtlingsunterkunft damit, die Hausaufgaben zu erledigen. Florentin wiederum zog los, zum jeweiligen Treffpunkt, wo bereits der Mercedes-Van seines Vaters stand.

Der Tagesablauf war stets der gleiche: Mittags setzten sie zuerst die Frauen und Kinder zum Betteln in der Innenstadt ab, denn ein paar hundert Euro ließen sich so immer noch verdienen. Danach fuhren Kadir und Florentin weiter von einem Supermarkt zum nächsten, von einer Drogerie zur anderen, von Kaufhaus zu Kaufhaus. Rasierklingen gingen besonders gut, landeten paketweise in Florentins präparierter Tasche.

Nach ein paar Monaten wurde er zum ersten Mal von einem Kaufhausdetektiv erwischt. Florentin war von seinem Vater auf diesen Fall vorbereitet worden. Mit Tränen in den Augen saß er im Büro des Detektivs und bettelte, man möge seinen Eltern nichts davon erzählen, sie würden ja so enttäuscht von ihm sein, er wolle es bestimmt auch nie wieder tun. Die Polizei wurde gerufen, zwei Beamte nahmen den gekonnt zitternden Jungen in Empfang und brachten ihn in die Flüchtlingsunterkunft, wo der zweite Akt des Schauspiels aufgeführt wurde: Mutter Emine, die sofort die Situation erfasst hatte, schlug die Hände über dem Kopf zusammen, zeterte und befahl Florentin, ins Kinderzimmer zu gehen. Sie müsse von den hochverehrten Herren Polizisten erfahren, was ihr Sohn angestellt habe. Der Junge trottete mit gesenktem Kopf davon, und Emine wandte sich händeringend an die Polizeibeamten.

»Hat Kinder geschlagen?«, fragte sie als erstes besorgt.

Die Polizisten verneinten.

»Oder Zigarette rauchen?«

Wieder schüttelten die beiden Polizeibeamten den Kopf.

»Er hat im Kaufhaus geklaut«, sagte einer.

Emine schaute ihn ratlos an.

»Gestohlen«, sagte der Polizist und machte eine entsprechende Handbewegung. »Sachen weggenommen. Bei Kaufhaus.«

Darauf schrie Emine, schlug voller Leid die Hände vors Gesicht und ließ sich erschöpft in einen Stuhl sinken.

»Sie müssen auf Ihr Kind besser aufpassen«, sagte der eine Beamte und zeigte die präparierte Tasche. »Er hat das sicher nicht zum ersten Mal gemacht.«

Emine drehte und wendete verstört die Tasche in ihren Händen, weinte und versprach, sie würde von nun an ein besonderes Auge auf ihren Sohn haben. »Muss Florentin Gefängnis gehen?«, fragte sie mit tränenerstickter Stimme.

»Nein, das muss er nicht«, beruhigte sie der Polizist und erklärte, dass ihr Sohn strafunmündig sei.

»Und ich?«, fragte Florentins Mutter mit ängstlichem Augenaufschlag. »Ich Strafe bekommen?«

Auch das verneinten die Beamten, ermahnten die erleichterte Frau noch einmal, auf ihren Sohn zu achten, und gingen. Emine rief Florentin heraus, lobte ihn für seine Vorstellung und ging in die Gemeinschaftsküche der Unterkunft, um ein besonders leckeres Essen zu kochen. Als der Vater wenig später ankam, erzählte sie ihm zufrieden, dass es stimmte, was man ihm uber die deutsche Polizei gesagt hatte: Florentin blieb wegen seines Alters ohne jede Strafe, und auch sie, die Eltern, würden nicht belangt. Beruhigt setzte sich Kadir an den Esstisch. Von nun an würden sie richtig absahnen.

Florentin besuchte zehn Geschäfte pro Tag. Alle paar Wochen wurde er fortan erwischt, jedes Mal spielte sich die gleiche Szene ab, und als die Polizisten beim vierten Mal sagten: »Hören Sie zu, Ihr Sohn ist ein Profidieb, Sie müssen etwas dagegen unternehmen«, gab Emine sich nicht einmal mehr die Mühe, zu weinen. Kadir brachte die gestohlenen Waren zum Hehler seines Vertrauens, kassierte seine rund 30 Prozent des Neupreises und zählte abends in der Flüchtlingsunterkunft zufrieden die Scheine. Etwa 700 Euro blieben ihm jeden Tag, dazu kam das Geld, das die anderen Kinder und Frauen erbettelten. Alle paar Monate fuhr er mit einer Tasche voller Geldbündel in den Kosovo. Noch ein, zwei Jahre, dachte er, dann hören wir auf.

Eines Tages stand ein Vertreter des Jugendamts in der Unterkunft. Die Polizei hatte Meldung gemacht, weil Florentin bereits zum zehnten Mal erwischt worden sei. Emine stotterte in gebrochenem Deutsch. Der Herr vom Jugendamt erklärte, dass Florentin dringend eine Beschäftigung brauchte. Ob man nicht ein Hobby für ihn finden könnte, etwa einen Fußballverein. Emine nickte, sagte »Ja ja, Fußball gut, danke«, und komplimentierte den Mann nach zehn Minuten hinaus. Als er nach sechs Monaten noch einmal kam, blieb er etwas länger als beim ersten Mal, hörte sich teilnahmsvoll an, dass Florentin sich leider beim Fußball immer wieder verletzt und deshalb keinen Spaß mehr an diesem Spiel habe. Das war alles.

Florentin klaute, wurde erwischt, nach Hause gebracht, ermahnt und klaute weiter. Sein Vater lobte ihn über den grünen Klee, nannte ihn eines Tages auf dem Heimweg von einer ihrer Diebestouren einen »Mann« und dass er sehr stolz auf ihn sei.

Langsam fuhr Kadir auf den Hof der Asylunterkunft vor, stieg aus, winkte seiner Frau zu, die aus dem Fenster sah. Plötzlich griff er sich an die Brust, verzog das Gesicht zu einer schmerzverzerrten Fratze und fiel einfach um. Herzinfarkt.

Sie brachten den Leichnam des Vaters in den Kosovo, um ihn zu begraben. Dann kehrte die Familie in die Flüchtlingsunterkunft zurück. Weil Florentin niemanden mehr hatte, der ihn durch die Stadt fuhr, beschränkten sich seine Diebestouren auf Läden, die er zu Fuß oder mit dem Bus erreichen konnte. Er war größer geworden, sein Blick kälter. Die Ladendetektive kannten ihn inzwischen und riefen sofort die Polizei. Florentin brauchte ein neues Geschäft. Einer der Älteren in der Unterkunft bot ihm einen Joint an. Entspannt lag Florentin auf dem Sofa und musste zum ersten Mal nicht an den Tod seines »Baba« denken. Dieses Zeug war gut. Und er hatte schon gehört, dass die Älteren damit viel Geld verdienten. So stieg Florentin in den Drogenhandel ein – mit gerade einmal zwölf Jahren.

Sein neuer Kumpel hatte Kontakte in die Niederlande und importierte Marihuana. Florentin kaufte ihm probeweise hundert Gramm ab, die er weiter vertickte. Alles ging glatt, und so steigerte er die Mengen, bis er eines Tages fünf Kilo Gras bezog und ein Bombengeschäft machte. Florentin erwarb sich den Ruf eines harten Geschäftsmannes, und trotz seines jungen Alters hatten die anderen Kids Respekt vor ihm. Sein Blick ging ihnen durch Mark und Bein. Gerüchte machten die Runde, dass ein konkurrierender Dealer sich mit Florentin angelegt hätte, und jetzt läge der Aggressor mit durchschossener Kniescheibe im Krankenhaus.

Neben Marihuana bot Florentin bald auch Ecstasy und Speed an. Wenn die Polizei ihn erwischte, folgte er den Beamten grinsend, wohl wissend, dass ihm nichts geschehen würde in diesem Land voller Idioten.

»Du hast es gut, Florentin«, bemerkte sein älterer Kumpel voll Neid, »du könntest jetzt rausgehen und irgendwen ausrauben, und nichts würde passieren.«

Florentin lachte. Dann dachte er: Warum nicht?

Er besorgte sich eine Sturmmaske und eine Gaspistole. Florentin überlegte, wo er »üben« konnte. Ein Stück weiter war eine Spielhalle, dort sei immer viel Geld gelagert, hieß es. Florentin sah sich die Location an und entdeckte in einer Nische den Tresor. Eigentlich durfte er sich dort nicht aufhalten, aber niemand nahm von ihm Notiz. Er prägte sich die Örtlichkeit ein, ging wieder hinaus und wartete ein paar Tage. An einem Vormittag, an dem dort nichts los war, atmete er tief durch, stürmte mit erhobener Gaspistole hinein, zischte »Überfall!« und packte die verschreckte Kassiererin mit einer solchen Wucht, dass sie stürzte. Der schmächtige Junge hatte erstaunlich große Kraft, zerrte die Frau wieder hoch und stieß sie zum Tresor, wo sie mit zitternden Händen Eurobündel in die Plastiktüte warf, die ihr Florentin hinhielt. Er stieß ihr den Lauf der Gaspistole unsanft gegen die Stirn, befahl ihr, sich umzudrehen und rannte davon. In einer einzigen Aktion hatte er so 12.000 Euro erbeutet. Dafür brauchte er sonst einen ganzen Monat.

In der Zeit danach verübte Florentin über 15 Raubüberfälle. Er arbeitete die Ziele systematisch ab. Eine Spielhalle, eine Tankstelle, ein Kiosk. Nächste Stadt. Eine Spielhalle, eine Tankstelle, ein Kiosk. Nächste Stadt. Das Ruhrgebiet war durch öffentliche Verkehrsmittel gut vernetzt, er musste keinen Ort zweimal aufsuchen. Mehr als 150.000 Euro brachten ihm die Überfälle ein. Zweimal wurde er gefasst. Er kannte die Polizisten, die ihn holten, bereits und grüßte sie freundlich grinsend. Zähneknirschend lieferten ihn die Beamten in der Flüchtlingsunterkunft ab.

Das Jugendamt wurde wieder vorstellig. Man könne Florentin in einem Heim unterbringen, wenn die Mutter überfordert sei. Doch Emine weinte und schrie, der Junge habe doch gerade erst seinen Vater verloren, er dürfe nicht auch noch seine Mutter und seine Geschwister verlieren. Zwei Frauen vom Jugendamt kamen in unregelmäßigen Abständen in die Unterkunft und sahen nach, ob Florentin da war. In der Schule ließen sie ihn in Ruhe, der kalte Blick, mit dem er die Erwachsenen taxierte, als überlege er, was er mit ihnen anstellen würde, verschreckte sogar den Direktor.

Als Florentin seinen 14. Geburtstag feierte, war er bereits über 50 Mal strafrechtlich aufgefallen. Von jetzt an, hieß es von den Älteren, müsse er aufpassen. Jetzt sei er strafmündig, und wenn er erwischt würde, hätte das Folgen. Probehalber zog Florentin am Busbahnhof zwei Teenager ab: Messer an den Hals, bisschen ritzen, sodass sie sich in die Hose pissten, Handys und Tablet abnehmen. Ein paar Tage später stand wieder mal die Polizei in der Unterkunft. Die überfallenen Jungs hatten Florentin aufgrund eines Tipps auf seinem Facebook-Profilbild wiedererkannt. Doch diesmal nahmen die Beamten den jungen Intensivtäter wegen des »Abziehens« mit zur Wache. Erstmals wurde ein Strafverfahren gegen ihn eröffnet. »Cool bleiben«, schärfte ihm sein älterer Kumpel ein. Und Florentin blieb cool. Bis zu seinem Prozess fünf Monate später drehte er noch ein paar Dinger. Ein Vertreter der Jugendgerichtshilfe erschien, unterhielt sich eine Viertelstunde mit ihm und ging wieder.

Zu seinem Gerichtstermin erschien Florentin allein. Weil die zwischenzeitlich zuständige Sachbearbeiterin der Jugendgerichtshilfe erkrankt war, fehlten dem Jugendrichter die Informationen über Florentins Vorgeschichte. Der saß mit gesenktem Haupt da und schwor, der Überfall auf die Jungs am Busbahnhof sei eine Mutprobe gewesen, eine Dummheit, und er wolle es bestimmt nicht wieder tun. Der Jugendrichter nickte milde und verurteilte den reuigen Angeklagten zu 80 Sozialstunden und einem Wochenendarrest. Als Florentin den Gerichtssaal verließ, konnte er sich ein Grinsen nicht verkneifen. In der Flüchtlingsunterkunft wurde er von seinen Kumpels johlend empfangen, während andere Bewohner sich ängstlich an der Gruppe vorbeidrückten. Den auferlegten Arrest hatte er schnell hinter sich, vor der Jugendarrestanstalt sogar noch Marihuana an andere Insassen verkauft. Florentin war berüchtigt, Geschichten über Waffen und ausgeschaltete Konkurrenten machten die Runde. Florentin genoss die Gerüchte. Er war nun ein geachteter Mann, so wie es sein Vater vor ihm gewesen war. Der Prozess war vergessen. Florentin dachte bereits an sein nächstes Ziel: die Tankstelle an der großen Straße, an der er jeden Abend vorbeikam, und die zu dieser Uhrzeit kaum jemand frequentierte. Hinter der Kasse sah er die immer gleiche Frau, eine ältere Dame, die ihm keine Probleme machen würde. Ein paar Tage später zog er seine Lieblingslederjacke an, holte die Gaspistole aus dem Versteck und zog los. Die Sicherheitskamera hielt den Überfall fest. Einer der ermittelnden Beamten erkannte Florentin trotz der getragenen Cappy sofort. Diesmal würden sie ihm das Handwerk legen.

* * *

Helga T. hatte auf den Prozess monatelang gewartet. Seit jenem Abend, an dem der Junge mit den kalten Augen sie überfallen und zusammengeschlagen hatte, ging es ihr nicht gut. Sie war vier Monate lang in stationärer Behandlung gewesen, nahm Psychopharmaka und galt als arbeitsunfähig. Sie würde nie wieder einer geregelten Arbeit nachgehen können, stand in dem Gutachten, das ihr Psychiater bei Gericht eingereicht hatte. An diesem Tag hatte Helga T. all ihren Mut zusammengerafft und war bei Gericht erschienen. Sie brauchte diesen Termin. Sie wollte dem Täter in die Augen sehen und dabei sein, wenn sie ihn zu einer Gefängnisstrafe verurteilten. Nur so, das spürte sie, würde sie Frieden finden.

Der vorsitzende Richter des Jugendschöffengerichts begann die Hauptverhandlung mit einer kleinen Ansprache.

»Lieber Florentin«, sagte er zu meinem Mandanten, der mit großen Augen dasaß und scheinbar aufmerksam lauschte. »Ich habe deiner Akte entnommen, dass du schon einmal vor Gericht gestanden hast. Damals warst Du gerade erst 14 und hast deshalb nur Sozialstunden und Arrest bekommen. Aber jetzt, mein Junge, jetzt geht es um viel mehr.« Der Jugendrichter sprach langsam und deutlich, als glaubte er, hierdurch Florentin pädagogisch zu erreichen. »Besprich dich bitte mit deinem Verteidiger, Herrn Benecken«, fuhr der Vorsitzende fort. »Wenn du ein Geständnis ablegst, sind wir selbstverständlich bereit, dir noch eine Chance zu geben. Du bist ja erst fünfzehn.«

Die Beweislage sah wirklich nicht gut aus für Florentin: Sowohl die Bilder der Sicherheitskamera, als auch DNA-Spuren am Tatort überführten ihn. Auch Kassiererin Helga T. würde ihn zudem vor Gericht wahrscheinlich identifizieren. Als ich mich nach den Worten des Richters in einer Verhandlungspause mit Florentin besprach, war sofort klar: Ein Geständnis war die einzig sinnvolle Verteidigung. Florentin verstand das und gestand.

Die Beweisaufnahme war mit dem Geständnis meines Mandanten im Wesentlichen abgeschlossen. Einmal mehr war die Vertreterin der Jugendgerichtshilfe gar nicht erst erschienen. Es gab nur einen schriftlichen Bericht. Man habe mit Florentin gesprochen, stand dort, seine Mutter sei sehr bemüht, ihn auf den rechten Weg zu führen. Sein Vater sei tragisch verstorben, man vermute bei dem Jungen ein Trauma. Dieses werde aufgrund des Krieges in seiner Heimat, der Flucht und der Ankunft in der fremden Kultur noch verstärkt. Das Gericht möge im Verurteilungsfalle erwägen, die Jugendstrafe zur Bewährung auszusetzen. Schließlich bestünde die berechtigte Hoffnung, dass Florentin wieder auf den rechten Weg zurückfinden würde: er sei doch noch so jung und prägbar – zudem erst seit gut einem Jahr strafmündig.

Ob die Zeugin Helga T. jetzt noch eine Aussage machen müsse, fragte sich der Richter anschließend laut. »Ach, der junge Florentin ist ja bereits geständig«, sagte er dann mit gütigem Nicken in Richtung Anklagebank, »da müssen wir die arme Frau nicht unnötig aufregen.«

Draußen vor dem Saal saß Helga T. und wartete auf ihren Auftritt. In einem Ordner hatte sie die Diagnosen und die Bestätigungen ihrer Arbeitsunfähigkeit gesammelt. Als sie aufgerufen wurde, atmete sie tief durch, erhob sich und ging äußerlich ruhig in den Gerichtssaal. Der Angeklagte wirkte kleiner und jünger, als sie ihn in Erinnerung hatte. Der Richter blickte ihr freundlich entgegen und sagte: »Liebe Frau T., wir brauchen Sie hier nicht mehr als Zeugin. Hatten Sie Fahrtkosten? Die werden Ihnen natürlich ersetzt. Ansonsten sind Sie entlassen.«

Helga T. stand wie angewurzelt da. Sie wollte erzählen, was dieser Junge ihr angetan hatte. Sie wollte ihre Atteste zeigen und klar machen, welches Leid dieser Überfall bei ihr verursacht hatte. Doch der Richter nickte ihr nur freundlich zu und legte ihr mit einer Handbewegung nahe, zu gehen. Gern könne sie aber auch im Publikum Platz nehmen und die weitere Verhandlung verfolgen, sagte er.

Zitternd stand Helga T. auf dem Gang des Gerichtsgebäudes und versuchte ihre Gedanken zu ordnen, als ich die Tür des Gerichtssaales nach dem Urteil öffnete. Florentin folgte mir strahlend. Der Richter hatte die Jugendstrafe tatsächlich zur Bewährung ausgesetzt. Mein Mandant verließ das Gericht als freier Mann. Noch auf dem Gerichtsflur erlitt Helga T. einen Zusammenbruch. Wie ich später durch einen von ihr im Nachgang beauftragten Rechtsanwalt erfuhr, verlässt sie seit der Tat ihre Wohnung nur noch selten, die wenigen Verwandten, die sie hat, machen sich Sorgen, dass sie sich irgendwann etwas antut.

Florentin K. nahm nach dem Urteil kein Risiko mehr in Kauf. Als er das nächste Mal beim Klauen erwischt wurde, wusste er: Ab jetzt wird es brenzlig. Doch er hatte bereits viel Geld beiseitegeschafft. Das Vermögen, von dem sein Vater immer geträumt hatte, hatte er, Florentin, der Jüngste der Familie, der Augenstern seiner Mutter, erst komplett gemacht. Eines Vormittags rief die Schuldirektion in der Unterkunft an, um Florentins wiederholtes Fehlen im Unterricht zu hinterfragen. Der angerufene Mitarbeiter ging nachsehen: die Zimmer, die Florentin mit seiner Familie bewohnt hatte, waren leer. Einer der größeren Jungs berichtete, dass die K.s frühmorgens mit Sack und Pack davongezogen wären. Ein paar Wochen später machte unter den Kosovaren in der Unterkunft ein Gerücht die Runde: Florentin und seine Familie hätten in ihrer Heimat die große Villa bezogen, die sein Vater gebaut hatte, vor dem Haus stünde eine Mercedes-Limousine. Kein Van. Eine S-Klasse.

SCHREIEND UNGERECHT

Verbrechen ohne Sühne

Baby-Bettler, Klau-Kids, Mini-Räuber: Mädchen und Jungen unter vierzehn Jahren dürfen in Deutschland tun und lassen, was sie wollen. Sie können andere schlagen, Raubüberfälle begehen, sogar reihenweise Menschen abknallen. Ohne strafrechtliche Folgen. Das Strafgesetzbuch bewilligt ihnen in Paragraf 19 grenzenlosen Welpenschutz und Narrenfreiheit. Danach ist strafunmündig, wer noch keine vierzehn Jahre alt und somit Kind ist.

Das Einzige, was der Staat bisher gegen Kinderkriminalität tun kann, sind meist viel zu spät gesetzte und wirkungslose familiengerichtliche Maßnahmen. Ein Kind kann unter Betreuung gestellt, im Extremfall in ein Heim eingewiesen werden. Etwas Wirksames darf der Staat bisher nicht gegen kindliche Intensivtäter, wahre tickende Zeitbomben, unternehmen.

Das Problem wird seit dem Fall Muhlis Ari, genannt »Mehmet«, heiß diskutiert. Gegen den Sohn türkischer Eltern wurden bis zu seinem 14. Lebensjahr über 60 Ermittlungsverfahren geführt. Bestraft werden konnte der Münchner mit türkischer Staatsangehörigkeit jedoch nicht. Er war ja noch ein Kind. Nach seiner ersten Verurteilung mit 14 Jahren wurde er vor allem auf Druck des damaligen bayrischen Innenministers 1998 ohne seine Eltern in die Türkei abgeschoben.

Ich berate »Mehmet« anwaltlich. Für dieses Buch sprach ich mit ihm darüber, wie er die damaligen Vorgänge heute betrachtet. »Der Staat hat sich von mir regelrecht auf der Nase herumtanzen lassen«, sagte er. »Ich wurde in meinen Straftaten, die sich ja gesteigert haben, geradezu bestärkt – weil ich merkte, dass die Behörden mir nur taten- und hilflos zuschauten.«

Wie es gerechter wäre

Meines Erachtens führt an der Einführung eines Kinderstrafrechts kein Weg vorbei. Die Annahme, dass junge Menschen erst ab 14 Jahren genügend Reife für eine Einsicht in begangenes Unrecht haben, ist antiquiert. Auch wenn es abgedroschen klingen mag: Die Kinder von heute sind mit den Kindern von früher nicht zu vergleichen. Es hat eine Entwicklung in der jüngeren Bevölkerung stattgefunden und dieser muss Rechnung getragen werden: Durch Außeneinflüsse wie Internet und Medien endet für viele die Kindheit früher.

Ein Kinderstrafrecht mit pädagogisch sinnvollen Maßnahmen für junge Menschen, die auf dem falschen Weg sind, könnte ein Lösungsansatz sein. Wenn ein Elfjähriger einen Raubüberfall begeht und etwa einen Kioskbesitzer mit einem Baseballschläger krankenhausreif schlägt, dann sollten soziale Arbeitsstunden im Krankenhaus dem Täter die Augen öffnen.

Natürlich sehe ich es als kontraproduktiv an, beispielsweise einen Zwölfjährigen in den Knast zu stecken. Denn gerade dort, selbst wenn es ein Kinder- oder Jugendgefängnis wäre, ist eine negative Beeinflussung praktisch vorprogrammiert: Ältere Mitgefangene sorgen automatisch dafür, dass der schon teilweise »kaputte« Zwölfjährige einen »Totalschaden« erleidet. Der Erziehungs-, und nicht der Sühnegedanke sollte das Kinderstrafrecht beherrschen: Es geht nicht um hohe Strafen, sondern um spürbare Konsequenzen für straffällig gewordene Kinder.

Der Hebel muss dabei früh angesetzt werden – am besten schon zu Beginn der weiterführenden Schule – denn vielfach starten kriminelle Karrieren um das zehnte Lebensjahr. Wenn ab der fünften Klasse ein Unterrichtsfach mit dem Inhalt »Drogen und ihre Gefahren, Entstehung sowie Vermeidung von Gewalt und anderer Kriminalität« auf dem Stundenplan stehen würde, könnte eine frühzeitige Aufklärung jungen Menschen die Augen öffnen. Wenn es nach mir ginge, wären engagierte Streetworker an dieser Stelle die lehrende Idealbesetzung.

Auch im Bereich Schulpsychologie hinken wir meilenweit hinterher. Ein geschulter Experte an jeder weiterführenden Schule könnte konkrete Hilfestellung bei seelischem Leidensdruck anbieten und beispielsweise Alarmsignale für kriminelle Aktivitäten oder Drogenmissbrauch schnell erkennen. Und bestenfalls gleich im Keim ersticken. Eltern hätten eine Möglichkeit, sich ortsnah und unproblematisch an einen Fachmann zu wenden, der sich des Kindes – und bei Bedarf auch gleich der Eltern annimmt. Die eine oder andere kriminelle Karriere könnte so sicher verhindert werden.

Was, wenn ich betroffen bin?

Als der legendäre Münchner Strafverteidiger Rolf Bossi Anfang der 1980er-Jahre nicht mehr wusste, wie er seiner drogenabhängigen Tochter Marion helfen sollte, ging er zur Polizei und erstattete Anzeige. Er hoffte, dass sie gerichtlich verurteilt und daraufhin Entzug und Therapie zustimmen würde.

Hand aufs Herz: Würden Sie Ihr eigenes Kind anzeigen? Ist es noch keine 14 Jahre alt, wird Ihnen die Polizei ohnehin nicht weiterhelfen können. Eine strafrechtliche Ahndung ist ja nicht möglich. Wenn Sie sich bei Ihrem kriminell gewordenen Nachwuchs ab bestehender Strafmündigkeit doch zu diesem Schritt entschließen würden, hätte diese Entscheidung die erwünschten Folgen? Bei Anwalt Bossi sorgte die Anzeige nur dafür, dass sich seine Tochter Marion noch weiter von ihm entfremdete. Sie starb mit nur 45 Jahren an den Folgen ihrer Alkohol- und Heroinsucht. Kurz vor seinem eigenen Tod ging Rolf Bossi deshalb mit sich selbst hart ins Gericht: »Ich habe als Vater versagt.«

Als Eltern müssen wir entscheiden, welcher Schritt unser Kind zurück auf den »rechten Weg« bringt. Der Gang zum Psychotherapeuten scheitert oft an monatelangen Wartezeiten. Wozu ich durchaus ermutige, ist die Einschaltung des Jugendamts. Die Sorge, dass einer verzweifelten Mutter, einem besorgten Vater das Kind weggenommen wird, ist meist unnötig. Solche Eltern beweisen doch gerade, dass Sie sich um Ihr Kind intensiv kümmern und Experten zu Rate ziehen.

KAPITEL 10

Vorverurteilt

Im äußersten Westen, dort, wo wieder etwas Grün zwischen die Städte passt und man fast schon das Plätschern der Maas aus den Niederladen hören kann, präsentiert sich die Bundesrepublik von ihrer lieblichen Seite: Schmucke Fachwerkhäuschen und prachtvolle Villen in abgezirkelten Gärten zeichnen das Bild eines Landes, in dem alles seine Ordnung hat und Frivolität einen Extra-Hüpfer im Tanzkreis bedeutet. Ein harmloses Deutschland – wie aus Grimms Märchen.

Doch Grimms Märchen zeichnen keine harmlose Welt. Hinter den Figuren von Hänsel und Gretel, Schneewittchen und König Drosselbart verbergen sich Geschichten von Gewalt, sexuellen Ausschweifungen sowie menschlichen Makeln – von der Eitelkeit über die immerwährende Diktatur der Schönheit bis hin zur Perversion. Unter der sauberen Oberfläche gab es immer schon ein hemmungsloses, ein abgründiges Deutschland. Die Frage ist nicht, ob es brodelt, sondern nur, hinter welcher der hübschen Fassaden.

Diese Gründerzeitvilla etwa – ein weißer Prachtbau in einem 15.000-Einwohner-Ort am Niederrhein. Was verbirgt sich hinter ihrer spektakulär beleuchteten Fassade? Wir treten durch das schmiedeeiserne Tor und horchen erst einmal. Von irgendwoher tönt Gelächter, der Duft gegrillter Koteletts zieht über den Vorplatz. Wem auch immer dieses Haus gehört, er hat offensichtlich gerade eine Abendgesellschaft eingeladen. Wir gehen um das Haus herum, immer dem Lachen nach. Ein beleuchteter Pool erscheint im Blickfeld, darin ein paar Männer und Frauen, sie kichern und spritzen sich gegenseitig nass. Auf der Terrasse stehen weitere Männer in locker verknoteten, kirschroten Bademänteln und lassen sich von einem Koch duftendes Fleisch auf die Teller laden. Wir gehen an den Herren vorbei, hinein in die Villa, wo vielleicht der Hausherr zu finden ist. Wer das wohl sein mag, ein Industrieller, ein Kaufhauskönig? Er ist jedenfalls sehr vermögend, die Villa ist exquisit eingerichtet: edle Holzböden, Ledersofas, sogar eine elegante Bar mit orange-rötlicher Ambiente-Beleuchtung sehen wir, an der einige Damen sitzen. Ihre Abendoutfits darf man durchaus als gewagt bezeichnen. Eben ist eine von ihnen aufgestanden, hat einen der Herren im Bademantel untergehakt – sein nachlässiger Auftritt mit Bierbauch scheint hier niemanden zu stören – und schlendert mit ihm plaudernd in Richtung Treppenaufgang. Wir folgen dem Paar hinauf in den ersten Stock, wo es sich nach rechts wendet. Der Mann packt die Pobacke der Dame, sie stößt ein gurrendes Lachen aus, tänzelt voraus und öffnet mit einem Schlüssel eine der Türen.

Wir blicken über ihre Schulter in eine Suite, wie sie jedem Fünf-Sterne-Hotel zur Ehre gereichen würde. Im Zentrum: ein riesiges Bett mit einer hohen Rückwand, bezogen mit lilafarbenem Leder. Die Frau dreht sich zu dem Mann um, der mit einer selbstverständlichen Geste den Bademantel abwirft. Aus dessen Tasche hat er kurz zuvor ein paar zusammengefaltete Scheine gezogen, die er der Frau nun überreicht. Sie zählt nach, lächelt und sagt: »Schön. Jetzt machen wir uns eine gemütliche Stunde, und wenn du weitermachen willst, zahlst du einfach nach, ja?«

Der Mann antwortet nicht, er liegt bereits nackt auf dem Bett, offensichtlich erregt, und winkt die Frau zu sich. Wir wenden uns zum Gehen und verlassen diskret das Zimmer. Am Treppenabsatz erblicken wir endlich den Hausherrn, der gerade eine Kontrollrunde dreht. »Willkommen im Club Rouge«, sagt er mit breitem Lächeln, »dem besten Saunaclub im ganzen Landkreis. Mein Name ist Sven P., und mein Team erfüllt den Gästen jeden Wunsch.«

In kaum einer anderen Region Deutschlands herrscht eine so hohe Dichte an Saunaclubs wie hier, nahe der niederländischen Grenze. Nur noch rund um Frankfurt am Main findet man eine ähnlich hohe Zahl an bordellartigen Etablissements. Dort lassen Banker nach einer 80-Stunden-Woche und Messebesucher aus aller Welt nach einem »big deal« die Sau raus. Hier am Niederrhein dagegen setzt man vorwiegend auf Freier aus den nahen Niederlanden. Sie sind bei Clubbetreibern wie Prostituierten gleichermaßen beliebt – Holländer zahlen gut und behandeln die Sexarbeiterinnen mit Respekt. Einige der Clubs sind elegant, aber keiner ist so luxuriös wie der Club Rouge. Die dicksten Schlitten parken auf dem Schotterparkplatz neben der Villa, hinter deren blendendweißer Fassade alle Hemmungen fallen.

Zu der Zeit, in der die oben geschilderte Szene spielt, war Sven P. noch nicht lange Chef des Clubs. Der gebürtige Düsseldorfer hatte schon zuvor im Rotlichtmilieu gearbeitet und Erfahrungen gesammelt, bevor er beschloss, sich selbstständig zu machen und die Villa zu kaufen. Hinter seinem imposanten Äußeren – 1,90 Meter groß, breite Schultern, kahlrasierter Kopf – verbarg sich ein kühler Rechner, der jeden Schritt abwägte. Impulsives Handeln verbot er sich, besonders in seinem Geschäft konnten gute Nerven über Erfolg oder Untergang bestimmen.

Sven P. stammt aus einer gutbürgerlichen Familie. Nach dem Abitur studierte er Sport, um Lehrer zu werden. Seine Kommilitonen bescheinigten ihm eine soziale Ader und einen ausgeprägten Gerechtigkeitssinn. Weil seine Eltern sich die Unterstützung ihres Sohnes nicht leisten konnten, suchte sich Sven P. einen Nebenjob, um sein Studium zu finanzieren. Sein beeindruckender Körperbau verhalf ihm zu einer der begehrtesten Beschäftigungen, die es für »echte« Männer in der Stadt gab: Eine angesagte Discothek im Ruhrgebiet engagierte ihn als Türsteher, und schon bald umflatterten ihn ganze Schwärme junger Frauen. Er musste sich nur eine aussuchen.

Sven P.s Wahl fiel auf Livia, eine 19-jährige Brünette mit natürlichem Auftreten und Bombenfigur. Bereits bei der ersten Verabredung erzählte sie offen von ihrem Nebenjob: Sie arbeitete als Prostituierte. Sven P. störte das nicht weiter. Er hatte sich verknallt. Livia erzählte ihm von der Rotlichtszene, und Sven staunte nicht schlecht über die Summen, die dort zu verdienen waren. Für Livia waren 10.000 Mark im Monat normal, sie könne noch mehr verdienen, sagte sie, sie müsse sich nur ordentlich reinhängen. »Und du? Was wirst du als Lehrer verdienen, wenn du fertig bist mit der Uni?«

Sven überlegte. Er stand kurz vor dem Abschluss. Nach Jahren im Dienst würde er wohl bei gut 5000 Mark netto landen. Als Oberstudienrat am Gymnasium würden daraus bis zur Rente vielleicht 7000 werden. Livia dagegen kassierte richtig ab. Gut, sie war jung und hübsch, und irgendwann würde der Geldstrom versiegen – aber er war ein Mann. Für ihn gab es ganz andere Jobs in der Rotlicht-Szene. Gut bezahlte Jobs. Fünf- bis siebentausend? Das würde er da langfristig – als Inhaber eines Bordells – in der Woche verdienen. Locker. »Nimm mich doch mal mit«, sagte er zu seiner Freundin. Livia arbeitete regelmäßig in einem der Saunaclubs westlich von Düsseldorf, und als sie ihn dort präsentierte, ging Sven P. direkt zum Chef, stellte sich vor und bekam auf der Stelle einen Job als Türsteher angeboten. Es war die perfekte Startposition: Von nun an konnte er in Ruhe beobachten, wie das Geschäft in einem Saunaclub so lief.

Das System dieser Art Bordell ist stets das gleiche: Zunächst zahlt jeder Mann den Eintritt – damals waren es 100 Mark. Die »Liebesdamen« entrichten ebenfalls einen Eintrittspreis in gleicher Höhe an den Club. Für die Herren gibt es einen Bademantel, Zutritt zur Pool- und Saunalandschaft, ein Buffet und alkoholfreie Getränke, so viel man möchte. Die Damen dagegen haben die Möglichkeit, sexuelle Dienstleistungen anzubieten, die sie direkt mit dem Kunden verhandeln. Der Betreiber verdient am Eintritt und durch den Konsum alkoholischer Getränke. Die Sexarbeiterinnen, wissend, was sich gehört, animieren ihre Kunden zu Cocktails und mehr. Besonders der Champagner fließt zu später Stunde in Strömen, für bis zu 1000 Mark die Flasche. Es ist ein gutes Geschäft für alle Beteiligten. Die Damen erhalten 30 Prozent des Flaschenpreises als Provision, wenn Sie ihren Kunden nicht nur ihre Körper, sondern auch die flüssige Brause schmackhaft machen.

Sven P. genoss die sorglose Zeit als Türsteher »seines« Saunaclubs. Die Affäre mit Livia endete nach ein paar Wochen, sie blieben jedoch gut befreundet. Danach tändelte er mit anderen Prosituierten: Rosa, die fröhliche Kubanerin. Sarah aus Duisburg. Lilly aus Neuss. Nadja aus Kiew. Die Mädchen mochten ihn, er war nicht nur ihr Beschützer, sondern auch natürlich im Umgang mit ihnen und immer respektvoll. Ein echter Kumpel. Sven P. sah auch keinen Grund, auf die Mädchen herabzusehen: Als Kapitalist fand er es völlig verständlich, wenn jemand das Beste aus seinen Möglichkeiten machte.

Es dauerte nicht lang, bis ihn die erste Frau um einen Gefallen bat: Eva aus Tschechien, 25 Jahre alt, Konfektionsgröße 34 bei einer Körpergröße von 1,75 Meter. Sven P. war hin und weg von ihr. Sie hatten schon ein paar Mal miteinander Sex gehabt, als sie ihn bat, ihr in einer delikaten Sache beizustehen. Da sei dieser Zuhälter, Romanus H., der sie vor einem halben Jahr nach Deutschland gebracht habe. Sven P. nickte, der Zuhälter war in der Gegend bekannt, brachte er doch permanent »osteuropäisches Frischfleisch« für die Clubs. Dieser Romanus, fuhr Eva fort, habe ursprünglich für die Vermittlung an den Saunaclub 2000 Euro von ihr verlangt. Nun aber wolle er das Zehnfache, und sie fürchtete, dass es immer so weitergehen würde.

»Hilf mir«, flehte sie Sven P. an. »Sprich mit ihm, auf dich wird er hören, weil …« Sie tippte bedeutsam auf seinen Bizeps.

Sven P. willigte ein, und zwischen seinen Augen bildete sich eine Zornesfalte. Was dieser Romanus da abzog, widerstrebte seinem Gerechtigkeitssinn. »Gib mal die Nummer von dem.«

Er verabredete sich mit Romanus H. auf dem Parkplatz vor dem Saunaclub. Der Zuhälter fuhr in seinem AMG-Mercedes vor, öffnete ahnungslos die Autotür und schickte sich an auszusteigen. Doch Sven P. kam ihm zuvor: mit einer einzigen Bewegung zog er Romanus H. aus dem Fahrzeug, schüttelte ihn durch und knallte ihn gegen die Motorhaube. Schließlich brachte er seinen Mund ganz nah ans rechte Ohr von Romanus H.

»Du kennst Eva, ja?«, zischte Sven. »Die Tschechin! Wenn du von der noch einmal Geld forderst, besuche ich dich zu Hause. Dann fährst du keinen schwulen AMG mehr, sondern wirst gefahren. Erst mit dem Kranken-, dann mit dem Leichenwagen. Ja? JA!«

Romanus H. war nicht umsonst ein bekannter Zuhälter. Er war zwar zwei Köpfe kleiner als Sven P., zögerte aber keine Sekunde: Er drehte sich in einer schnellen Bewegung wie ein Schraubenzieher unter Sven P. und schmetterte ihm die geballte Rechte ins Gesicht. Sven P. spürte noch, wie sein Nasenbein brach. Dann schlug er wie im Rausch auf Romanus H. ein. Immer und immer wieder. Als Sven wieder zu Sinnen kam, stand ein Polizeiwagen auf dem Parkplatz, und ein Beamter legte ihm Handfesseln an. Sven P. hatte den Zuhälter krankenhausreif geschlagen. Ein Gericht verurteilte den Türsteher dafür wegen Körperverletzung und Bedrohung zu einer Freiheitsstrafe auf Bewährung. Sven P. ging direkt von der Verhandlung zurück in den Saunaclub und arbeitete unbeeindruckt weiter.

In den Jahren, die diesem Zwischenfall folgten, setzte er sich immer wieder für »seine« Mädchen ein. Sein Strafregister füllte sich – gefährliche Körperverletzung, unerlaubter Waffenbesitz, Bedrohung. Was es halt so gibt an Delikten, wenn man sich im Rotlichtmilieu behauptet. Ein besonders hartnäckiger, übler Bursche, der eines der Mädchen verfolgte, ließ sich erst dadurch abschrecken, dass Sven P. ihm einen eigens für die Aktion ausgeborgten Revolver in den Mund steckte. Warnung: Lass die Kleine in Ruhe, sonst knallt es! Aus Rache verpfiff ihn der Typ, und Sven P. wurde wieder wegen unerlaubten Waffenbesitzes und Bedrohung verurteilt. Ins Gefängnis musste er allerdings nie: Er kalkulierte seine »Aktivitäten« stets so, dass er keinen ernsten Ärger bekam, wie er Gefängnisstrafen nannte. Wenn Sven P. wieder mal verurteilt wurde, war gerade eine Bewährung ausgelaufen, und so bekam er eine neue. Mit einem kühlen Kopf, dachte er, geht alles leichter. Er hatte sich über die Jahre Respekt verschafft, und irgendwann musste er nicht einmal mehr zuschlagen. Sobald sich nur die berühmte Zornesfalte auf seiner Stirn bildete, gingen die Unruhestifter auf Abstand.

Zehn Jahre waren bereits vergangen, und sein Job machte ihm immer noch Spaß. Die Mädchen mochten, die Kunden schätzten ihn. Seit Längerem war er fest mit einer Thekenkraft aus dem Club liiert, Carina, stets gut gelaunt und immer um ihn bemüht. Für ihn ließ sie sich sogar ein Tattoo stechen. Das fand Sven schön – ein echter Liebesbeweis, immerhin hatte Carina solche Tätowierungen früher abgelehnt. Doch immer öfter hielt er inne – wie stand es um seine eigenen Chancen? Nutzte er selbst alle seine Möglichkeiten?

Sven P. begann genauer hinzusehen: In dem Club, in dem er als Türsteher arbeitete, liefen jeden Abend 100 bis 150 Kunden ein. Am Wochenende schwoll ihre Zahl auf 300 und mehr an. Nach Umstellung der Währung zahlte nun jeder 50 Euro Eintritt – auch die Prostituierten, von denen stets um die 60 anwesend waren. An einem Samstag brachten allein die Damen dem Club 3000 Euro ein. Dazu die 300 Herren, das machte – in Sven P.s Kopf begannen die Zahlen zu verschwimmen – weitere rund 15.000 Euro. Insgesamt also: 18.000 Euro. An einem Tag. Die Einnahmen durch den Verkauf von Champagner und Cocktails noch gar nicht eingerechnet. Der Club war eine Gelddruckmaschine.

Sven P. kannte die Szene, er wusste, wie ein Saunaclub funktioniert, bei den Mädels war er beliebt. Warum sollte er nicht seinen eigenen Club eröffnen? Er hatte etwas Geld auf der hohen Kante. Zwei, drei Investoren waren unter den Kunden des Saunaclubs rasch gefunden: Alle schätzten den stets überlegt handelnden Türsteher und trauten ihm zu, einen neuen Club erfolgreich zu führen. Und dann erzählte ihm ein Freund von der Unternehmervilla ein paar Orte weiter, die zum Verkauf stand. Ob er sich vorstellen könnte …? Sven P. konnte.

Er ließ sich mit der Umgestaltung der Villa Zeit. Jeden Tag war er auf der Baustelle, um die Arbeiten zu überwachen. Die Handwerker verlegten überall Parkett, unterteilten die großen Räume im ersten Stock in kleinere Suiten. Die Terrasse wurde ausgebaut und ein Swimmingpool davorgesetzt. Daneben gab es Indianer-Zelte, in denen »Outdoor-Sex« stattfinden sollte. Sven P. hatte Carina geheiratet, sobald die Tinte auf dem Kaufvertrag für die Villa getrocknet war. Er war bei allem futuristischen Denken auch ein altmodischer Mann, und er wollte seiner Frau etwas bieten können. Carina hatte viel Spaß als Frau P. Sie suchte die Einrichtung für die Villa aus: schwere Ledersofas, minimalistische Riesenbetten, viele Spiegel. Durch große Glastüren strömte das Licht herein. 1,5 Millionen Euro investierte Sven P. in »seinen« Club. Nach 18 Monaten war der Umbau abgeschlossen. Zur Eröffnung kamen 500 Gäste, ließen sich auf der Terrasse mit Grillspezialitäten verwöhnen, die ein eigens engagierter Koch zauberte, und wandelten staunend umher. Die besten Mädchen waren Sven P. aus dem alten Saunaclub hierher gefolgt, die wiederum ihre Stammkunden mitbrachten. Aus einem stylishen Düsseldorfer Restaurant mit Clubcharakter hatte er eigens einen DJ gebucht, der chillige Deep-House-Music auflegte. Sven P. wanderte zwischen seinen Gästen herum, stieß mit einem Champagnerglas mit allen an. Dabei trank er keinen einzigen Schluck, denn er war auch so berauscht: Dies war sein Club. Sein Reich. In diesem – O-Ton Sven P. – »Paradies für Männer« war er der König.

Besonders in den Sommermonaten war der Club Rouge knackevoll. Auf der Terrasse wurden Koteletts und Ofenkartoffeln mit Sauerrahmdip serviert. Drinnen ging Eva, Svens erster Schützling, der ihm treu gefolgt war, mit einem Stammgast nach oben. Sie war inzwischen 35 und zu einer attraktiven Lady gereift, die es sich leisten konnte, nur ausgewählte Kunden zu bedienen. Ein anderer Gast zog sich mit einem der neuen Mädchen ins clubeigene Pornokino zurück, wo sie sich auf seinen Schoß setzte und mit ihm vor den Augen anderer Gäste die Szene nachspielte, die gerade auf der Leinwand zu sehen war.

Der Laden lief. Und lief. Und lief. Die Betreiber der anderen Clubs beobachteten das Geschehen teils bewundernd, teils neidisch. Besonders grimmig sah Sven P.s früherer Chef

Rüdiger K. dem Treiben zu. Der Endsechziger war einer der alteingesessenen Clubbetreiber der Gegend und fühlte sich besonders hart auf den Schlips getreten. Nicht nur, dass der ehemalige Türsteher einen weiteren Laden ins »goldenen Dreieck«, wie sie die Gegend nannten, gesetzt hatte. Immer öfter nahmen betuchte Herren auch die längere Fahrtstrecke auf sich, um statt in Rüdigers Bordell nun eben im Club Rouge zu entspannen. Der alte Saunaclubkönig starrte in die verspiegelten Glasscheiben seiner Bar, und es schien ihm fast, als sagte eine Stimme: »Lieber Rüdiger, euer Club ist der schönste hier. Aber der Club Rouge hinter den sieben Hügeln ist noch tausendmal schöner als eurer.«

Neid gehörte zu den Gefühlen, die sich Sven P. stets verbat. Derartige Emotionen trübten seiner Ansicht nach nur den Verstand, und das war schlecht fürs Geschäft. Rüdiger K. jedoch hatte sich weniger im Griff. Und so setzte er sich eines Tages in den goldenen Oldtimer mit den roten Samtsitzen, eine Sonderanfertigung, die er sich zu seinem 20-jährigen Berufsjubiläum selbst geschenkt hatte, und fuhr zum Club Rouge. Er marschierte hinein, baute sich in der Lobby vor Sven P. auf, und sagte: »Ich werde dafür sorgen, dass du den Laden an die Wand fährst.« Dann drehte er auf dem Absatz um und brauste in seiner goldenen Geschmacklosigkeit davon. Sven P. sah ihm kurz nach, zuckte die Achseln und setzte seinen Kontrollgang fort. Solches Gehabe gehörte in der Rotlichtszene dazu, da spreizte sich ein Gockel schon mal vor dem anderen. Der Auftritt des alten Herrn machte ihm keine Sorgen. Er hatte so etwas erwartet.

Als jedoch ein paar Wochen später ein Großaufgebot der Polizei vor der Villa stand – »Hausdurchsuchung! Sie sollen minderjährige Mädchen zur Zwangsprostitution anhalten!« – wurde er hellhörig. Das war keine der üblichen Razzien, wie sie hin und wieder vorkommen. Da hatte ihn jemand verleumdet – ausgerechnet ihn, Sven P., der immer darauf achtete, dass die Sexarbeiterinnen bei ihm eine Kopie ihres Ausweises hinterlegten und Mädchen mit Zuhältern gar nicht erst hereinkamen. Und jetzt der Vorwurf des Menschenhandels! Der Verdacht ärgerte ihn mehr als der Verlust des Tagesgeschäfts, denn nach der Hausdurchsuchung hatten die Gäste keine Lust mehr auf Sex und trollten sich. Einer war mitten im Liebesspiel aus dem Bett geworfen worden und beklagte sich nun bitter bei Sven P: »Die Flasche Champagner, die ich gerade bestellt habe, ist jetzt auch hinüber!« Sven P. gab ihm einen Gutschein für einen Tag im Club Rouge inklusive einer Flasche Schampus, man schüttelte einander die Hände, und der Kunde kam auch tatsächlich wieder. Das Strafverfahren wurde eingestellt, der Tatverdacht hatte sich nicht bestätigt. Aber fortan passte Sven P. auf. Wer wollte ihm da schaden? Etwa der Gockel im goldenen Oldtimer?

Sven P. machte sich über sein Milieu keine Illusionen. Er selbst hatte ja schon mit unsanften Methoden für Ordnung gesorgt und so einige Geschichten über faule Tricks gehört, mit denen sich manche Clubbetreiber ihrer Konkurrenz entledigten. Als ihm wenige Tage später ein Gast Kokain anbot, lehnte er höflich ab. Ein anderer erkundigte sich nach Tabletten: »Sie wissen schon, im BtM-Bereich … Kann ich sowas bei Ihnen kaufen?«

Illegale Betäubungsmittel, in seinem Club? Sven P. lächelte freundlich, erklärte: »Ich weiß leider nicht, was Sie mit BtM meinen, ist das ein neuer Cocktail?«. Und dann zog er sich in sein Büro zurück. Als ihn ein dritter Gast ansprach – er bräuchte eine Waffe, ob er ihm helfen könne? – war er sicher: Jemand versuchte, ihm etwas anzuhängen. Er würde herausfinden müssen, wer hinter den Manövern steckte – gleich nach dem Spanienurlaub, auf den seine Frau Carina sich schon so gefreut hatte.

Die Idylle währte nur kurz – drei Tage nach ihrer Ankunft auf einer Mittelmeer-Insel läutete sein Handy: »Die Polizei ist schon wieder da«, sagte eine Mitarbeiterin. »Diesmal sind es nicht vierzig Beamte, aber immerhin vier. Sie wollen mit dir reden.«

Sven P. war nicht überrascht. »Sag ihnen, ich werde mich gleich nach meiner Rückkehr mit ihnen in Verbindung setzen.«

»Was ist los?«, fragte Carina, als er mit finsterer Miene auflegte.

»Gibt mal wieder Ärger«, antwortete Sven P. nur, und Carina bohrte nicht weiter nach.

Wenige Tage später saß Sven P. in einem niederrheinischen Polizeipräsidium und wunderte sich. Er sei angezeigt worden, so erklärte man ihm, weil er eine Prostituierte bedroht habe. Keine von den Damen, die in seinem Club arbeiteten, sondern eine vom Wohnwagenstrich, der acht Kilometer entfernt von seinem Club auf einem Feldweg neben der Landstraße entstanden war. Hier verdingten sich Prostituierte, die den Absprung aus dem Gewerbe nicht geschafft hatten. Die meisten waren älter als 50, zwängten sich mühsam in Korsetts und malten sich etwas Leben ins Gesicht. Doch der größte Aufwand konnte nicht verbergen, dass hier die Verlorenen des Rotlichtmilieus ihre letzte Chance auf ein wenig Verdienst nutzten. In diesen Wohnwagen gab es Oralverkehr für 20 Euro, Geschlechtsverkehr für 30, beides wurde im Paket für nur 40 Euro angeboten. Hierher kamen keine vermögenden niederländischen Kunden. Es waren vorwiegend LKW-Fahrer, die schnelle »Erleichterung« suchten. Eine »Nummer« in einem der heruntergekommenen Wohnwagen dauerte vielleicht zehn Minuten, dann kletterten die Männer wieder in ihre Brummis und fuhren weiter.

Sven P. kannte den Wohnwagenstrich vom Vorbeifahren. »Dort schafft der letzte Rest vom Schützenfest«, sagte er zu seiner Frau mehr als einmal. Darüber hinaus hatte er sich keine Gedanken über die triste Kolonne gemacht. Die armen Gestalten hatten mit seinem Geschäft so viel zu tun wie ein Bettler mit einer Rolex Daytona. Sie waren keine Konkurrenz, noch nicht einmal artverwandt, dachte Sven P. Und ausgerechnet eine der Unglücklichen, die hier anschaffen gingen, hatte ihn angezeigt? Es war ihm ein Rätsel. »Was soll ich mit den Damen vom Wohnwagenstrich anfangen?«, fragte er ungläubig. Und dann: »Was wird mir überhaupt konkret vorgeworfen?«

Der Polizeibeamte raschelte geschäftig mit ein paar Papierbögen. »Es geht um organisierte Kriminalität«, erklärte er dann. »Frau Tanja L., 57 Jahre alt, Prostituierte, wirft Ihnen eine versuchte schwere räuberische Erpressung vor.« Sven P.s Augen wurden immer größer. Der Beamte las vor: Drei Tage vor dem Spanienurlaub, an einem Mittwoch um 11.30 Uhr vormittags, sei Sven P., so die Aussage der ominösen Tanja L., mit seinem SUV, Fabrikat Porsche Cayenne, vor ihrem Wohnwagen vorgefahren. Der Clubbetreiber habe die Fensterscheibe heruntergelassen und Frau L., die in ihrem Wohnwagen bei geöffnetem Fenster Kaffee trank, angeschnauzt: »Du bist mir hier ein Dorn im Auge. Mir gehört die Villa Rouge weiter vorne, und ihr schadet meinem Geschäft, weil ihr Kunden von uns abzieht. Ab jetzt zahlst Du als Entschädigung dafür in der Woche tausend Euro an mich. Wenn nicht, komme ich wieder und schieße von außen auf deinen Wohnwagen, während einer von deinen Freiern auf dir liegt.«

Sven P. lachte laut auf. Das Ganze war absurd. Diese arme, alte Nutte glaubte, sie sei eine Konkurrenz für seinen Club? »Warten Sie, da kommt noch mehr«, sagte der Beamte. Der Beschuldigte, so ging der Anzeigentext weiter, habe anschließend eine Schusswaffe gezückt, sie auf Tanja L. gerichtet und ihr bedeutsam zugenickt, bevor er in seinem Wagen davongebraust sei. Die Frau hatte das Kennzeichen angegeben – es war das von Sven P. – und eine genaue Beschreibung des SUVs sowie seiner Person geliefert.

»Die Angaben zu meinem Wagen und zu meiner Optik sind das Einzige, was stimmt«, sagte Sven P. und spürte förmlich, wie sich die berühmte Zornesfalte auf seiner Stirn bildete. Der Polizeibeamte gab sich unbeeindruckt und leierte weiter die Anzeige herunter: Sven P., stand da, sei noch ein zweites Mal an diesem Tag zu Tanja L. gefahren und habe seine Drohung wiederholt. Etwa gegen 16.15 Uhr. Der Clubbetreiber öffnete den Mund, um die Lächerlichkeit dieses Vorwurfes zu erklären, da fiel ihm der Rat eines Gastes ein, der als Rechtsanwalt auf Insolvenzrecht spezialisiert war: »Niemals etwas sagen. Nichts. Nada. Erst einen Anwalt hinzuziehen.« Und so klappte Sven P. den Mund wieder zu und kam aufgrund der Empfehlung des Kollegen zu mir in die Kanzlei.

Sven P. erzählte von den Drohungen durch einen Konkurrenten, von der Hausdurchsuchung und den seltsamen Fragen mancher Gäste. Ich hatte bereits von dessen Club gehört, und auch den tristen Wohnwagenstrich kannte ich aus einem anderen Strafprozess. Keine Frage: Da wollte ihm jemand ans Leder.

»Wir fordern bei der Staatsanwaltschaft erst mal die Akte an und entwickeln dann eine Verteidigungsstrategie«, riet ich meinem Mandanten.

»Okay«, sagte Sven P., unterzeichnete eine Vollmacht und verließ die Kanzlei.

Wenige Wochen später kam statt der beantragten Akteneinsicht eine Anklageschrift vom Landgericht: Sven P. habe sich wegen des Verdachts der versuchten schweren räuberischen Erpressung zu verantworten. Mindeststrafe im Falle einer Verurteilung: fünf Jahre. Erbost lief Sven P. vor meinem Schreibtisch bei unserer nächsten Besprechung auf und ab.

»Warum glauben die so'n Zeug?«, fragte er mich.

»Weil es für sie zusammenpasst«, sagte ich. »Ein Blick in Ihr Vorstrafenregister, und die Justiz hat bereits einen ganzen Film vor Augen.« Ich tippte auf die einzelnen Vorstrafen meines Mandanten: »Gefährliche Körperverletzung, unerlaubter Waffenbesitz, Bedrohung ... Bei ihren Vorbelastungen sind Sie möglicherweise bereits schuldig gesprochen, noch bevor Sie den Gerichtssaal betreten haben.«

Sven P. hielt inne. Zunächst starrte er mich an, dann setzte er sich still auf einen Stuhl. Er war ein intelligenter Mann und wusste, dass ihm – so absurd die Vorwürfe in seinen Ohren auch klangen – echter Ärger drohte: Nicht die Justiz würde ihm die Vorwürfe beweisen müssen, wie es in einem Strafverfahren vorgesehen ist. Vielmehr würde er sich als Angeklagter entlasten müssen, um nicht verurteilt zu werden.

»So leid es mir tut: Gerade bei solch vorbelasteten Beschuldigten wie Ihnen wird im Zweifel nicht für, sondern gegen den Angeklagten entschieden. Und Zweifel an der Schuld hat die Justiz bei einschlägig Vorbestraften wie Ihnen auch allenfalls bei haarsträubenden Zeugenaussagen«, erklärte ich Sven P. meine unschönen Erfahrungen.

Mein Mandant verstand sofort: Er selbst, der Angeklagte, würde hieb- und stichfeste Beweise dafür bringen müssen, dass er diese Frau nicht bedroht hatte, um nicht unschuldig hinter Gittern zu landen.

Eine Weile saß Sven P. nur da. Plötzlich schoss er hoch. »Das Fahrtenbuch!«

Ich schaute ihn interessiert an.

»Das elektronische Fahrtenbuch«, erklärte er. »Ich habe diesen sauteuren SUV für lange Autobahnfahrten, der zeichnet automatisch jede Strecke auf. Wir lassen das überprüfen, und dann wird man ja sehen können, ob ich mit diesem Wagen an diesem Tag auf dem Wohnwagenstrich war oder nicht.«

Und richtig: Als wir in der Porsche-Werkstatt das elektronische Fahrtenbuch des SUV auslesen ließen, hatten wir es Schwarz auf Weiß. Der Cayenne war an dem besagten Mittwoch um 10.15 Uhr in Süddeutschland gewesen, etwa 500 Kilometer weit weg vom tristen Wohnwagenstrich. Fünf Stunden später der nächste Eintrag: wieder Süddeutschland, noch weiter weg als vorhin, 600 Kilometer entfernt von dem kleinen Schotterweg am Niederrhein, wo Tanja L. durch Sven P. wenig später angeblich bedroht worden war. Erst am nächsten Tag, so der Fahrtenschreiber, war der SUV wieder am Niederrhein. Fazit: Sven P.s Wagen konnte am Tag der Tat unmöglich vor Tanja L.s Wohnwagen vorgefahren sein.

Und es kam noch besser: Sven P. legte eine Tankrechnung vor, ausgestellt am angeblichen Tattag in Süddeutschland. Bezahlt mit Sven P.s Kreditkarte. Und ein seriöser Geschäftsmann bestätigte schriftlich, dass mein Mandant nachmittags an diesem Tag bei ihm in der Firma nahe Stuttgart gewesen sei. Außerdem ließen wir für fast 7000 Euro ein Privatgutachten eines renommierten Sachverständigen erstellen. Dieses bestätigte die Richtigkeit der von Porsche ausgelesenen Angaben. Manipulationen seien auszuschließen. Strahlend drehte sich Sven P. zu mir. »Na?«

»Das ist sehr gut«, sagte ich. »Aber gehen wir so oder so sehr konzentriert in die Verhandlung.« Trotz allem hatte ich ein ungutes Gefühl.

Die Hauptverhandlung vor dem Landgericht begann so, wie ich es erwartet hatte.

»Herr P., Sie kennen die Anklagevorwürfe«, begann der Richter. »Wir reden hier von einer Mindeststrafe von fünf Jahren. Sie sind wegen ganz ähnlicher Delikte massiv vorbestraft. Und nach unseren Erkenntnissen betreiben sie auch einen Bordellbetrieb. Die Vorwürfe passen sehr gut zu Ihrem bisherigen Lebenswandel.«

Sven P. blieb regungslos sitzen.

»Wenn Sie jetzt ein Geständnis ablegen«, fuhr der Richter fort, »könnte sich das Gericht vorstellen, Ihnen mit der zu verbüßenden Gefängnisstrafe deutlich entgegenzukommen. Dass wir nicht unter dreieinhalb Jahren liegen können, versteht sich im Hinblick auf Ihre Vorstrafen aber von selbst. Besprechen Sie das doch mal mit Ihrem Verteidiger.«

Für diesen Richter war der Fall eindeutig. Es ging ihm nicht darum, die Schuldfrage zu klären – sondern nur darum, für wie viele Jahre er Sven P. ins Gefängnis stecken würde. Es war genauso, wie ich es vorausgesagt hatte: Dieses Gericht hatte das Urteil gegen Sven P. gedanklich schon gefällt, bevor man ihn und die Zeugen angehört hatte. In solchen Momenten sollte man als Verteidiger sachlich, aber bestimmt bleiben. Ich schaltete das Mikrofon ein und sagte: »Wir dachten uns bereits, dass Sie die Sache so sehen. Aber bitte haben Sie Verständnis, dass wir hier nicht eine Sekunde über ein Geständnis nachdenken werden. Gegenteilig: anhand objektiver Beweismittel und eines neutralen Zeugen, der heute auf unsere Bitte hin erschienen ist und auf dem Flur wartet, werden wir beweisen, dass nicht Sven P., sondern Tanja L. auf die Anklagebank gehört!«

Der Mund des Richters verzog sich zu einem süffisanten Lächeln. »Dann bin ich ja mal gespannt, Herr Verteidiger.«

Aus den Reihen der Zuschauer hörten wir ein Glucksen. Sven P. drehte sich um, und seine Augen verengten sich zu Schlitzen. Er wirkte wie ein Leopard, der zum Sprung auf seine Beute ansetzt.

»Was ist?«, zischte ich.

»Mein Ex-Boss«, zischte Sven P. zurück. »Der sitzt da hinten und feixt. Ich hatte schon vermutet, dass diese arme Nutte gekauft worden ist. Und jetzt weiß ich, von wem.«

Ich blickte mich um: Da saß ein älterer Herr, die Hände über einem beachtlichen Bauch verschränkt, und grinste breit. Rüdiger K. war doch tatsächlich gekommen, um persönlich dem Untergang seines Konkurrenten beizuwohnen.

Äußerlich ließ Sven P. sich nichts von seinem Ärger anmerken. Ruhig und bestimmt schilderte er, wie er am angeblichen Tattag in Süddeutschland unterwegs gewesen und mit wem er dort verabredet war. Wir benannten den Geschäftsmann als Zeugen, den mein Mandant am besagten Tag nahe Stuttgart getroffen hatte. Wir präsentierten Tank- und Kreditkartenabrechnung. Der vorsitzende Richter schaute gelangweilt aus dem Fenster. Die Staatsanwältin klickte ungeduldig mit ihrem Kugelschreiber. Schließlich zückte ich unsere Trumpfkarte: die Daten aus dem elektronischen Fahrtenbuch nebst dem schriftlichen Gutachten eines Sachverständigen. Der Richter hörte erst gar nicht richtig zu, dann schaute er verdutzt, schließlich schüttelte er den Kopf, sagte »Na, schauen wir mal« und ordnete an, die angeblich Geschädigte als Zeugin zu vernehmen. Tanja L., die Sexarbeiterin vom Wohnwagenstrich, die von meinem Mandanten bedroht worden sein wollte. Sie sah älter aus als 57. Auf dünnen Beinen balancierte sie einen tonnenförmigen Oberkörper, was auf Alkoholprobleme hindeutete. Sie trug einen Pullover über gemusterten Leggins, ein Outfit, das sie wahrscheinlich auch ohne Gerichtstermin getragen hätte. Rot gefärbtes, toupiertes Haar umrahmte ein müdes, stark geschminktes Gesicht, an dem nur die weit aufgerissenen Augen verrieten, dass sie aufgeregt war. Aus den Augenwinkeln bemerkte ich, wie im Saal hinten Rüdiger K. auf seinem Sitz hin und her rückte.

Zuerst wurden ihre Personalien aufgenommen. Als der Richter Tanja L. nach ihrem Beruf fragte, erklärte sie: »Ich bin freischaffende Künstlerin.« Der Richter hakte nicht nach. Dabei ergab sich ja bereits aus der Akte, dass sie »käufliche Kunst am Manne« anbot.

Tanja L. sagte aus: Wie Sven P. gleich zweimal an dem besagten Mittwoch vor ihrem Wohnwagen vorgefahren sei. Wie er sie bedroht und eine Waffe auf sie gerichtet hätte. Wie sie gedacht hätte, sie müsse sterben und seither in Todesangst lebe. »Ja«, sagte sie dann mit zitternder Stimme, sie erkenne Sven P. zu 100 Prozent wieder, dort drüben auf der Anklagebank sitze er. Sven P. verdrehte die Augen, ich stieß ihn sachte in die Rippen, und sein Gesicht nahm wieder einen ernsten Ausdruck an. Sie könne auch das Auto beschreiben, fuhr Tanja L. eifrig fort, ein luxuriöser SUV sei das gewesen, ein Porsche, weiß, selbst das Kennzeichen wisse sie noch, es laute …

Der Richter hörte teilnahmsvoll zu. Und dann hatte er nur eine einzige Nachfrage an Tanja L.: »Wie kommen Sie mit den psychischen Folgen einer solch schlimmen Tat zurecht?« Die Staatsanwältin hatte gar keine Fragen an die Zeugin.

Anschließend gewährte der Richter mir das Fragerecht. Ich konfrontierte Tanja L. mit den Daten aus dem elektronischen Fahrtenbuch. »Wie erklären Sie sich, dass Sie just den Wagen gesehen haben, der zum selben Zeitpunkt nachweislich über 500 Kilometer entfernt unterwegs war?«

Hilfesuchend blickte Tanja L. im Saal umher. »Das – das kann ich mir auch nicht erklären«, sagte sie schließlich.

»Ich mir auch nicht, Frau L.«, sagte ich. »Was halten Sie von der Erklärung, dass Sie eiskalt lügen?«

Der Richter sprang der Zeugin zur Seite. »Das sind übliche Manöver von Strafverteidigern, lassen Sie sich dadurch nicht beirren!«, sagte er.

Ich stellte weitere Fragen: Ob Sie Rüdiger K. kenne, der hinten im Gerichtssaal säße? Ob sie wisse, dass dieser einen konkurrierenden Saunaclub betreibe und Sven P. gegenüber angekündigt habe, den Club Rouge vor die Wand zu fahren? Warum sie die Polizei erst nach dem angeblichen zweiten Erscheinen Sven P.s am besagten Tage per Handy informiert habe? Die Zeugin stammelte – und immer wieder baute der Richter sie auf.

Als nächstes wurde der von uns benannte Geschäftsmann in den Zeugenstand gerufen. Der Kaufmann war eine eindrucksvolle Erscheinung: ein klassischer »Sir«, der Ruhe und Ernst verströmte. Der Richter fixierte ihn erst, dann begann er mit der Befragung: Wann genau er den Angeklagten getroffen habe? Wo er ihn getroffen habe? Mit welchem Auto der Angeklagte gekommen sei? Ob er sich das Kennzeichen notiert habe? Wo der SUV genau geparkt worden sei? Warum er überhaupt Sven P. zu dessen Auto gefolgt sei? Was sie an Speisen und Getränken konsumiert hätten, während des Gesprächs? Ob der Zeuge Vorstrafen habe? Wieso er erst jetzt in diesem Strafverfahren auftauche? Ob Sven P. Druck auf ihn ausgeübt hätte, hier auszusagen? Ob man sich über Details ausgetauscht habe? Und dann wurde er gefragt, ob er auch dem Rotlichtmilieu zugehörig sei. »Dann wüssten wir ja, wie Ihre Aussage einzuordnen ist«, sagte der Richter.

Als erfahrener Geschäftsmann, der unser Zeuge war, bewahrte er Haltung. »Ich bin Kaufmann«, erklärte er ruhig und sah dem Richter fest in die Augen. »Ich habe mit diesem Milieu nichts zu tun.«

»Offenbar doch«, entgegnete der Richter, »sonst hätten Sie sich mit jemandem wie dem Angeklagten doch gar nicht getroffen, wie Sie behaupten.«

»Herr P. hat bei mir Inneneinrichtung im Wert fünfundzwanzigtausend Euro bestellt. Ich stelle Luxusmöbel her«, betonte der Zeuge. »Es handelt sich um ein Geschäft, nicht mehr. Ich habe keinerlei Bezug zu Herrn P.«

So ging es eine Weile hin und her. Der Zeuge wurde regelrecht gelöchert. Der Richter war offenbar wild entschlossen, die Glaubwürdigkeit des Zeugen als gering einzustufen. Ebenso die Staatsanwältin, die – anders als bei Tanja L. – nun erstaunlich viele Fragen an unseren Entlastungszeugen hatte. Als sie fertig war, erhob sich der Kaufmann, warf Sven P. beim Hinausgehen einen genervten Blick zu und ging. Ich konnte es ihm nicht verdenken.

Nun gab ich eine Erklärung zu der Beweisaufnahme ab: »Die Verteidigung hat mit Erstaunen festgestellt, dass der Entlastungszeuge von Gericht und Staatsanwaltschaft ganz anders, nämlich viel härter und umfangreicher als die Belastungszeugin zuvor befragt wurde. Verwundert nimmt die Verteidigung zur Kenntnis, dass der Herr Vorsitzende gerade hat anklingen lassen, dass ›Rotlicht-Zeugen‹ keinen guten Ruf bei diesem Gericht und ihre Aussagen nur geminderte Beweisqualität haben sollen. Nicht mehr nachvollziehbar ist dann, warum die Prostituierte Tanja L. hier regelrecht mit Samthandschuhen angefasst wurde bei ihrer Befragung. Auch versteht die Verteidigung, wenn das Gericht einer solchen Betrachtungsweise zuneigt, nicht, warum hier heute zu Beginn dem Angeklagten ein Geständnis nahegelegt wurde. Es besteht die Konstellation ›Aussage gegen Aussage‹, und hier sagt Rotlicht gegen Rotlicht aus. Wie können Sie sich da von vornherein derartig auf eine Seite schlagen? Rot bleibt rot!«

Der säuerliche Blick des Vorsitzenden war Gold wert. Solche Dinge musst du als Verteidiger mit aller gebotenen diplomatischen Schärfe ansprechen. Denn nur dadurch, dass du diese Dinge laut und deutlich im Gerichtssaal thematisierst, werden sie für alle Anwesenden präsent.

Wir verließen zufrieden das Gerichtsgebäude. In zwei Wochen stand der nächste Verhandlungstermin an. Der von uns benannte Privatgutachter sollte ebenfalls gehört werden. Ich malte mir jetzt gute Chancen für meinen Mandanten aus. Bisher war es ein Prozess ohne handfeste Beweise gegen ihn. Es gab nur die Zeugenaussage der Prosituierten. Der einzige wirkliche Beweis waren die Daten aus dem elektronischen Fahrtenbuch meines Mandanten, und die bewiesen seine Unschuld. Auch hatte der Geschäftsmann hervorragend zu Gunsten von Sven P. ausgesagt. Umso mehr wunderte ich mich, als ich ein paar Tage später einen Anruf von Sven P.s Frau erhielt: Ihr Mann sei verhaftet worden, schluchzte Carina ins Telefon. Vor seinen Gästen im Club Rouge hätten sie ihn abgeführt. Es bestünde Verdunklungsgefahr, habe es geheißen, und dass diese Tanja L. schon wieder irgendeine Geschichte erfunden hätte.

Tatsächlich: Tanja L. hatte am Tag nach der Hauptverhandlung bei Gericht angerufen und behauptet, Sven P. habe sie abends zuvor auf ihrem Handy kontaktiert und mit dem Tod bedroht, sollte sie ihre Aussage nicht zurückziehen. Ihre Handynummer habe sie schließlich bei der polizeilichen Zeugenvernehmung angegeben, daher hätte Sven P. über die Akteneinsicht ja leichtes Spiel gehabt. Mein Mandant kam daraufhin sofort in Untersuchungshaft. Als ich ihn in der Haftanstalt besuchte, wirkte er gefasst. Nur die berühmte Zornesfalte hatte sich inzwischen bleibend in sein Gesicht gegraben.

»Für wie blöd halten die mich?«, fragte er. »Wieso sollte ich so eine Idiotie anstellen, nachdem der Tag bei Gericht so gut gelaufen war?«

Als ich den vorsitzenden Richter anrief, fragte ich: »Haben Sie denn die Einzelverbindungsnachweise hinsichtlich der von Tanja L. angegebenen Handynummer überprüft?«

»Warum denn das, Herr Verteidiger? Wir haben doch die Angaben der Zeugin und nicht den geringsten Grund, an deren Richtigkeit zu zweifeln? Warum sollte die Dame denn lügen?«, sagte er. »Aber wenn Sie das unbedingt verlangen, machen wir das auch noch. Der nächste Verhandlungstermin wird übrigens verlegt. Wir fangen in sechs Wochen ganz von vorne an. Wir möchten nämlich neben ihrem Privatgutachter noch einen neutralen Sachverständigen hören, und der braucht zur Überprüfung des SUV-Fahrtenbuchs ein bisschen Zeit.«

Sven P. musste gut sechs Wochen in U-Haft bleiben. Seine Frau führte inzwischen den Club, die Damen und Gäste verhielten sich loyal, aber die Sorge um ihren Boss war groß. Ein Gerücht machte die Runde: Nicht nur Rüdiger K. habe laut getönt, dass er den neuen Saunaclub übernehmen werde, wenn Sven P. aus dem Weg geräumt sei. Die Geier kreisten schon über dem Edel-Bordell.

Wir saßen wieder im Gerichtssaal. Sven P. wirkte am zweiten Hauptverhandlungstag äußerlich unbeeindruckt von seiner sechswöchigen Untersuchungshaft, doch innerlich war etwas in ihm zerbrochen, wie er mir erzählte. »Ich dachte immer, wir haben hier ein ordentliches Justizsystem«, sagte er. »Aber ich habe den Glauben an die deutsche Gerichtsbarkeit verloren.«

Auch an diesem Tag sprachen die Fakten für den Angeklagten. Die Einzelverbindungsnachweise von Tanja L.s Mobiltelefonnummer lagen vor: Bei der von ihr angegebenen Rufnummer war am besagten Tag nur ein einziger Anruf eingegangen, am frühen Morgen vor Beginn des ersten Verhandlungstages. Danach gab es den ganzen Tag keine Anrufe mehr. Tanja L. hatte gelogen. Möglicherweise nicht zum ersten Mal. Erwartungsvoll sah ich zum Richter, der etwas irritiert wirkte und schließlich erklärte, das Gericht wolle sich vor der Vernehmung von Tanja L. zu einer Beratungspause zurückziehen. Als ich während der Unterbrechung vor dem Gerichtssaal stand und darauf wartete, dass die Sache wieder aufgerufen würde – bemerkte ich auf dem Gang die wohlbekannte Gestalt von Rüdiger K. Der Konkurrent war offenbar »besessen« von seinem ehemaligen Mitarbeiter und auch zu diesem Verhandlungstermin gekommen. Dann ging es weiter.

Tanja L., die dieses Mal mit einem Anwalt als Zeugenbeistand erschienen war, versuchte zunächst sich herauszureden: Sven P. habe wohl auf ihrem anderen Handy angerufen. Sie habe ein Freier- und ein Privat-Handy, da habe sie sich wohl mit den Nummern vertan. Als ich laut in den Saal rief, dass sich die Zeugin gerade um Kopf und Kragen redete, unterbrach das Gericht die Verhandlung: »Besprechen Sie sich mal mit ihrem Anwalt, Frau L. Der Verteidiger hat nicht ganz unrecht.«

Tatsächlich wirkte die anwaltliche Beratung: Tanja L. gab nach der kurzen Pause zu, den bedrohenden Anruf durch Sven P. angeblich aus Angst erfunden zu haben. Aber das am Wohnwagenstrich, das sei wirklich, wirklich so gewesen. »Ich schwöre!«, sagte sie fast feierlich.

Wieder rief ich laut in den großen, altehrwürdigen Gerichtssaal: »Hörst du große Schwüre, steht die Lüge vor der Türe.«

Und tatsächlich: Auch dem Gericht und der Frau Staatsanwältin reichte es endgültig, nachdem sowohl unser Privatgutachter als auch der gerichtlich bestellte Sachverständige unisono bestätigten: Der fragliche SUV war am angeblichen Tattag in Süddeutschland. Manipulation der Datenauswertung ausgeschlossen!

Nach einer neuerlichen Pause ertönte es: »Strafsache gegen P., bitte eintreten«. Der vorsitzende Richter eilte an seinen Platz und verkündete in geschäftigem Ton das Urteil: »Im Namen des Volkes! Der Angeklagte wird auf Kosten der Landeskasse, die auch seine notwendigen Auslagen zu tragen hat, freigesprochen. Der Haftbefehl wird aufgehoben.«

So lange sich das Verfahren gezogen hatte, so plötzlich war es vorbei. Aus dem Zuschauerbereich stahl sich Rüdiger K. mit gesenktem Kopf hinaus.

Sven P. nahm das Urteil mit grimmiger Miene an. Für jeden erlittenen Tag der Untersuchungshaft erhielt er 25 Euro Entschädigung, insgesamt etwas über 1000 Euro. So viel kostet in seinem Club eine der günstigeren Flaschen Champagner. Das anschließende Strafverfahren gegen Tanja L. wegen falscher uneidlicher Aussage und falscher Verdächtigung wurde eingestellt. Begründung: Die Zeugin hätte sich redlich verhalten, in dem sie ihre Aussage korrigiert und die Telefonatslüge ausgeräumt habe. Die Vorwürfe am Wohnwagen-Strich seien keinesfalls sicher aufgeklärt, vielmehr handele es sich bei dem Freispruch von Sven P. um einen »aus Mangel an Beweisen«.

Nach dieser Justizposse mit »Happy End« hielt es meinen Mandanten nicht mehr lange in Deutschland. Sven P. hatte den Glauben an das Justizsystem endgültig verloren. Seinen Club verkaufte er. Mit seiner Frau ging er nach Südeuropa, wo er einen Edel-Escortservice aufbaute und Motorboote an wohlsituierte Touristen mitsamt Skipper vermietete.

Ich habe ihn dort für ein Interview zu diesem Buch besucht. Sven P. begrüßte mich braungebrannt, freundlich und völlig entspannt. Die Zornesfalte zwischen seinen Augen war nahezu komplett verschwunden.

SCHREIEND UNGERECHT

Angeklagte ohne Chance

Es ist das stärkste Symbol unseres Rechtssystems: Justitia wird mit Augenbinde dargestellt. Sie ist blind – ja, sie muss sogar blind sein, um Urteile unabhängig vom äußeren Schein fällen zu können. Wird dieser Grundsatz vergessen, mutiert unser gesamtes, über Jahrtausende aufgebautes Justizsystem zur Farce.

Wir wollen keine Schönfärberei betreiben: Sven P. ist ein harter Knochen. Er hat zahlreiche Straftaten begangen und ist in einem Milieu tätig, in dem es alles andere als zimperlich zugeht. Aber darf er deshalb bereits vor Verhandlungsbeginn als schuldig betrachtet werden? Darf der Richter gegen einen Angeklagten derart voreingenommen sein, dass er einem seriösen Entlastungszeugen weniger Glauben schenkt als einer sich in Widersprüche verstrickenden, selbst dem Rotlichtmilieu entstammenden Belastungszeugin?

Als Strafverteidiger erlebe ich häufig die Situation, dass Mandanten trotz meiner vorhergehenden Warnung siegessicher in die Verhandlung gehen. »Mir kann doch nichts passieren, es gibt keine Beweise«, sagen sie. »Es steht Aussage gegen Aussage, und nur, weil irgendwer irgendwas behauptet, kann ich doch nicht belangt werden.«

Doch die Praxis des Strafverfahrens sieht anders aus: Zahlreiche Verurteilungen beruhen auf der belastenden Zeugenaussage einer einzigen Person. Zwar gibt es für die Gerichte die Vorgabe, dass sie bei der Konstellation »Aussage gegen Aussage« Belastendes besonders sorgfältig prüfen sollen. Die Wirklichkeit sieht anders aus: Manche Richter und Staatsanwälte hören Belastendes gern und nehmen es nahezu ungeprüft auf. Entlastendes dagegen wird von Vornherein äußerst kritisch betrachtet und nach fadenscheinigen Gründen, dem sprichwörtlichen »Haar in der Suppe«-gesucht, warum ein Entlastungszeuge unglaubwürdig sein könnte.

Woher kommt diese Tendenz? Mein Eindruck ist, dass einige Staatsanwälte und Richter lieber einen Beschuldigten überführen, als ihn »laufen zu lassen«. Dieses mag an ihrer Vorstellung liegen: In den meisten Fällen wird schon was an den Vorwürfen dran sein. Wenn dann – wie im Fall Sven P. – noch Vorstrafen hinzukommen, ist gedanklich das Urteil bereits nach Studium des Bundeszentralregisterauszuges beim Lesen der Akte gefällt: Schuldig! An dieser Stelle greift wiederum der psychologische Gedanke, den ich in den Erläuterungen zum ersten Kapitel hinsichtlich einer einmal erfolgten Einstellung eines Strafverfahrens unter Nachbarn erwähnt habe: Es fällt uns Menschen naturgemäß schwer, eine zuvor getroffene Einschätzung zu korrigieren. Man müsste ja einen eigenen »Fehler« eingestehen. Daher: Wenn ein Richter sein inneres Urteil über die Schuldfrage bereits vor der Verhandlung zum Nachteil des Angeklagten gefällt hat, wird er alles Entlastende in dem Prozess als das zu bekämpfende »Böse« wahrnehmen. Ebenso wird alles den Angeklagten Belastende von ihm als das »Gute« empfunden. Konsequenterweise wird dieser »vorverurteilende« Richter einen noch so glaubwürdigen Entlastungszeugen »in die Mangel nehmen«, hingegen den ihn in seinem Urteil bestärkenden Belastungszeugen hofieren. Alles irgendwie menschlich, leider schreiend ungerecht.

Wie es gerechter wäre

Natürlich kann ein Urteil auf Basis einer einzigen belastenden Aussage erfolgen. Etwas anderes zu fordern, hieße die Schaffung rechtsfreier Räume zu begünstigen. Denken wir nur an Vergewaltigungsverfahren, in denen es fast immer nur eine einzige belastende Aussage – nämlich die des mutmaßlichen Opfers – gibt.

Aber man könnte ganz leicht in diesen Fällen für mehr Gerechtigkeit sorgen. Indem man in jeder Konstellation »Aussage gegen Aussage« ein Glaubhaftigkeitsgutachten eines geschulten Psychologen oder Psychiaters einholt. Es gibt ein eigenes Fachgebiet, das sich ausschließlich mit der Frage beschäftigt, wann eine Zeugenaussage richtig und wann sie falsch ist. Leider werden solche Gutachten im deutschen Strafprozess nur im absoluten Ausnahmefall eingeholt. Etwa, wenn der Zeuge noch ein Kind oder psychisch krank ist. In fast allen anderen Fällen heißt es: »Die Bewertung einer Zeugenaussage als wahr oder unwahr ist ureigenste Aufgabe des Gerichts.« Damit werden Richter zu dem erhoben, was Strafverteidiger Bossi in seinem Buch »Halbgötter in Schwarz« benannte.

Mir ist es unbegreiflich, warum in einem Strafverfahren, in dem es um die Existenz eines Menschen geht, auf das bestmögliche Prüfungsmittel einer Zeugenaussage verzichtet wird. Natürlich gibt es auch Richter, die sich die Grundzüge der Aussagepsychologie angeeignet haben. In erster Linie haben sie aber das Recht gelernt und in der juristischen Ausbildung werden Fragen der Glaubhaftigkeit von Zeugenaussagen allenfalls am Rande behandelt.

Es ist, als ob der Manager eines Fußballvereins aus der höchsten Spielklasse behauptet: »Ich kaufe lieber einen Spieler aus der dritten als aus der ersten Liga ein. Der kann das sicher genauso gut.«

Selbst wenn ein Richter »fit« in Aussagepsychologie ist, erreicht er in der Regel damit nicht die fachliche Kompetenz eines umfassend geschulten Psychologen oder Psychiaters, der sich ausschließlich mit dieser Thematik beschäftigt.

Und was tun gegen die unterschiedliche Behandlung von Be- und Entlastungszeugen durch einige Staatsanwälte und Richter im Gerichtssaal? Hier hilft meines Erachtens nur eins: ein Strafverteidiger an der Seite des Angeklagten, der mit der erforderlichen Bissigkeit und starken sachlichen Argumenten diplomatisch das Gericht dazu bringt, möglichst »ohne Gesichtsverlust« von der ursprünglich gefassten Meinung abrücken zu können.

Was, wenn ich betroffen bin?

Ungerechtfertigte Vorwürfe sind für Betroffene eine heikle Angelegenheit. Sie schäumen innerlich vor Wut – müssen sich aber am Riemen reißen.

Contenance heißt das Zauberwort. Auch wenn man als Unschuldiger am liebsten »Selbstjustiz« betreiben würde, in dem den lügenden Zeugen zur Rede stellt und ihm die Meinung geigt. Genau das könnte aber zu dem führen, was Sven P. unberechtigterweise widerfahren ist: einem Haftbefehl wegen des Verdachts der Verdunkelungsgefahr. Daher: Sie sollten niemals irgendetwas in Richtung des Zeugen »auf eigene Faust« unternehmen. Vertrauen Sie darauf: In der Ruhe liegt die Kraft. Vor allem für so wegweisende Entscheidungen, die in dem Strafverfahren anstehen.

Stellen wir uns vor, jemand will Ihnen an die Karre fahren und erhebt bei der Polizei frei erfundene Vorwürfe gegen Sie. Zuerst müssen Sie mit Ihrem Verteidiger besprechen, ob schon im Ermittlungsverfahren ein Antrag auf Einholung eines aussagepsychologischen Gutachtens gestellt werden soll. Auch, wenn nach der bisherigen Rechtsprechung in dem Fall keine Verpflichtung der Staatsanwaltschaft zur Beauftragung eines Gutachters besteht, so wird diese oft dennoch Ihrem Antrag folgen. Auch Staatsanwälte, jedenfalls, wenn sie unvoreingenommen an Ihren Fall herangehen, sind sich bei der Konstellation »Aussage gegen Aussage« nicht immer sicher, ob die belastende Aussage wahr oder falsch ist.

Ich habe festgestellt, dass Staatsanwälte im Zweifel häufig das Verfahren nicht zugunsten des Beschuldigten einstellen, was richtig wäre (»Im Zweifel für den Angeklagten«), sondern den »Schwarzen Peter« mittels Anklageerhebung einfach ans Gericht weitergeben nach dem Motto: Soll dort doch entschieden werden, ob die Vorwürfe stimmen oder nicht.

Der Schuss mit dem frühen Glaubhaftigkeitsgutachten kann allerdings auch nach hinten losgehen. Ein Psychologe ist kein menschlicher »Lügendetektor«, auch er kann sich irren oder auf die falsche Fährte geraten. Wenn das Ergebnis des Sachverständigen zu Ihren Ungunsten ausfällt, haben Sie sich für das weitere Verfahren mit dem Gutachten eine ungünstige Ausgangsposition verschafft. Wägen Sie diesen Schritt deshalb immer im Einzelfall mit Ihrem Anwalt ab. Wenn er in diesem Bereich geschult ist, wird er der Staatsanwaltschaft einen renommierten Sachverständigen vorschlagen, der für besonders kritische Prüfung von Zeugenaussagen bekannt ist.

Im Einzelfall kann es auch Sinn haben, auf eigene Kosten ein Privat-Gutachten zur Überprüfung der Sie belastenden Aussage in Auftrag zu geben. Ihr Anwalt wird Ihre Akte zu diesem Gutachter schicken, die Justiz erfährt hiervon erst einmal nicht. Dieser überprüft die verschriftlichte Aussage des Belastungszeugen. Auch wenn ein solches Privat-Gutachten nicht die Beweisqualität eines von der Justiz »offiziell« in Auftrag gegebenen Gutachtens hat, kann es gleichwohl im Einzelfall eine für Sie günstigere Ausgangsposition schaffen. Das Ganze ist risikofrei: Natürlich wird Ihr Anwalt das eingeholte Gutachten nur bei der Justiz einreichen, wenn es zu Ihren Gunsten ausfällt.

Privatgutachter können natürlich auch ein »offizielles« Gutachten überprüfen, wenn dieses schriftlich zur Akte gereicht wurde. Oft genug habe ich erlebt, dass die von mir eingeschalten Privat-Gutachter »offizielle« Sachverständigengutachten regelrecht in der Luft zerfetzten. Wenn ich als Verteidiger dem Gericht dann unter Bezugnahme auf die Ausführungen des Experten erläutere, wie schwach das von Gericht eingeholte Gutachten doch sei, kann dies zu einem Umdenken bei Gericht führen und einen oftmals bereits unschuldig hinter Gittern gewähnten Mandanten retten.

KAPITEL 11

Gedrosselte Ermittlungen

Geschichten über Rockerclans hört man stets nur aus zwei Perspektiven: aus der von Männern, meist anderen Rockern – oder aus der Sicht von Vertretern von Recht und Ordnung. Der Rocker steht dabei stets auf der Seite des Bösen, der Rechtsstaat auf der des Guten. Eine weibliche Perspektive auf diese Rocker-Welten ist mir bei all der Lektüre noch nicht begegnet. Ebenso wenig habe ich gehört, dass der Rocker der Gute und der Staat der Böse ist. Anders ist es vielleicht nicht gewünscht. Solche Geschichten, so kommt es mir mitunter vor, sind die Märchen von heute: zeitgenössische, männliche Räuberlegenden mit einer Lehre, die es zu ziehen gilt, und dem Versprechen, dass es die Bösen am Ende erwischt.

In Deutschland hören und lesen wir seit einigen Jahren von türkischen und kurdischen Rockerclubs, sehen Bilder von aufgepumpten Typen in Lederkluft mit martialischem Auftreten. Es ist eine Sicht von außen, die der Öffentlichkeit in Reportagen und Kommentaren serviert wird. Es ist eine Sicht von oben, von der Höhe einer moralischen Überlegenheit herab, die von Meinungsmachern oft in Unkenntnis der Hintergründe so gerne zelebriert wird.

Agnieszka P., 44 Jahre alt, dreifache Mutter, hat einige dieser Artikel zur Hand genommen und gleich wieder weggelegt. Sie erkennt darin mit diffusen Anschuldigungen verknüpfte Ereignisse, die sich zu einem Bild verdichten, das einen Fremden zeigt. Den Typen aus diesen Berichten kennt sie nicht. Dabei trägt er den Namen ihres Mannes, Hamit P., ehemaliger Präsident eines Chapters der Rockervereinigung »Osmanen Germania«, getötet am 9. Februar 2018 durch die Kugel eines SEK-Beamten. SEK steht für Sondereinsatzkommando. Der Beamte, der den tödlichen Schuss auf Hamit P. abgab, trägt die Nummer 170.

Die Geschichte, die Agnieszka zu erzählen hat, verfolgt keinen moralischen Zweck. Sie schildert die Ereignisse einfach aus ihrer persönlichen Sicht. Es ist eine Geschichte, die ihre Zuhörer herausfordert. Denn es gibt keine klare Rollenverteilung. Die Guten werden zu Bösen, die Bösen teils zu Opfern, teils zu Verrätern. Stellenweise gleicht Agnieszkas Geschichte den Berichten von Polizisten, Staatsanwälten und Journalisten, aber auf weite Strecken zeigt sie eine ganz andere Sicht – eine, die jedoch gezeigt werden muss, will man das ganze Bild erkennen und verstehen, was Menschen dazu bringt, Rockerclans beizutreten, Verbrechen zu begehen – und andere zu verraten.

Das ganze Bild von Hamit zeigt einen Mann, der Halt suchte für das verratene Kind, das er einst gewesen war. Gleichzeitig zeigt es einen Mann, der Hoffnung suchte. Ein Mann, der Geld auftreiben wollte für seine krebskranke Tochter, auf ehrlichem und – als das nicht reichte – auf unehrlichem Weg, und der dabei zwangsläufig scheitern musste. Denn für den unehrlichen Weg war er nicht belastbar genug.

Hamit P. war ein Mensch, der nur von seinen psychischen Narben zusammengehalten wurde. Narben, die immer wieder aufrissen und den Blick freigaben auf einen Menschen, der auf der Suche nach einer lebenswerten Zukunft immer wieder in die falsche Richtung stolperte. Einen, den nur drei Menschen wirklich kannten: seine beiden Brüder. Und seine Frau Agnieszka. Die Brüder sind tot. Was bleibt, ist die Geschichte von Agnieszka. Und die Frage: Was wäre gewesen, wenn …?

Der 9. Februar 2018

9. Februar 2018 in einer mittelgroßen Stadt in Nordrhein-Westfalen. Agnieszka P. erledigt ihren Einkauf, so wie immer, so wie hunderte Male zuvor. Der türkische Lebensmittelladen liegt gleich gegenüber der Wohnung, sie kauft Gemüse und Hähnchenfleisch. Agnieszka, selbst polnischer Herkunft, kocht gerne Gerichte aus der Heimat ihres Mannes Hamit. Sie muss sich heute etwas beeilen, um drei Uhr soll sie bei der Fortbildung sein. Sie fragt sich, ob sie die anderen Erledigungen später machen und die Einkäufe dorthin mitnehmen soll. Ach was, denkt sie, die Wohnung ist doch nur ein paar Schritte entfernt, es bleibt genug Zeit, um schnell alles abzustellen.

Später wird sie sich fragen, was gewesen wäre, wenn sie anders entschieden hätte. Wenn sie direkt weitergegangen wäre, zur Apotheke, zum Bäcker. Würde Hamit dann noch leben? Oder hatte er von vornherein keine Chance? Agnieszka geht durch den Eingang des schmucklosen Mietshauses in der ebenso schmucklosen, ruhigen Straße, durchquert den kleinen, begrünten Innenhof und betritt das Hinterhaus, in dem sie mit ihrer Familie seit acht Jahren lebt. Hamits Frau trägt ihre Tüten die 41 Stufen des vertrauten, etwas zu engen Treppenhauses hinauf in den zweiten Stock, schließt die Wohnungstür auf. Wie immer erfüllt sie ein Gefühl des Stolzes, als sie die Wohnung betritt und ihr Blick auf das fliederfarben gestrichene Vorzimmer fällt. Sie hat die Wohnung mit einfachen Mitteln eingerichtet. Geld hatte die Familie nie viel, aber mit etwas Fantasie und Liebe zum Detail hat Agnieszka für ihre Lieben ein gemütliches Heim geschaffen. Sie stellt ihre Einkäufe in der Küche ab. Der grasgrüne Wandanstrich zur weißen Küchenzeile gibt dem Raum etwas Frisches. »Hier kocht Mama« steht auf einem Schildchen an der Tür. Ihr Mann Hamit sitzt in einem grauen T-Shirt am Küchentisch, vor sich eine Kaffeetasse. Er schreibt auf seinem Handy gerade eine Nachricht, als seine Frau hereinkommt.

»Schatz, brauchst du Hilfe?«, fragt er.

»Nein, alles gut«, sagt Agnieszka und stellt die Tüten auf der Arbeitsfläche ab. »Was hast du denn vor?«

Hamit tippt bereits wieder auf seinem Handy, murmelt: »Freitagsgebet. Ich frage nur noch, wann das anfängt.« Schließlich steckt er das Mobiltelefon an ein Ladekabel, legt das Handy aufs Fensterbrett und verschwindet nebenan im Bad, um zu duschen.

Agnieszka räumt weiter die Einkäufe in den Kühlschrank und die Küchenschränke. Aus den Augenwinkeln sieht sie, wie Hamits Handy aufleuchtet. Ein Anruf von seinem Freund

Umut B. Er nennt Hamit »Abi – großer Bruder« und gehört gewissermaßen zur Familie. Und nun macht Agnieszka etwas, das ihr in all den Jahren, die sie mit Hamit zusammen ist, noch nie eingefallen ist: Sie geht ran.

Es ist der zweite Gedanke, der sie bis heute verfolgt: Was wäre gewesen, wenn sie den Anruf nicht entgegengenommen hätte? Wenn sie nicht zu Umut gesagt hätte, dass Hamit sich gleich zurückmelden würde? Wenn sie nicht zu ihrem Mann, der wenig später in einem grauen T-Shirt, ein blaues Handtuch um die Hüften, hereinkam, »Umut hat angerufen« gesagt und ihm das Handy gereicht hätte?

Hamit nimmt sein Telefon und geht in Richtung Schlafzimmer. Agnieszka begibt sich nun ins Bad, zieht die Hose runter, setzt sich auf die Toilette. Sie hört, wie Hamit mit Umut spricht. Sein Freund hat einen Gebrauchtwagenhandel, eines der Autos hat er für Hamit reserviert, der es sich später ansehen möchte.

Plötzlich ein Krach, Getrampel, ein Zischen und Knallen, alles zugleich – es kommt von der Eingangstür. Was ist denn das, denkt Agnieszka verwundert. Sie steht auf, öffnet die Badezimmertür und blickt direkt ins Visier eines dunkelgrünen Helms.

Der Helm gehört zu einem Mann in einer Art Kampfanzug, der sie anherrscht: »Sofort auf den Boden legen!« Agnieszka folgt dem Befehl automatisch, im Knien versucht sie noch, sich die Hose hochzuziehen, liegt im Bad auf dem Bauch, während von draußen, aus der Richtung des Wohnzimmers, Lärm hereindringt: ein Krachen, ein Knallen, lautes Stimmengewirr. Es sind nur wenige Sekunden vergangen, Agnieszka ist noch nicht einmal dazu gekommen, zu überlegen, was hier eigentlich geschieht, da fordert sie der Mann im Kampfanzug bereits auf, aus dem Bad zu treten und drängt sie in Richtung des Zimmers gegenüber. In den fünf Sekunden, die sie dafür braucht, wagt sie einen Blick nach links in Richtung des Wohnzimmers. Sie sieht weitere Männer in Kampfanzügen, mit Helmen auf dem Kopf und Waffen in der Hand, Rauch steigt auf, Agnieszka hört fremdartige Geräusche ... Ist das ein Anti-Terrorkommando? Warum sind die hier? Um Gottes Willen, sind das echte Waffen? Da sind noch mehr Menschen, eine Polizistin nimmt sie noch wahr, dann findet sie sich im Zimmer ihres Sohnes wieder. Der Mann im Kampfanzug stellt sich in den Türrahmen, versperrt ihr den Weg, eine Polizistin kommt dazu, nimmt neben ihr Aufstellung. Agnieszka bekommt den Mund nicht auf, um Fragen zu stellen, sie ist wie gelähmt, durch ihren Körper schießt nur eine Empfindung wie flüssiges Blei. Todesangst.

Draußen herrscht nun noch mehr Unruhe. »Wasser, wo ist Wasser?«, schreit einer der Männer. Nervosität wabert durch die Räume wie Wellen. Warum sind diese Leute hier? Wo ist Hamit? Warum hört sie ihn nicht? Keiner sagt jetzt mehr ein Wort, sie sieht nur schockierte Gesichter.

Das Fenster des Jungenzimmers geht zur nächsten Straße hinunter. Agnieszka schaut hinaus, sieht einen Mann in Weiß, darüber eine orangefarbene Weste, einen großen Koffer in der Hand, ins Haus eilen. Ob jemand verletzt ist? Sie erfährt es nicht. Nur ein Satz dringt von draußen herein: »Es ist etwas schiefgelaufen.« Wie lange sie in diesem Zimmer bleiben muss, weiß Agnieszka nicht, später wird sie erfahren, dass es etwa eineinhalb Stunden gewesen sind. Dann erscheint ein neues Gesicht im Türrahmen. Es gehört dem Mann in Weiß, den sie zuvor ins Haus eilen sah. Mit ernstem Gesicht kommt er auf Agnieszka zu.

»Wir konnten nichts mehr für Ihren Mann tun«, sagt er.

Sie schaut ihn verständnislos an, versucht den Satz einzuordnen. Was heißt »nichts mehr tun«? Bis zu diesem Augenblick weiß sie nicht einmal, wo ihr Mann ist.

Der Notarzt spricht weiter: »Er ist tot.«

Der Raum beginnt sich zu drehen, die Geräusche bekommen einen eigenartigen Hall, die Kripobeamtin stellt sich dicht neben Agnieszka und sagt: »Jetzt schreien Sie, so laut Sie können.« Und Agnieszka beginnt zu schreien und es fühlt sich an, als könnte sie nie wieder aufhören. Der SEK-Beamte mit der Kennung 170 hatte Hamits P.s Handy für eine Waffe gehalten. Als ein anderer Beamter eine Nebelbombe wirft, so wird es Nummer 170 später jedenfalls behaupten, habe er versehentlich angenommen, Hamit P. hätte geschossen. Daraufhin habe der Beamte einen gezielten Schuss auf Hamit abgegeben, der den fast unbekleideten und unbewaffneten Mann tödlich verletzte.

Hamit

Viele Menschen tragen Verletzungen in sich, die ein normales Leben eigentlich unmöglich machen müssten. Und trotzdem funktionieren sie. Sie stehen auf, gehen zur Arbeit, kaufen ein. Sie kochen, essen, schlafen und lachen sogar. Auch Hamit P. hielt es lange aus. Es war der eine Hieb zu viel, den das Schicksal austeilte. Erst da zerbrach er.

Hamit hatte drei Geschwister, zwei Jungen und ein Mädchen, doch die Schwester starb noch im Kindesalter. Es war nicht ungewöhnlich zu der Zeit, dass Kinder starben, die Familie trauerte und schrie, fiel weinend in die Knie, stand wieder auf und lebte weiter. Der Tod gehörte zum Leben dazu in dem kleinen türkischen Dorf an der Grenze zu Syrien. Es war ein einfaches, hartes Leben, das sie führten, und irgendwann beschloss der Vater, wie so viele andere fortzugehen, um Geld zu verdienen. Nach Deutschland, dort, wo es für jeden Arbeit gab. Er setzte sich mit anderen Familienvätern in einen Bus, die Familien versammelten sich vor den Fenstern, draußen wurde tapfer gelächelt und gewunken, drinnen wurde geweint. Die Mutter blieb mit den Kindern in der Türkei. Der Vater schickte Geld, und ein-, zweimal im Jahr fuhr er nach Hause. Es ging nicht lange gut. Die Mutter hörte von Eskapaden ihres Mannes, von anderen Frauen, stellte ihn zur Rede, es gab Krach, und sie trennten sich. Das war der zweite Einschnitt in Hamits Leben nach dem Tod seiner Schwester. Aber er hatte ja noch seine Brüder, nichts konnte die drei auseinanderbringen, und als ihre Mutter sie im Kinderheim abgab, weil die Alleinerziehende sich nicht mehr imstande sah, für ihre Kinder zu sorgen, da hielten die Geschwister es aus, denn sie blieben ja zusammen.

Der Vater in der Ferne erklärte schließlich, so ginge das nicht weiter und wollte die drei Jungen zu sich holen – nach Deutschland. Die Behörden ließen Mecit gehen, den Ältesten. Sie ließen auch Hakan gehen, den Jüngsten. Nur Hamit durfte nicht mit. Warum, das hat er nie genau erfahren. Er hat es auch damals nicht verstanden, jedenfalls musste er als einziger im Heim zurückbleiben, für mehrere Jahre, bevor er endlich nach Deutschland ausreisen durfte. Agnieszka glaubt, dass es dieses Trauma war – die Ungerechtigkeit der Entscheidung, das Gefühl des Verlassenseins und der Schande, das Kinder so schnell entwickeln, weil sie die Schuld für die Fehler der Erwachsenen zuerst bei sich selbst suchen – das sich tief in sein Selbstbewusstsein eingrub und ihm seine innere Basis raubte. Hamit, davon ist Agnieszka überzeugt, strauchelte deshalb immer so schnell, weil er keine Mitte hatte.

Agnieszka

Die deutsche Schreibweise ihres Namens gefiel ihr immer schon. Agnes. Bereits früh entdeckte sie ihre Leidenschaft für die deutsche Sprache, und weil es zu der Zeit zu wenige Deutschlehrer in Polen gab, durften auch Studenten die gefragte Sprache unterrichten. Agnieszka lehrte Grundschüler »Der Apfel fällt nicht weit vom Stamm« und »Morgen wird ein schöner Tag«. Sie träumte davon, irgendwann über die Grenze nach Deutschland zu fahren, sie wollte die Sprache nicht nur in Kursen hören, sondern auf der Straße, in echt.

Ihr damaliger Freund war Musiker, ein lieber Kerl von 23 Jahren und kerngesund, als er plötzlich während einer Musikprobe tot umfiel. Gehirnschlag. Agnieszka war 22 Jahre alt und fühlte sich, als wäre auch ihr Leben schon zu Ende. Die Familie überlegte, wie man die Studentin auf andere Gedanken bringen konnte. Agnieszkas Tante hatte schließlich eine Idee: Sie arbeitete in Polen in einer Gaststätte, deren Betreiber die Tochter schon vor Jahren nach Deutschland geschickt hatten. Diese lebte seither in Nordrhein-Westfalen, in einer netten Stadt mit vielen Altbauten und Hügeln drumherum. Die Tante hatte Fotos gezeigt. Und so war schnell beschlossen: Agnieszka sollte über die Sommerferien, die in Polen den ganzen Juli und August dauern, nach Deutschland fahren, ein bisschen an ihren Sprachkenntnissen feilen – vor allem aber sollte sie auf andere Gedanken kommen und sehen, dass das Leben weitergeht.

Agnieszka liebte Deutschland von der ersten Minute an. Sie jobbte mal hier, mal da als Kellnerin, knüpfte Kontakte und hörte schließlich von einem Job in einer Gaststätte im Nachbarort. Der Inhaber sei ein Türke, ein gewisser Hamit P., der suche eine Kellnerin, Agnieszka habe sicher große Chancen.

Schon beim Einstellungsgespräch fiel Agnieszka auf, dass sie Hamit P. gefiel. Sie war eine attraktive junge Frau, groß gewachsen, ihr blondes Haar umrahmte ein fein gezeichnetes Gesicht mit strahlend blauen Augen und einer Stupsnase. Agnieszka war der Inbegriff des europäischen Mädchens, und Hamit war hin und weg. Auch sie fand Gefallen an dem jungen Mann mit seinen dunklen, feurigen Augen, dem schwarzen Haar und den Muskeln, die er in einem Boxclub stählte. Es dauerte nicht lange, bis er sie fragte, ob sie mit ihm essen gehen wollte. Agnieszka vermisste immer noch ihren toten Freund. Aber sollte sie sich ihr Leben lang verstecken? Dieser Hamit wirkte nett, er war lustig, gefiel ihr – und ihre Familie hatte ja recht: Das Leben musste weitergehen. Oder?

Es wurde ein lustiger Abend, aber nicht so, wie Hamit sich das vorgestellt hatte. Zuerst standen sie vor dunklen Fenstern, weil er vergessen hatte zu reservieren und das Restaurant an diesem Tag geschlossen hatte. Und so landeten sie bei McDonald's. Hamit versank beinahe im Boden, aber Agnieszka freute sich, denn in Polen gab es nur wenige McDonald's-Filialen, und sie war noch nie in einer gewesen. Hamit war hin und weg. Dieses schöne Mädchen benahm sich nicht wie eine Zicke, sondern wie ein Kumpel, dachte er. Was für ein Glück er hatte!

Sie wurden ein glückliches Paar. Es war ein einfaches Leben, das sie führten – geprägt von viel Arbeit, wenig Geld und einigen Schwierigkeiten. Denn anfangs musste Agnieszka noch alle drei Monate zurück nach Polen, um ein neues Visum zu beantragen. Sie arbeitete Vollzeit in Hamits Gaststätte. Sie trug ihre Habseligkeiten nach und nach in seine Wohnung neben dem Lokal, und schließlich lebten sie dort zusammen.

Sie hatten nur wenige Freunde und zu den Familienangehörigen kaum Kontakt. Agnieszkas Eltern waren in Polen, Hamits Eltern redeten nicht miteinander, die Mutter war in der Türkei, der Vater in einer anderen deutschen Stadt mit einer neuen Frau. Eine Bindung zu seinen Söhnen war bei Hamits Vater so gut wie nicht vorhanden, zwischen den Kindern und ihrem Vater herrschte eine kalte Stille. Aber die Brüder hatten einander. Irgendwann beichtete Hamit, dass er einen Sohn aus einer früheren Beziehung habe, der bei seiner Mutter in der Türkei lebe. Agnieszka nahm es hin. So war es eben, jeder Mensch hat seine Geschichte, dachte sie.

Sie liebte Hamit. Er war so gutmütig, hatte eine Engelsgeduld und ein goldenes Herz. Eines kalten Herbsttages kam er ohne Hose nach Hause. Er hatte sie einem Obdachlosen geschenkt, der ohne Beinkleider auf einer Decke gelegen hatte. Agnieszka war gerührt. Das war der Hamit, wie sie ihn kannte und liebte. Er versuchte nicht, sie zu dominieren. Er ging jeden Freitag zum Gebet in die Moschee, bat darum, kein Schweinefleisch auf den Teller zu bekommen, und ließ Agnieszka ansonsten tun und lassen, was sie wollte. Sie war treu und ehrlich, das wusste er. Er kontrollierte sie nicht. Sie trug gerne kurze Röcke, und wenn ihr ein Mann hinterherpfiff, fand Hamit das lustig. Er nannte sie nicht Agnieszka, sondern wie viele andere einfach Agi, und irgendwann nannte sie sich auch selbst so. Sie war angekommen.

Hamit und Agnieszka

Das Lokal warf genug Geld ab, um davon zu zweit zu leben. Aber eine ganze Familie ernähren konnte Hamit damit nicht. Er wollte Kinder mit Agnieszka, das war klar, und er würde ein super Vater werden und für sie da sein, davon waren beide überzeugt. Und so nahm er – nachdem sie es besprochen hatten – das Angebot an, eine Teestube in einer Nachbarstadt zu übernehmen. Teestuben waren sehr beliebt, ein Treffpunkt für vornehmlich türkischstämmige Männer, die sich dort gerne nachts aufhielten.

Die erste Zeit schliefen Agnieszka und Hamit in einem Hinterraum oder übernachteten bei Freunden. So etwas macht einem nichts aus, wenn man jung ist. Das Geschäft in der Teestube lief gut an, aber Hamit überlegte, wie noch mehr Geld hereinkommen könnte. Hierher kamen vor allem seine Landsleute, durch die Bank Männer. Bei Tag tranken sie Tee, nachts wurde nicht nur rauchend kommuniziert, sondern vor allem gezockt: die Würfelspiele Seven Eleven und Barbut waren ebenso beliebt wie das Pokern mit Karten. Natürlich ging es immer um Geld. Ganz legal war das nicht, aber die Gäste achteten darauf, die Einsätze nicht zu sehr nach oben zu schrauben. Es blieb nun etwas Geld übrig, und ab und zu zündete sich Hamit nach der Arbeit einen Joint an. Agnieszka nahm es hin. Sie selbst rauchte kein Gras, aber so lange Hamit der verständnisvolle, geduldige Mann blieb, den sie liebte, wollte sie ihm das Vergnügen nicht verderben.

An dem Tag, an dem Hamit verhaftet wurde, begann sie umzudenken. Erst jetzt erfuhr sie, dass ihr damaliger Freund Jahre vor ihrem Kennenlernen mit Marihuana gehandelt hatte. Er habe damit vor allem seinen Eigenkonsum finanziert, beteuerte er, als sie ihn in der Untersuchungshaft besuchen durfte, und er habe schon vor Langem wieder mit dem Dealen aufgehört. Aber da war ein ehemaliger Kumpel von ihm, der eine Art Lebensbeichte abgelegt und ihn, Hamit, bei der Polizei verpfiffen hätte wegen der Sache damals. Ja, deswegen säße Hamit nun im Knast.

Als der Richter bei der einige Monate später stattfindenden Hauptverhandlung gegen Hamit das Urteil verkündete – drei Jahre Haft – saß Agnieszka wie betäubt im Gerichtssaal und starrte ihren Freund an. Hamit saß mit gesenktem Kopf da. Und machte dann das Beste aus der Strafe. Er absolvierte hinter Gittern eine Ausbildung zum Bauschweißer, kam schon bald in den offenen Vollzug und wurde bereits nach zwei Jahren wegen guter Führung vorzeitig aus der Haft entlassen. Agnieszka holte ihn mit einem geborgten Wagen ab. Er stellte seine Taschen auf den Rücksitz, setzte sich neben seine Freundin und sagte: »Nie wieder will ich irgendetwas mit Gras zu tun haben. Ich packe das Zeug nicht mehr an, darauf hast Du mein Wort, Schatz.« Und Agnieszka glaubte ihm.

Die Teestube hatte Hamit verloren. Er begann als Paketzusteller zu arbeiten. Es ist ein harter, undankbarer Job. Er musste früh raus, kam spät nach Hause. Dazwischen fuhr er kreuz und quer durch die Stadt, hechtete unzählige Stufen hinauf und wieder hinunter – aber er hielt durch. Es war eine Todesnachricht, die die alten Bruchstellen seiner Seele aufs Neue belastete. Hamits ältester Bruder wurde in Istanbul – wo er mittlerweile lebte – tot aufgefunden, aufgeknüpft an einem Strick, bis heute weiß niemand, was genau mit Mecit geschehen ist. Hamit glaubte nicht an Suizid. Er kannte doch seinen Bruder! Jemand musste ihn umgelegt haben. Hamit litt still, zog sich immer mehr in sich selbst zurück, war selbst für Agnieszka unerreichbar. Und er begann wieder Gras zu rauchen. Ließ den Job schleifen. Seine Fehlzeiten häuften sich. Dann wieder schleppte er sich zur Arbeit, kam zu spät, irgendwie hielt er dennoch durch. Alles schien ihm egal, er hatte seinen Lebensmut verloren.

»Du hast noch einen Bruder«, sagte Agnieszka zu ihm. »Ihr seid eine Familie, Ihr müsst zusammenhalten.«

Hamit nickte müde. Agnieszka hatte ja recht. Er rappelte sich etwas auf, versuchte seinen Tagesablauf unter Kontrolle zu bekommen, traf seinen kleinen Bruder. Gemeinsam trauerten sie um Mecit. Agnieszka war froh, dass Hamit wieder Lebensmut schöpfte, und als er sie um ihre Hand bat, sagte sie Ja.

Es war keine große Hochzeit, nur eine standesamtliche Trauung. Auch das Hochzeitsfest blieb klein, was für Menschen türkischer Herkunft unüblich ist. Der Kontakt zu Hamits Eltern war auch nach Mecits Tod nicht besser geworden. Aber Hakan kam regelmäßig zu Besuch, das allein zählte. Auch als Ehemann blieb Hamit entspannt. Er ging weiter freitags in die Moschee, und Agnieszka trug weiter ihre Miniröcke. Mit Religion hatten sie beide nicht allzu viel am Hut. Sie feierten zusammen das islamische Zuckerfest, weil es Hamit wichtig war. Und sie feierten Weihnachten, weil es Agnieszka wichtig war. Sie bekamen ihr erstes Kind, ein Mädchen. Hamit fuhr mit ihnen in das Heimatdorf seiner Eltern und zeigte stolz seine hübsche Frau und das Kind herum. Er war jetzt Familienvater, ein richtiger Mann. In der Türkei fühlte er sich wohl – auch, weil niemand nach seinem Leben in Deutschland fragte. Dass Agnieszka im Minirock durchs Dorf lief, störte niemanden. Ihre Schwiegermutter sagte einmal lachend zu ihr: »Du bist eben unsere Aishe-Spezial.« Man schätzte die tüchtige junge Frau, die Hamit offensichtlich die nötige Bodenhaftung gab. Denn dass er innerlich nicht im Lot war, das sah man ihm dennoch an. Es gab weiteren Nachwuchs. Zunächst noch eine Tochter, dann auch einen Sohn. Hamit war mächtig stolz.

Das Schicksal würfelt, heißt es. Wenn es jemanden richtig schlimm erwischt hat, so ist die Wahrscheinlichkeit, dass das Gleiche noch mal passiert, gering – könnte man meinen. Aber in Hamits Fall würfelte das Schicksal nicht, es stach gezielt zu, und diesmal erwischte es Hamits jüngeren Bruder Hakan. Er war nach einer Autopanne auf der Autobahn ausgestiegen, um das Warndreieck aufzustellen. Ein herannahendes Auto erfasste ihn, Hakan wurde durch die Luft geschleudert. Als er auf dem Asphalt aufschlug, war er wahrscheinlich bereits tot. Der Fahrer des Unfallwagens, so wurde später festgestellt, stand unter Drogen.

Das letzte Licht verließ Hamits Augen. Er saß in irgendwelchen Teestuben, rauchte Gras, starrte trübsinnig vor sich hin. Wofür noch leben? Er sollte es bald erfahren, denn bei seiner älteren Tochter wurde Krebs diagnostiziert. Ein Tumor an der Niere, der das Kind monatelang ans Krankenhausbett kettete. Chemotherapie. Operation. Noch mal Chemo. Agnieszka durfte mit ihrer Tochter im Krankenhaus bleiben, Hamit sollte sich um den einjährigen Sohn kümmern. Geld verdienen musste er natürlich auch. Er war überfordert.

Beim Paketdienst wurde ihm gekündigt: »Zu viele Fehlzeiten.«

»Aber ich muss mich um meinen Sohn kümmern, das ist irgendwann wieder vorbei …«

»Tut mir leid.«

Hamit trat einen Weg an, den er nie gehen wollte – zum Jobcenter. Das Geld wurde knapp, und es muss in dieser Zeit gewesen sein, als er beschloss, dass er auf legalem Weg nie genug Geld heranschaffen würde.

Agnieszka kämpfte währenddessen im Krankenhaus um das Leben ihrer Tochter. Nach vier Monaten verließ Agnieszka mit ihrer Ältesten das Krankenhaus – vorläufig geheilt. Im Jahr 2021, sagen die Ärzte, werde man wissen, ob das Mädchen wirklich gesund bleibt. Als Agnieszka mit ihrer Tochter zu Hause ankam, schien alles wie immer. Hamit versuchte wieder als Paketzusteller Fuß zu fassen, bei einem anderen Unternehmen. Dort waren die Arbeitsbedingungen noch schlimmer. Es ist die Art Job, die nur annimmt, wer keine andere Wahl hat, und die Arbeitgeber wissen das. Hamit musste um vier Uhr morgens raus, um acht Uhr abends kroch er das Treppenhaus zu seiner Wohnung hinauf. Das würde nicht lange gut gehen, war sich Agnieszka sicher. Sie war noch immer in Sorge um ihre Älteste, doch was sollte sie tun? Hamit sprach nicht gern über seine Ängste, er versuchte, stark zu sein, wollte der treusorgende Familienvater sein, den er in seiner Fantasie entworfen hatte. Doch er drohte an seinen eigenen Ansprüchen zu scheitern. Agnieszka beteuerte, dass sie nicht viel Geld bräuchten – »Hauptsache, wir sind zusammen, Hauptsache, das Kind wird gesund« – aber Hamit blieb niedergeschlagen. Er ging zur Arbeit, brachte ein bisschen Geld nach Hause, schaute traurig und verschwand wieder.

Agnieszka war noch nie die Sorte Frau gewesen, die ihren Mann mit Fragen löcherte. Sie sah zu, dass er immer ein gemütliches Zuhause vorfand, kochte mit Liebe, kümmerte sich um die Kinder, die zum Glück keine Dummheiten machten. Daneben sah sie sich nach einer Ausbildungsmöglichkeit für sich selbst um, denn der Nachwuchs war aus dem Gröbsten raus und konnte im Haushalt mitanpacken. Die Wohnung im Hinterhaus, die familiären Rituale, all das war ein Hafen für Hamit. Mehr konnte sie ihm nicht geben, das wusste sie, aber diesen Hafen brauchte er wie die Luft zum Atmen. Alleine drohte er zu ersticken.

Der Rockerclub Osmanen Germania

Sie waren nun bald 20 Jahre zusammen, es war das Jahr 2016, und Agnieszka bemerkte erneut eine Veränderung in Hamits Verhalten. Er wirkte plötzlich nicht mehr niedergeschlagen, sondern fast aufgedreht. Ob er irgendwelche Aufputschmittel nahm? Ihr Mann wirkte hektisch, mitunter wie ferngesteuert. Eines Tages erklärte er, er habe jetzt einen neuen Job. Er sei Securitymann, sorge für die Sicherheit wichtiger Leute bei Veranstaltungen. Sein Kinn hob sich wieder, seine Schultern strafften sich, in seinen Augen erschien wieder ein Leuchten. Aber es war ein flackerndes Licht, er wirkte wie ein Fanatiker in religiöser Ekstase. Ständig telefonierte er, führte fahrige Diskussionen, verschwand, tauchte wieder auf. Eines Tages brachte er ein T-Shirt nach Hause. »Osmanen Germania« stand darauf.

»Was soll denn das sein?«, fragte Agnieszka.

»Das ist mein Club«.

»Was denn für ein Club?«

»Na, ein Club, eine Bruderschaft. Wo alle zusammenhalten. Jeder ist für den anderen da und so.«

»Wir sind auch für dich da. Brauchst nicht mal ein T-Shirt.«

»Das ist nicht das Gleiche, Schatz.«

Agnieszka konnte mit dem Namen »Osmanen Germania« nichts anfangen. Dass sich dahinter ein Rockerclub verbarg, der gerade im Aufbau war, erfuhr sie erst, als sie im Bekanntenkreis herumfragte. Die einzelnen Verbände wurden »Chapter« genannt, und ständig wurde ein neues gegründet. Unter denen, die mitmachten, herrschte eine euphorische Stimmung. Türkischstämmige Männer: jung, junggeblieben, halbseiden, idealistisch. Allen gemeinsam war das Bedürfnis nach Identität, nach Zugehörigkeit, und der Clan mit seinen klassischen Rockerregeln, an denen sich auch die »Osmanen Germania« orientierten, erfüllte diese Sehnsucht.

Zu Hause sprach Hamit nicht über die »Osmanen«, wie er sie nannte. Und so bekam Agnieszka auch nichts davon mit, was er mit diesen Leuten unternahm. Dass er innerhalb des Clubs immer weiter aufstieg und schließlich zum Präsidenten des Chapters seiner Stadt gewählt werden sollte. Was Agnieszka sehr wohl mitbekam, war, dass Hamit kaum noch zu Hause war. Wenn er mal vorbeikam, wirkte er wie gehirngewaschen. Dann schwärmte er von seinen »Brüdern«, und dass sie ab jetzt auch Flüchtlingsheime beschützen wollten, gegen die Nazis, das sei eine wichtige Aufgabe.

»Und was hast du selber davon?«, fragte Agnieszka pointiert.

»Na, Zusammenhalt. Bruderschaft«, sagte Hamit und gestikulierte fahrig herum.

»Und deine Kinder?«, hakte Agnieszka nach. »Und ich? Wir haben hier auch Zusammenhalt. Was können dir denn diese Fremden geben, was deine Familie dir nicht geben kann?«

Hamit entzog sich solchen Diskussionen immer so schnell wie möglich. Agnieszka kannte die Antwort ohnehin bereits: Es war die Bedeutung, die Hamit suchte, die Aufmerksamkeit. Unter diesen Jungs war er endlich jemand. Er, der einst im Heim zurückgelassen worden war, der letzte Überlebende von vier Geschwistern, ausgerechnet er war jetzt ein wichtiger Mann, den niemand mehr übersehen würde. Bei ihren Treffen zelebrierten sich die »Osmanen« selbst und entwarfen ihre Vision von einer Türkei, die es in dieser Form gar nicht gab – weil die Männer ihr Herkunftsland bereits mit deutschen Augen sahen, ohne es zu merken. Es war eine Bruderschaft des Zwischenreiches, wo türkische Lebensintensität auf deutschen Realismus prallte und so manchen Schaden verursachte. Nicht nur einen hatte es bereits vor der Gründung der »Osmanen« aus der Bahn geschmissen. Die machten nun am Rande der Zusammenkünfte »Geschäfte«: Security-Dienste, illegaler Zock, Geldeintreiben. Der Rockerclan bot den nötigen Schutz, einen »Rücken«, wie man das nannte, um in Ruhe mit Gras zu dealen oder Schutzgelder einzutreiben. Einige schickten Frauen auf den Strich, andere planten das ganz große Ding. Über den »Osmanen Germania« schwebte die Aussicht auf viel Geld, und Hamit schien beschlossen zu haben, dass er dabei sein wollte, wenn es auf sie alle herabregnete.

Agnieszka bekam damals nichts von diesen Geschäften mit. Die türkischen Telefonate, die Hamit führte, verstand sie nur ansatzweise, und im Grunde bemühte sie sich stets, nicht zu lauschen. Vertrauen war ein Eckpfeiler ihrer Beziehung, und trotz ihres Unbehagens hielt sich Agnieszka an ihren eigenen Vorsatz, ihren Mann nie zu kontrollieren. Von »Ehre« war bei seinen Telefonaten oft die Rede, von »Zusammenhalt« und »Schutz«. Die Osmanen wurden Hamits Ersatzbrüder, und neben ihnen wurde er wieder zum kleinen Jungen.

Die Kinder fragten häufig: »Wo ist Papa?«

Als Hamit das nächste Mal nach Hause kam, brachte er ein seltsames Lederteil mit. Das sei seine Kutte, erklärte er, jeder Osmane brauche so eine.

»Die war doch sicher teuer«, sagte Agnieszka.

»Ach«, wiegelte Hamit ab. Er war nicht mehr so aufmerksam wie sonst. Früher hatte er mal Schokolade, mal eine einzelne Blume mitgebracht, war großzügig gewesen und hatte gerne Geschenke verteilt. Der Hamit, den sie jetzt erlebte, stand ständig unter Strom, und seine Pupillen tanzten umher. Zwischendurch kam er bloß nach Hause, um sich umzuziehen oder um etwas zu essen und sein Handy aufzuladen. Spätnachts legte er sich ins Bett, am nächsten Morgen schlief er aus und stand erst auf, wenn die Kinder in der Schule waren.

Etwa ein Jahr ging das so. Hamit fuhr nach Berlin, um einen Securityjob zu machen, wie er sagte. Später sah Agnieszka Fotos von einer Demo gegen die Entscheidung der Bundesregierung, den Genozid der osmanischen Herrscher an den Armeniern 1915 zum Völkermord zu erklären. In der ersten Reihe der schreienden Demonstranten: Hamit.

Er blieb tageweise weg. Das verlange sein Job, sagte er. Agnieszka machte sich noch mehr Sorgen als sonst. Als ein Anruf kam, Hamit sei im Krankenhaus, war sie bestürzt, aber nicht überrascht. Jemand hatte ihn lebensgefährlich verletzt. Agnieszka hat die Fotos aus dem Krankenhaus bis heute aufgehoben, man sieht einen tiefen Schnitt im Hals, es ist ein Wunder, dass ihr Mann überlebt hat. Hamit, das sollte ein anderer Osmane später gegenüber Reportern behaupten, hätte für die Deutschland-Chefs der »Osmanen« jemanden »erledigen« sollen, einen Kurden – doch bei der Konfrontation sei er selbst fast draufgegangen.

Hamit trug seine körperlichen Narben im Gegensatz zu seinen seelischen mit Stolz. Er war jetzt ein Held. Der Präsident seines Chapters der Osmanen Germania. Hamit P., das war bekannt, tat alles für den Clan, ohne nachzufragen, und das kam denen gelegen, die ihn für ihre Geschäfte einspannten. So sieht es zumindest Agnieszka, die sich nicht vorstellen kann, dass Hamit aus eigenem Antrieb die brutalen Aktionen ausführte, derer man ihn beschuldigt.

Doch eines Tages, irgendwann im Jahr 2017, ist alles vorbei. Hamit schleicht zur Wohnung herein, kriecht zu seiner Frau ins Bett, weint. Das sei keine Bruderschaft, sagt er. Es gebe keine Brüder, keine Ehre, das sei alles nur Lüge. Bei denen ginge es nur um Geld, Weiber und Macht. Die Lederkluft und die T-Shirts verschwinden aus der Wohnung. Auch Hamit verschwindet eine Zeit lang. Er fährt in die Türkei, bleibt eine Weile in der alten Heimat. Er müsse nachdenken, sagt er. Als er wieder zu Hause in Deutschland ankommt, ist er wieder der Mann, in den Agnieszka sich als junges Mädchen verliebt hat. Aufmerksam, liebevoll. Er verbringt Zeit mit seinen Kindern, die unter seiner Aufmerksamkeit aufblühen. Einmal mehr zieht Frieden ein in die Wohnung im zweiten Stock des Hinterhauses, und Agnieszka ist glücklich. Es hat sich ausgezahlt, durchzuhalten, zu ihm zu halten, sagt sie sich, am Ende war die Familie doch stärker.

Agnieszka weiß nicht, dass Hamit von seinen ehemaligen Brüdern für vogelfrei erklärt, also zum Abschuss freigegeben worden ist. Was sie mitbekommt ist, dass fast jedes Mal, wenn in der Stadt ein schwerwiegendes Verbrechen geschieht, die Polizei bei Hamit anklopft. Er geht immer freiwillig mit, um auszusagen, gemeinsam mit einem Anwalt, den er seit Jahren kennt. Schließlich beschließt er, eine Erklärung abzugeben, mit dem Staatsanwalt zu sprechen, klarzumachen, dass er nicht mehr bei den Osmanen Germania ist. Jetzt gilt er bei seinen ehemaligen Brüdern nicht nur als Abtrünniger, sondern auch als Spion, als Verräter, der mit den »Almans« zusammenarbeitet.

Hamit wird zum Hassobjekt und Sündenbock. Wenn irgendetwas schiefläuft, sagt man, Hamit sei es gewesen.

Drogenfund? »Das gehört sicher Hamit.«

Raubüberfall? »Das war garantiert Hamit.«

Irgendein Ärger? »Frag Hamit.«

Welche der ihm vorgeworfenen Taten er wirklich begangen hat, kann Agnieszka nicht sagen. Sie weiß nur eines: Ab dem Jahr 2017 war ihr Mann wieder der Alte, und das war er immer nur dann, wenn er gerade keinen Scheiß baute. Sie ist sicher: Hamit war längst raus aus allem.

Sie schmieden Zukunftspläne. Nichts Großes, einen Bauernhof in der Türkei hätte Hamit gerne, immer öfter spürt er Sehnsucht nach dem Land seiner Kindheit. Agnieszka unterstützt ihn dabei, sie hat nichts gegen die Türkei, sie wurde dort immer freundlich behandelt. Und auch die Sonne dort würde ihr gut tun. Ihr halbes Leben liegt noch vor ihnen. Alles scheint überstanden.

Im Januar 2018 erschüttert eine Verbrechensmeldung die Stadt: Ein Großhändler für Schmuck und Uhren ist überfallen worden. Der Wert der Beute: über eine Millionen Euro.

»Wer könnte es gewesen sein?«, fragt die Polizei ihre Kontakte.

»Frag Hamit«, heißt es wieder einmal.

Die Gerüchte über den ehemaligen Osmanen sind immer wilder geworden. Hat er nicht versucht, einen ehemaligen Bruder der Osmanen umzubringen? Geht nicht eine Prostituierte für ihn anschaffen? Und trägt er nicht inzwischen ständig gleich zwei geladene Revolver bei sich? Der Überfall auf den Schmuckgroßhändler – das war doch sicher Hamit, oder?

Beamter Nummer 170

Die angeblichen Straftaten Hamits beschäftigen auch die Staatsanwaltschaft. Es gibt einen Haftbefehl gegen ihn, nicht ein neutraler Zeuge, sondern ein ebenfalls Beschuldigter soll Hamit belastet haben. Es wird beraten, wie die Verhaftung Hamits durchgeführt werden soll. Schließlich gelangen die Behörden zu der Auffassung, dass ein Sondereinsatzkommando hinzugezogen werden soll. Vorsicht, habe ein Zeuge gesagt, der Hamit P. angeschwärzt habe, der Mann sei gefährlich, er habe immer Waffen dabei, die verstecke er in seiner Wohnung. Erst überlegen die Beamten, die Wohnung des Verdächtigen zu einem späteren Zeitpunkt um vier Uhr morgens zu stürmen. Doch dann wird kurzfristig ein früheres Datum für den Einsatz festgelegt: Freitag, der 9. Februar 2018, mittags.

Das SEK-Kommando besteht aus Personen, die in der später angelegten amtlichen Ermittlungsakte keine Namen, sondern Kennziffern tragen. So auch der Beamte mit der Nummer 170. Zum Einsatz wurden – wie üblich – vom SEK sogenannte Irritationskörper mitgenommen, kleine Nebelgranaten, die krachen und Rauch entwickeln, die Sicht versperren – die perfekte Ablenkung während eines Überraschungsangriffs.

Die Zielperson sei zu Hause, heißt es. Ob noch jemand sich in der Wohnung aufhält, wissen die Beamten nicht. Möglicherweise ist noch ein Verdächtiger dort, ein Bekannter von Hamit, auch ihm werden Straftaten zur Last gelegt. Der SEK-Trupp eilt durch den Innenhof, bleibt kurz vor der Eingangstür stehen. So schildert es jedenfalls eine Nachbarin der Familie P.

Fast geräuschlos hechten die SEK-Männer in ihren Kampfanzügen, mit Schutzwesten und Helmen auf dem Kopf das enge Treppenhaus hinauf in den zweiten Stock. Vor der Wohnungstür der P.s halten sie inne. Von drinnen hört man eine Männerstimme, jemand spricht. Der Einsatzleiter gibt ein Zeichen: Aufmachen. Einer der SEK-Leute, Kennziffer 140, schlägt die Tür mit einer Ramme ein, ein Krachen dringt durchs Haus. Konzentration. Los.

Der Erste wirft einen Irritationskörper in die Wohnung, der ins Zimmer gegenüber vom Eingang fliegt – es ist das Mädchenzimmer der beiden Töchter von Agnieszka und Hamit. Es faucht und spuckt, Rauch breitet sich aus, doch in dem Zimmer regt sich nichts. Der Beamte mit der Nummer 170 wendet sich nach links, in Richtung Wohnzimmer, und sieht einen Mann dort stehen, mit einem grauen T-Shirt und einem um die Hüften gewickelten Handtuch bekleidet. Er hält etwas in der Hand, was es ist, kann der SEK-Mann nicht erkennen, zumindest wird er das später angeben. Hinter ihm, im engen Vorzimmer, herrscht Durcheinander. »Polizei!«, hört er einen Kollegen schreien, und einen anderen: »Sofort auf den Boden legen!«

Später wird Umut, mit dem Hamit in diesem Moment telefoniert, aussagen, er habe gehört, wie Hamit rief: »Lasst meine Frau in Ruhe, die hat damit nichts zu tun!«

In der Wohnung richtet der SEK-Beamte mit der Nr. 170 offenbar seine Waffe weiter auf den Mann, den er als die Zielperson erkennt: Hamit P. Was dann genau passiert, ist bis heute im Dunkeln geblieben. Der Beamte Nummer 170 gibt vor, er habe Hamit P. leicht verdeckt durch die linke Türzarge gesehen. Dabei habe sich der linke Arm Hamits vor seinem Körper befunden. In der rechten Hand sei ein Gegenstand zu sehen gewesen. In diesem Moment habe der Beamte ein Mündungsfeuer vor sich aufblitzen sehen. Zugleich habe er einen Knall gehört und die Druckwelle eines Schusses im Gesicht gespürt. Daraufhin habe der SEK-Beamte auf Hamit geschossen. Erst später habe er erfahren, dass ein SEK-Kollege einen Irritationskörper hinter ihm geworfen habe. Vor dem Aufbrechen der Wohnungstür hätte es hierzu keine ausdrückliche Absprache gegeben.

Fest steht: die Kugel aus der Waffe von Nummer 170 durchschlägt erst Hamits Arm und bohrt sich danach in seine Brust. Er fällt auf den Wohnzimmerteppich, kommt auf dem Bauch zu liegen. Der Gegenstand, den er in der Hand gehalten hat, fällt zu Boden. Es ist ein Mobiltelefon. Am anderen Ende der Leitung hat Umut seltsame Geräusche und Stimmen gehört, aber keinen Schuss. Er weiß nicht, was da in der Wohnung seines Abi passiert – dann ist die Leitung plötzlich tot. Ein zweiter Beamter kommt ins Wohnzimmer geeilt, kniet sich auf den am Boden liegenden Mann und will ihm eine Einwegfessel anlegen. Da bemerkt er eine blutende Wunde am Arm. Nummer 170 eilt hinzu, legt einen blutstillenden Verband an. Da erst bemerken sie die Blutlache, die sich unter dem Getroffenen ausbreitet. Sie drehen ihn auf den Rücken, der Rettungssanitäter des SEK-Kommandos übernimmt, zerreißt das Unterhemd und leitet Sofortmaßnahmen ein. »Wasser, wo ist Wasser?«, schreit einer. Der Mann am Boden ringt in immer größer werdenden Abständen nach Luft, irgendwann liegt er nur noch still da. Ein Notarzt kommt herein, jemand muss ihn gerufen haben, er untersucht den am Boden Liegenden, richtet sich auf: »Exitus.« Der Verdächtige Hamit P. lebt nicht mehr.

Der Notarzt steht langsam auf. Stille hat sich über die Wohnung gebreitet. Alle Anwesenden wirken schockiert. Er geht an den SEK-Leuten und Polizeibeamten vorbei, ins Jungenzimmer am anderen Ende der Wohnung, wo die Ehefrau des Verdächtigen, Agnieszka P., seit eineinhalb Stunden festgehalten wird.

»Wir konnten nichts mehr für Ihren Mann tun«, sagt er.

Sie schaut ihn verständnislos an.

»Er ist tot«, erklärte der Notarzt und tritt den Rückzug an. Im Hinausgehen hört er, wie eine Polizeibeamtin sagt: »Jetzt schreien Sie, so laut Sie können.« Der Schrei der Frau ist noch im Erdgeschoss zu hören.

Agnieszka

Was in den Stunden nach Hamits Tod geschah, ist in Agnieszkas Erinnerung nebelverhangen. Sie weiß noch, dass ein Seelsorger versucht hat mit ihr zu sprechen. Dass sie nur stammelte: »Meine Kinder, meine Kinder kommen«. Und dass ein Polizist hinausgeschickt wurde, sie aufzuhalten. Später wird sie erfahren, dass ihr Sohn und ihre beiden Töchter bei Nachbarn untergekommen sind. Dann wird ihr mitgeteilt, dass sie die Wohnung bis auf Weiteres nicht betreten dürfe. Sie darf noch ein paar Sachen zusammenpacken. Einer sagt: »Lasst sie zu ihrem Mann.«

Hamit liegt still im Wohnzimmer. Seine Arme sind ausgebreitet, das Handtuch ist ihm von den Hüften gerutscht. Sie will ihn zudecken, mein Gott, er ist ja ganz nackt, denkt sie, warum lassen sie ihn dort so liegen? Es ist das letzte Bild, das sie von ihrem Mann im Kopf hat. Dann wird sie zur Tür hinaus bugsiert.

In den Wochen danach versucht Agnieszka zu verstehen, was überhaupt passiert ist. Sie wird vernommen. Nein, ihr Mann habe keine Waffen zu Hause gehabt, sagt sie aus. Und: Er sei schon lange kein Mitglied der Osmanen Germania mehr, das wüsste die Staatsanwaltschaft doch. Und: Er habe doch immer kooperiert. Und: Nein, er habe garantiert keinen Raubüberfall auf einen Schmuckhändler begangen, was soll die Anschuldigung? Tatsächlich stellt sich heraus, dass der Überfall von einer Gruppe Libanesen durchgeführt wurde. Diese Spur zu Hamit P. war möglicherweise von seinen ehemaligen Brüdern gelegt worden, aus Rache für seinen Ausstieg. Etwas Besseres konnte ihnen gar nicht passieren: Der Verräter, erledigt von der Polizei. Die Berechtigung der anderen Vorwürfe gegen Hamit P. wird wohl nie aufgeklärt werden: der Tod eines Beschuldigten führt zur Einstellung des Strafverfahrens.

Der SEK-Einsatz ist gründlich in die Hose gegangen. Agnieszka will wissen, wer ihren Mann erschossen hat, doch sie erfährt keinen Namen. Nur die Nummer 170. Schutz des Beamten. Sie verlangt eine Untersuchung. Die laufe bereits, heißt es, nur mit ihr spricht niemand. Sie erfährt auch nicht, wie es jetzt weiter gehen soll, wer die Verantwortung übernimmt für den Tod ihres Mannes.

Nachbarn und Bekannte bringen Essen vorbei, sie ist bei Freunden mit den Kindern untergekommen, solange die Polizei ihre Wohnung untersucht. Nachbarn spenden Trost, sammeln Geld für das Begräbnis. Es sind vor allem Einwanderer, die helfen. Agnieszka ist froh über den Beistand. Sie würde sonst nicht wagen, auf die Straße zu gehen.

Sie fliegt mit den Kindern in die Türkei, um den Ehemann und Vater zu begraben. Der Fall schlägt in Hamits Heimat hohe Wellen, die Vertreterin des türkischen Generalkonsulats in Düsseldorf begehrt Informationen darüber, warum ein türkischer Staatsbürger von einem deutschen Polizeibeamten erschossen worden sei. Agnieszka weint viel, aber sie will auch stark sein für die verstörten Kinder, die nicht begreifen, dass ihr Papa tot ist. »Wo ist es passiert?«, fragt ihr Sohn. Agnieszka bringt es nicht übers Herz es ihm zu sagen. Sie will das Zimmer für die Kinder nicht vergiften.

Nach über drei Wochen darf sie wieder in ihre Wohnung. Der Tatort ist freigegeben. Langsam geht Agnieszka erst ins Zimmer ihres Sohnes, wo sie festgehalten wurde. Dann wendet sie sich in Richtung Wohnzimmer. Das Absperrband ist weg. Auf dem Boden sieht sie einen riesigen, dunklen Fleck. Sprachlos starrt Agnieszka darauf. Dann holt sie einen Eimer Wasser und Putzlappen, kniet sich hin und wäscht das getrocknete Blut ihres Mannes vom Laminat. Als die Kinder kommen, ist nichts mehr zu sehen. Agnieszka verliert kein Wort darüber.

Von den Behörden kommt nichts, keine Hilfe, kein Rat. Sie fragt nach, ob es einen Psychologen gibt, der ihrer Familie helfen könnte.

»Darum müssen Sie sich schon selber kümmern«, heißt es lapidar.

»Der Staat hat grundlos meinen Mann getötet!«, stößt sie hervor und erntet Achselzucken.

Nach langem Hin und Her wird ihr eine Stunde psychologischer Beratung pro Monat bewilligt. Für jedes der Kinder gibt es ebenfalls jeweils eine Stunde pro Monat.

Sie begehrt über den früheren Anwalt Hamits Einsicht in die amtliche Ermittlungsakte zu nehmen, doch die Staatsanwaltschaft blockt ab. Dann wendet sich Agnieszka an mich. Der anwaltliche Druck hilft: Im Juli 2018, rund fünf Monate nach der schrecklichen Tat, rückt die Staatsanwaltschaft die Akte endlich raus. Es wird wegen fahrlässiger Tötung ermittelt, nicht etwa wegen Totschlags. Der Beamte mit der Nummer 170, der den tödlichen Schuss auf Hamit P. abgefeuert hat, wird an einer Stelle der Akte nicht als Beschuldigter geführt, sondern als Zeuge. Agnieszkas erster Gedanke, als sie das erfährt: Ein Killer als Zeuge und nicht als Beschuldigter? Den Namen des SEK-Beamten erfährt sie auch jetzt nicht. Nur die Kennung 170 steht in der Akte. Nach dem Vorfall wurde er vernommen und versah dann weiter ganz normal seinen Dienst. So stand es zumindest in der Zeitung. In der Wohnung der P.s ist nichts gefunden worden – insbesondere keine Waffe, natürlich nicht, bemerkt Agnieszka bitter. Wer auch immer ihren Mann verleumdet hat – er hat sein Ziel erreicht. Hamit ist tot.

Manchmal stellt sie sich vor, wie sie dem SEK-Mann mit der Kennung 170 gegenübertritt, der, ohne es zu wissen, zum möglichen Instrument der Osmanen Germania wurde. Wie sie in sein Gesicht blickt – der letzte Mensch, den Hamit sah, bevor er starb. Sie will wissen, ob der Beamte 170 leidet. In schwachen Momenten wünscht sie ihm das auch. Was sie jedoch noch mehr beschäftigt, ist die Frage, was geschehen wäre, wenn Hamit nicht telefoniert hätte, als das SEK die Wohnung stürmte. Wenn er kein Handy in der Hand gehalten hätte, das der SEK-Beamte angeblich für eine Waffe hielt. Was wäre gewesen, wenn sie an diesem Tag gar nicht zu Hause gewesen wäre? Vielleicht hätten sie Hamit einfach nur mitgenommen. Es wäre bald herausgekommen, dass er womöglich unschuldig in Verdacht geraten war, und sie hätten ihn wieder laufen lassen. Dann säße er jetzt zu Hause am Küchentisch, die Autoschlüssel des Wagens in der Hand, den Umut für ihn organisiert hatte. Sie würden reden, dann würde er duschen und anschließend zum Gebet in die Moschee gehen.

»Das Schlimmste«, sagt sie, »das Allerschlimmste ist, dass ich mir Gedanken mache, ob ich einen Anteil habe an Hamits Tod. Dass ich mich mitschuldig fühle. Dabei sollten die sich Gedanken machen – die ermittelnde Staatsanwaltschaft und die SEK-Leute, insbesondere Nummer 170. Die sollten mal überlegen, ob es überhaupt nötig war, mit einem ganzen Kommando die Wohnung zu stürmen. Ob es nötig war, diese Nebelgranaten zu schmeißen. Und auf Hamit zu schießen. Diese Leute leben einfach weiter und nach außen hin machen sie die Mauer.«

Immer wieder liest die Witwe in der Zeitung Berichte über Polizeieinsätze, bei denen Menschen schwer verletzt oder getötet wurden. Offenbar ist der Fall Hamit P. kein Einzelfall. Und noch nie hat sie gelesen, dass ein Polizeibeamter ernsthafte strafrechtliche Konsequenzen zu spüren bekommen hat.

Auf einer Kommode im Wohnzimmer hat sie einen kleinen Altar für ihren toten Mann errichtet: gerahmte Fotos von Hamit und der ganzen Familie, rundherum hat sie rote Herzchen aus Glas verstreut. Und sie hat sich ihr erstes Tattoo stechen lassen: »Hamit 9.2.2018« steht in geschwungenen Ziffern auf ihrem rechten Handgelenk.

Wohin auch immer sie sich wendet, das Amtsgericht, die Hilfsvereinigungen für Opfer, überall fühlt sie sich behandelt wie eine Schwerverbrecherin. Ihr Nachname ist zum Stigma geworden. Sie stellt ein Ansuchen für eine Beihilfe, um die während des SEK-Einsatzes in Mitleidenschaft gezogene Wohnung renovieren zu können. Keine Antwort. Als sich ihre Sozialarbeiterin an eine örtliche Radiostation wendet, wird eine lokale Initiative auf sie aufmerksam und stellt 1000 Euro für die nötigsten Reparaturen und Anschaffungen zur Verfügung. Die erforderlichen Therapiestunden für die traumatisierten Kinder werden inzwischen zweimal monatlich vergeben. Agnieszka hat große Angst um ihre ältere Tochter, die nach der Tumor-Diagnose ja bereits eine Operation und Chemotherapien überstehen musste – wird der Schock sich negativ auf die weitere Heilung auswirken?

Monate nach der Tat bekommt sie immer noch keine Witwenrente. Es seien noch Formalitäten zu klären, heißt es. Als sie wieder einmal hoffnungsvoll den Briefkasten öffnet, liegt da ein offiziell aussehendes Schreiben – ein Gebührenbescheid, ausgestellt am 16. Oktober 2018: »Aufgrund der Gebührensatzung für den Rettungsdienst der Stadt W. in der am Transporttag geltenden Fassung werden folgende Gebühren festgesetzt: Einsatz am 09.02.2018. Alarmzeit 12.35 Uhr. Einsatzzeit 12.36 Uhr bis 14.08 Uhr. Notarzteinsatzfahrzeug 177,12 €, Notarzt/Notärztin 159,79 €. Gesamt 336,91 €.«

Nun soll sie also auch noch die Kosten für die ärztliche Behandlung Hamits am Tatort bezahlen. Agnieszka lässt das Schreiben sinken. Sie muss also für diesen Rettungseinsatz zahlen? Nicht der Staat, der Hamits Tod verursachte?

Agnieszka hat einen Grad der Fassungslosigkeit erreicht, der jedes erträgliche Maß übersteigt. Auch mir als Geschädigtenvertreter bläst der eiskalte Wind der ermittelnden Staatsanwaltschaft entgegen. Wann immer ich nach dem Stand des Verfahrens gegen Nummer 170 frage, heißt es lapidar und abweisend: Es dauert noch, notieren Sie für eine weitere Anfrage mindestens ein Frist von einem Monat. Eine solche Kälte der Staatsanwaltschaft habe ich selbst als Verteidiger mutmaßlicher Serienmörder oder Vergewaltiger noch nie erlebt. Ich habe mich zwischendurch gefragt, ob ich in dem Strafverfahren gegen Nummer 170 wirklich die Opferseite betreue, es fühlte sich im Hinblick auf das Verhalten der Staatsanwaltschaft nicht so an.

Als ich mir erlaubte, im Januar 2019 mal wieder den Staatsanwalt nach fast einem Jahr angeblicher Ermittlungen nach dem Stand der Dinge zu fragen, erhalte ich erstmalig eine Antwort, in der nicht von einer weiteren Monatsfrist die Rede ist. Denn dieses Mal sendet mir der Staatsanwalt den Einstellungsbescheid im Verfahren gegen den Beamten Nummer 170 zu: Es bestehe kein hinreichender Tatverdacht einer fahrlässigen Tötung oder einer sonstigen Straftat. Akte zu.

Agnieszka P. spricht nicht mehr viel. Sie kümmert sich um ihre Kinder, die letzte Kraft wendet die Mutter auf, sie anzulächeln, besonders ihre Große, die immer noch nicht über den Berg ist. Die Nachbarn haben noch einmal gesammelt. Es ist genug zusammengekommen, um zumindest die schlimmsten Lücken zu stopfen. Agnieszka träumt davon, wenn etwas übrig bleibt, einen bescheidenen Urlaub zu machen. In der Türkei, dem Land, das sie so liebt. Die Kinder sollen auf andere Gedanken kommen. Und sehen, dass das Leben weitergeht.

SCHREIEND UNGERECHT

Polizeibeamte sind Beschuldigte erster Klasse

Ich weiß, dass ich mir aufseiten von Polizei und Staatsanwaltschaft mit den folgenden Absätzen sicher keine Freunde machen werde. Ebenso weiß ich aber, wovon ich rede. Und ich weiß auch, dass ich mit meiner »Denke« bei Weitem nicht alleine bin. Denn hinter vorgehaltener Hand wagen sich selbst langjährige und erfahrene Richter in ihrer Einschätzung über Beschuldigte aus Polizeikreisen aus der Deckung: Polizeibeamte werden vielfach seitens der Staatsanwaltschaft bevorzugt behandelt.

Dieselbe Staatsanwaltschaft, die gegen den Polizeibeamten mit der Nummer 170 seidenweich ermittelt hat, ist an sich als besonders hart bekannt. Kurz vor dem Fall Hamit P. hat sie einen meiner Mandanten aus der Hooligan-Szene in Untersuchungshaft nehmen lassen. Der Mandant hatte einer anderen Person mit einem Teleskopschlagstock einen Schlag auf den Oberarm versetzt; diese ging zu Boden, er stand nahezu unverletzt wieder auf. Anzeige. Verhaftung. Der Vorwurf für diese Mini-Attacke lautete: versuchter Mord. Mit aller nur denkbaren Härte betrieben die Strafverfolgungsbehörden die Ermittlungen gegen meinen Mandanten.

Ganz anders wurde der Polizeibeamte mit der Nummer 170 in dem gegen ihn gerichteten Strafverfahren angefasst, nämlich geradezu mit Samthandschuhen. In der Akte wird er teilweise nicht als Beschuldigter, sondern als Zeuge geführt. Der Vorwurf lautet auch nicht auf Totschlag, sondern von vornherein auf fahrlässige Tötung, ein Delikt von weit geringerer Schwere. Dies ist bei Abgabe eines gezielten tödlichen Schusses ungewöhnlich, in der Regel tragen die Aktendeckel der Staatsanwaltschaft dann zunächst das Label »Totschlag«.

Dass kein Untersuchungshaftbefehl gegen Nummer 170 erging, mag man vielleicht noch verstehen. Nicht aber, dass der Beschuldigte laut Presseberichten weiterhin Dienst tun durfte. Auch die lange Dauer des Verfahrens ist bei diesem leicht zu ermittelnden Sachverhalt nicht zu erklären. Aber wir wissen ja aus Kapitel 7: Verzögerung ist täterfreundlich.

Dass Polizeibeamte Beschuldigte erster Klasse, »Otto Normalverbrecher« dagegen Beschuldigte zweiter Klasse sind – das ist leider kein Einzelfall. Ich verteidige hin und wieder auch Rocker, harte Jungs, die oft mehrere Hunde halten. Viele dieser Tiere sind völlig harmlos, werden bei SEK-Einsätzen jedoch regelmäßig ohne jedwede Überprüfung abgeknallt. Einfach so. Sie müssen nichts anstellen, nicht angreifen, nicht mal knurren, manche liegen einfach nur auf ihrer Decke, wenn die Beamten hereinstürmten. Egal – päng, tot.

Wenn ein weinender Hundehalter wegen dieses exzessiven Verhaltens von Polizeibeamten Strafanzeige erstattet, werden Verfahren gegen Polizeibeamte wegen des Verdachts der Sachbeschädigung – Hunde gelten juristisch als Sachen – meiner Erfahrung nach jedes Mal eingestellt.

Warum werden Polizeibeamte von Staatsanwaltschaften so geschont? Der erste Gedanke: Man prügelt nicht seinen Träger. Es sind Polizeibeamte, die jeden Tag die »Drecksarbeit« für die

Staatsanwaltschaft übernehmen – die ihrerseits auch »Herrin des Ermittlungsverfahrens« genannt wird. Polizeibeamte hingegen hießen im Gesetz noch bis 2004 »Hilfsbeamte der Staatsanwaltschaft«. Seither heißen sie Ermittlungspersonen. Der alte Name zeigt sehr deutlich, dass es schon immer ein klares Über-Unterordnungsverhältnis zwischen Staatsanwaltschaft und Polizei gegeben hat. Während die Staatsanwälte in warmen Büros an Schreibtischen sitzen, nehmen Polizeibeamte im kalten Winter bei Minusgraden am Hauptbahnhof den HIV-infizierten Junkie fest.

Den Staatsanwaltschaften ist bewusst, dass sie ohne die nunmehrigen Ermittlungspersonen einpacken können. Sie sind den Polizeibeamten dankbar, dass diese »da draußen« den Kopf für die von den Staatsanwaltschaften »drinnen« angeordneten Maßnahmen hinhalten. Die Herren an den Schreibtischen wissen auch, dass sich die meisten Beamten über Gebühr engagieren und mehr leisten, als sie müssten. Die Übererfüllung von Pflichten ist die eine Seite der Münze. Die Überschreitung des Gesetzes ist die andere. Es ist ein möglicherweise unbewusst ablaufender Prozess bei Staatsanwälten, der sie milde stimmt, wenn ein Polizeibeamter einer Straftat verdächtig wird und sie die Akte auf den Tisch bekommen. Es ist etwas wie Mitgefühl, eventuell ein bisschen schlechtes Gewissen: Den anderen, den man sonst stets in Anspruch nimmt, möchte man nicht vernichten. Der große Bruder beschützt den Kleinen und fährt ihm nicht an die Karre.

Wie es gerechter wäre

Es gibt bereits Spezial-Staatsanwaltschaften, die sich auf die Ermittlung bestimmter Straftaten beschränken – etwa eine Schwerpunktstaatsanwaltschaft für Wirtschafts- oder Clankriminalität. Gut wäre es, eine solche Spezialstaatsanwaltschaft auch für Verfehlungen von Polizeibeamten zu gründen. Diese Schwerpunktstaatsanwaltschaft sollte ausschließlich gegen Polizeibeamte vorgehen und für die Ermittlungen nur solche Polizeibeamte in Anspruch nehmen, die eigens für diese Behörde arbeiten. So vermeidet man den von mir erwähnten Interessenskonflikt.

Was, wenn ich betroffen bin?

Ich vermute und hoffe, ein SEK-Kommando wird niemals Ihre Wohnung stürmen und dabei Ihren Hund oder gar Partner erschießen. Ich möchte deshalb hier einen Ratschlag geben, wie Sie als unbescholtener Bürger im Alltag Ärger mit der Polizei vermeiden können.

Mein Tipp auch hier: In der Ruhe liegt die Kraft. Der Ton macht die Musik. Seien Sie bei Begegnungen mit Polizeibeamten stets freundlich. Regen Sie sich auf und machen dabei auch noch den »dicken Mann«, reagieren Beamte oftmals gereizt und lassen die Muskeln spielen. Eine harmlose Verkehrskontrolle kann so oft zu einer zeitraubenden Retourkutsche mutieren. Nach dem Motto: »Zeigen Sie mir jetzt bitte mal ihren Verbandskasten und das Warndreieck!« Auch ein Drogentest ist schnell im Spiel. Fällt dieser positiv aus, steht dann womöglich auch noch Ihre Fahrerlaubnis auf der Kippe.

Ersparen Sie sich abfällige Bemerkungen und duzen Sie die Beamten nicht. Allein die Verwendung des »Du« kann eine Beleidigung und damit eine Straftat darstellen.

Seien Sie kooperativ, geben Sie Ihre Personalien an, und sagen Sie einfach nur: »Ich weiß, Sie machen Ihre Arbeit. Verstehen Sie bitte, dass ich ohne vorherigen anwaltlichen Rat zur Sache keine Angaben machen möchte.« Mit einer solchen diplomatischen Ansage erzeugen Sie bei Polizeibeamten oft Respekt nach dem Motto: »Cool, der weiß genau, dass er sich von uns nicht reinlegen lässt und ist trotzdem kein querulatorischer Aufschneider. Da sei es ihm gegönnt, dass er milde davonkommt.«

Nachwort

Unsere Kanzlei ist samstags von 9 bis 13 Uhr geöffnet. Dieser Tag ist für die Besprechung besonders aufwändiger Fälle reserviert, für die im Tagesgeschäft mit Gerichtsterminen, Knastbesuchen und eng getakteten Rücksprachen im Büro sonst zu wenig Zeit bliebe. Für Samstag, den 8. Januar 2005, hatte ich für 11 Uhr einen Mandanten aus dem Rockermilieu bestellt, um seinen Fall zu besprechen.

Um kurz vor eins, ich hatte mit dem Rocker die Leitz-Ordner gewälzt und klärte gerade letzte Punkte unserer Strategie für die Verteidigung, leuchtete das Display des auf meinem Schreibtisch stehenden Telefons auf: Empfang/Bürovorsteherin stand da.

»Neue Haftsache«, sagte Nadine B., die Bürovorsteherin meiner Kanzlei und Nachfolgerin der Nachfolgerin von Evelyn Z., die zu meinen Kindergartenzeiten die Kanzlei schmiss.

Ich fragte Nadine: »Wann, wer und wo?«

»Vorführung beim Haftrichter heute 14 Uhr, Amtsgericht Marl, Mandant Weinhold«, war ihre Antwort.

»Der Name ist Weinhold?«, staunte ich.

»Ja«, bestätigte Nadine B. »Werner Weinhold.«

Nachdem ich meinen Rocker-Mandanten zur Tür gebracht und ihn verabschiedet hatte, kehrte ich nachdenklich an meinen Schreibtisch zurück. Ich war nun seit knapp einem Jahr Strafverteidiger in der Kanzlei Benecken & Partner. Der Name Werner Weinhold rief die Erinnerungen an jenen Moment wach, in dem ich als Kind zum ersten Mal bewusst mit dem Begriff »Gerechtigkeit« konfrontiert wurde. Plötzlich saß ich im Geiste wieder auf dem Rücksitz des tannengrünen Wagens der Bürovorsteherin Evelyn, auf dem Weg vom Kindergarten zur väterlichen Kanzlei. Und ich hörte erneut, wie Evelyn von dem Fall erzählte, der alle so aufregte: vom DDR-Flüchtling Werner Weinhold, der zwei Menschen erschossen hatte. Ich erinnerte mich an die heftigen Diskussionen, ob Weinhold ein gerechtes Urteil erhalten hatte oder nicht. Und mir fiel der SPIEGEL-Artikel wieder ein, aus dem Evelyn auf der Autofahrt zitiert und den ich später als Schüler mehrfach nur so verschlungen hatte. Der Autor des Artikels, Gerhard Mauz, befand zum Ergebnis im Fall Weinhold: »Dieses Urteil ist gegen jene zu verteidigen, die es als zu hoch empfinden und die sogar der Meinung sind, er hätte freigesprochen werden müssen. Dieses Urteil ist aber auch gegen jene in Schutz zu nehmen, die es für zu glimpflich zu halten.«

Die Geschichte Weinhold war damals für meine Familie und mich mit dem rechtskräftigen Urteil nicht beendet. Der Name Benecken stand lange auf der »schwarzen Liste« der Staatssicherheit der damaligen DDR, weil mein Vater Weinhold verteidigt hatte. Meine Eltern wurden im Polizeipräsidium in meiner Gegenwart genau instruiert, wie wir uns zu unserem eigenen Schutz verhalten sollten. Meine Mutter bat meine Grundschullehrerin, mich nach Schulschluss an keine unbekannte Person zu übergeben. Ich selbst sollte nicht stehen bleiben und im Fall der Fälle laut um Hilfe rufen, wenn mich fremde Personen ansprachen. Dass diese Vorsichtsmaßnahmen sinnvoll waren, erfuhren wir, als Jahre später nach dem Zusammenbruch der DDR die Stasi-Akten über den Mandanten Werner Weinhold in unserer Kanzlei eintrafen: Gleich zwei Mordanschläge waren auf ihn geplant worden. »Eliminieren« wollte die Staatssicherheit den »Staatsfeind Nummer Eins«. Ihn dafür bestrafen, dass er nicht mehr in diesem Staat mit der Mauer leben wollte und dafür zwei Menschenleben opferte. Das erste Mal sollte ein tödlicher Autounfall fingiert werden, als Weinhold in einer Pension am Millstättersee in Österreich urlaubte. Letztlich nahm man von der Tat Abstand, weil auch ein Kind im Auto war. Der zweite Plan sah vor, Weinhold am Bahndamm in Marl in eine Starkstromleitung fallen zu lassen.

Die frühen Erlebnisse mit dem Fall Werner Weinhold gaben den Ausschlag, dass ich mich schon in Jugendjahren dafür entschied, in die Fußstapfen meines Vaters zu treten und Rechtsanwalt zu werden.

Und nun hatte eben dieser Werner Weinhold in unserer Kanzlei angerufen und brauchte erneut rechtlichen Beistand. Es war ein sehr emotionaler Moment an diesem 8. Januar 2005, als ich realisierte, dass ich in wenigen Augenblicken genau den Mann verteidigen würde, den schon mein Vater vertreten hatte. Dieser verbrachte gerade seinen Urlaub in Spanien. »Sei *loose as a goose*« (frei wie ein Vogel), waren die aufmunternden Worte meines Vaters, die er – gerade auf dem Golfplatz – in sein Handy sprach, als ich ihn erreichte und davon berichtete, dass nun ich für Weinhold als Verteidiger auftreten würde.

Als ich um kurz nach 13 Uhr die knapp dreiminütige Autofahrt von der Kanzlei zum örtlichen Amtsgericht antrat, realisierte ich die immense individuelle Tragweite der nun bevorstehenden persönlichen Begegnung mit Weinhold. Ich konnte nicht glauben, dass ich dem Menschen, dessen Fall einen so großen Einfluss auf mein Leben gehabt hatte, gleich juristisch beistehen würde. Im Amtsgericht Marl gab es an diesem Samstagmittag nur eine Notbesetzung. Der Wachtmeister, der mich gut kannte, begleitete mich durch den leeren Saal A im Erdgeschoss in den Keller, wo sich die Haftzellen befinden.

An der weißen Stahltür, vor der sich ein Paar Schuhe befanden, klebte ein Zettel mit den Personalien von Werner Weinhold. Der Wachtmeister schloss mit einem riesigen Schlüssel die Tür auf, und ich trat ein. Vor mir stand ein Mann mit zerzaustem Haar und Alkoholfahne.

Er taxierte mich, blickte mir prüfend in die Augen und sagte: »Burgi.«

Keiner nennt mich so. Als ich diesen Spitznamen hörte, fiel es mir wieder ein. Zu meinen Kinderzeiten hatte ich Werner Weinhold vor seinem damaligen Haftantritt bereits getroffen. Er war für eine Besprechung mit meinem Vater zu uns nach Hause gekommen. Ich hatte aus irgendeinem Grund – brauchen Kinder einen Grund für Schabernack? – im Garten mit Erdklumpen nach Weinhold geworfen. Er hatte gelacht und etwas in der Art von »Lass das, Burgi!« gerufen.

»Das gibt's doch gar nicht, dass wir uns hier in der Haftzelle wieder begegnen«, sagte ich.

»Mensch Burgi«, antwortete er. Und dann leiser: »Ich hab' richtig Scheiße gebaut.«

Es blieb keine Zeit, um mir seine Version des Geschehenen anzuhören. Für den Moment vereinbarten wir, dass er beim Vorführtermin keine Angaben zur Sache machen würde. Ich wollte mir erst über die Staatsanwaltschaft Akteneinsicht verschaffen und die Beweislage würdigen. Werner Weinhold war hiermit einverstanden. Er schien mir zu vertrauen, was mich freute. Bereits bei der Polizei hatte Weinhold einige Stunden zuvor zu Protokoll gegeben: »Ich werde von Rechtsanwalt Benecken vertreten, also entweder dem Senior oder dem Junior.« Als ich dies später in den Akten las, erfüllte mich ein gewisser Stolz.

Dann begleitete uns der Wachtmeister durch das Treppenhaus vom Keller in den ersten Stock des Amtsgerichts. Dort befindet sich der kleine Vorfuhrraum mit der großen Fensterfront, durch die man auf den Parkplatz hinter dem Amtsgericht schaut. Auf dem Schreibtisch des Haftrichters, der an sich Zivilsachen bearbeitet, aber Notdienst hatte, lag ein rotes Blatt Papier: Haftbefehl.

Der Richter stellte zuerst die Personalien fest. »Werner Weinhold. Richtig, oder?«

»Ja«, antwortete der Angesprochene folgsam.

Der Richter drehte sich zu mir: »Weinhold? Da war doch mal was …«

Dann las er vor, welcher Tat mein Mandant beschuldigt wurde: Am frühen Morgen dieses 8. Januar 2005, gegen 1.15 Uhr, soll Weinhold in der Gaststätte »Bierkiste« in Marl nach dem Konsum alkoholischer Getränke mit einem Revolver zunächst zwei Schüsse auf den Geschädigten Peter G. abgegeben haben. Eines der Geschosse durchschlug dabei Peter G.s Schulter. Anschließend floh der Angeschossene in den angrenzenden Saal der Gaststätte, wohin ihn Weinhold jedoch verfolgte und die Waffe neuerlich auf das Opfer richtete. Einem hinterhergelaufenen Zeugen gelang es, Weinhold den Revolver zu entwenden. Dabei lösten sich zwei weitere Schüsse, die Peter G. jedoch verfehlten. Aufgrund dieser Vorwürfe kam Werner Weinhold an diesem Tag in Untersuchungshaft.

Am 21. April 2005 wurde er bei einer Haftprüfung durch das nun zuständige Landgericht Essen noch vor der Hauptverhandlung auf freien Fuß gesetzt. Im Prozess am 24. Juni 2005 war Weinhold geständig und wurde wegen gefährlicher Körperverletzung und unerlaubten Führens einer halbautomatischen Kurzwaffe zu einer Freiheitsstrafe von zwei Jahren und sechs Monaten verurteilt. Das Essener Landgericht stellte, anders als noch im Haftbefehl angenommen, fest, dass Weinhold den Revolver mit vier darin befindlichen Patronen im angrenzenden Saal der Gaststätte zwar auf Peter G. gerichtet, aber keinen weiteren Schuss auf das bereits verletzte Opfer abgegeben hätte. Auch ergab die Beweisaufnahme nicht, dass es einem angebelich hintergelaufenene Zeugen gelungen war, Weinhold den Revolver aus der Hand zu schlagen. Daher konnte das Gericht offenlassen, ob Weinhold mit Tötungsvorsatz auf G. geschossen hatte oder nicht. Selbst wenn dies der Fall gewesen wäre, so sei ein strafbefreiender Rücktritt vom Tötungsversuch anzunehmen, weil der Schütze trotz der Möglichkeit, weitere Schüsse abzugeben freiwillig darauf verzichtet habe. Von der Strafe saß Weinhold 20 Monate in der Justizvollzugsanstalt im offenen Vollzug ab, dann wurde er vorzeitig entlassen.

Welche Umstände zu dieser folgenschweren Nacht in der »Bierkiste« führten, darüber konnte Weinhold damals selbst nur spekulieren. Die Flucht in den Westen hatte seinem Leben eine neue Richtung gegeben. Er musste sich in dem für ihn neuen gesellschaftlichen System der Bundesrepublik erst zurechtfinden. Außerdem erfuhr er, dass man ihn zweimal ermorden wollte – einfach so, weil die Machthaber der DDR das als Racheakt beschlossen hatten. Diese Information, so Weinhold, habe ihn dann endgültig aus der Bahn geworfen. Er war oft niedergeschlagen, trank immer häufiger Alkohol und hatte Alpträume. Wie die Stasi ihn am Steuer seines Wagens – an einer roten Ampel haltend – in den Kopf schoss. Wie er zur »Bierkiste« ging, um ein paar Bierchen zu trinken, und von zwei maskierten Personen ergriffen und wie ihm in Zeitlupe mit einem Messer die Kehle aufgeschnitten wurde. Vielleicht sei er auch deshalb in der Gaststätte nach dem Konsum von 15 Gläsern Bier so ausgerastet und habe auf Peter G. geschossen.

* * *

Ich traf Werner Weinhold für dieses Buch im Dezember 2018 wieder. Als ich in das Balkan-Restaurant in Marl kam, in dem wir uns verabredet hatten, saß er schon dort. Ich erkannte ihn sofort. Wir sprachen noch einmal über seine Flucht, die beiden Gerichtsprozesse, über jene verhängnisvolle Nacht im Jahr 2005, als er beinahe einen weiteren Menschen getötet hätte, und über sein Leben danach. Dass er die Grenzsoldaten erschoss, sieht Weinhold bis heute als »lebensrettende Maßnahme« in eigener Sache: »Hätte ich mich damals nicht gewehrt, würde ich heute hier nicht sitzen. Im Jahre 1975, bei minus 15 Grad an der innerdeutschen Grenze, das war

Notwehr. Das in der Bierkiste war schlimm. Das ist ein Unterschied«, sagt er im Brustton der Überzeugung.

Zum Abschluss unseres Gespräches fragte ich Weinhold etwas provokativ: »Sind einmal fünfeinhalb, zum anderen zweieinhalb, insgesamt also acht Jahre Freiheitsstrafe für zweieinhalb Menschenleben gerecht?«

Weinhold starrte einen Moment auf sein Hacksteak mit Djuvec-Reis. »Sagen wir so«, setzte er dann an, hielt kurz inne, ein kleines, verlegenes Lächeln legte sich über sein Gesicht. »Alles in allem: Ich kann nicht meckern.«

Auch ich als Strafverteidiger möchte über unser Justizsystem im Großen und Ganzen nicht »meckern«. Das ist nicht das Anliegen dieses Buches. Ich finde, wir haben ein ganz hervorragendes Rechtssystem. Ich kenne kein besseres, aber ganz viel schlechtere. In der deutschen Justiz arbeiten engagierte Polizeibeamte, hochqualifizierte Staatsanwälte. Es gibt herausragende Richter und Schöffen, die ihren Job richtig gut machen – ebenso engagierte Strafverteidiger, die versuchen, für ihre Mandanten das bestmögliche Ergebnis zu erzielen. Wir können stolz sein auf unser Justizsystem. Umso wichtiger ist es, dort korrigierend einzugreifen, wo es nicht funktioniert, wo es missbraucht wird oder Lücken aufweist.

Dieses Buch soll auf Fehler im System hinweisen, auf die eklatanten Ungerechtigkeiten, die dadurch entstehen. Dieses Buch legt keinen Wert auf Vollständigkeit. Es gibt bestimmt noch weitere Probleme, die wir angehen müssen. Vor allem möchte ich Sie, lieber Leser, dazu ermutigen, als mündiger Bürger auf das Justizsystem zu blicken. Und sollten Sie jemals, ob als Beschuldigter oder Geschädigter einer Straftat, sich in diesem System wiederfinden, so hoffe ich, dass dieses

Buch Sie sensibilisiert hat für Probleme, die dabei auftreten können.

Wenn es diesem Buch gelingt, bei Ihnen ein Problembewusstsein zu schaffen und nur eine einzige der genannten schreienden Ungerechtigkeiten des Systems zu beheben, so hat es seinen Zweck erfüllt.

Burkhard Benecken
Marl, Anfang 2019

Über den Autor

© Roman Kaperski

Burkhard Benecken, geboren 1975 in Marl, arbeitet seit 15 Jahren als Strafverteidiger in der Kanzlei Benecken & Partner, einer der renommiertesten Strafrechtskanzleien der Bundesrepublik. Gemeinsam mit 13 Kollegen vertritt er jährlich mehr als 5000 neue Mandanten zwischen Recklinghausen, Berlin, Amsterdam und Wien. Benecken ist auf Straftaten des organisierten Verbrechens spezialisiert, besonders auf internationalen Drogenhandel und Clan-Kriminalität – aber auch auf Sexualdelikte und Gewaltstrafverfahren. Bundesweit bekannt wurde er durch Fälle rund um Prominente, die er anwaltlich beraten hat – darunter die Schauspielerin Nastassja Kinski, TV-Koch Frank Rosin, Fußballnationalspieler Leon Goretzka und TV-Personality Gina-Lisa Lohfink. Eine deutsche Gerichtsreporterin sagte einmal über Benecken: »Man merkt, dass dieser Anwalt für die Sache brennt.«